普通高等院校创新创业教育系列丛书

新时代大学生就业创业指导案例教程

吴 剑 编著

清华大学出版社

北 京

内 容 简 介

本书立足新发展阶段学生对职业发展的需要，结合培养应用型人才的目标，针对我国高校毕业生就业现状及其在职业发展规划方面存在的问题，介绍了职业生涯规划的常用理论，指导学生正确地认识自我，进行合理的职业决策；针对大学生求职全过程，系统地叙述了有关择业准备、求职技巧、求职心理、职场适应、权益保障和创业实务等方面的内容。

本书以实用性、启发性为宗旨，采用新颖的编写方式，希望通过相应的案例给予在就业大潮中的毕业生和职场新人一些帮助和启迪；同时给尽心尽力在大学生就业指导咨询服务领域积极探索的就业指导教师和辅导员一些借鉴。

图书在版编目(CIP)数据

新时代大学生就业创业指导案例教程 / 吴剑编著. —北京：清华大学出版社，2023.9（2025.8重印）
(普通高等院校创新创业教育系列丛书)

ISBN 978-7-302-64605-1

Ⅰ. ①新… Ⅱ. ①吴… Ⅲ. ①大学生—职业选择—高等学校—教材 Ⅳ. ①G647.38

中国国家版本馆 CIP 数据核字(2023)第 168578 号

责任编辑：王　定
封面设计：周晓亮
版式设计：孔祥峰
责任校对：马遥遥
责任印制：刘　菲

出版发行：清华大学出版社
　　　　　网　　　址：https://www.tup.com.cn，https://www.wqxuetang.com
　　　　　地　　　址：北京清华大学学研大厦 A 座　　　　　邮　　编：100084
　　　　　社 总 机：010-83470000　　　　　邮　　购：010-62786544
　　　　　投稿与读者服务：010-62776969，c-service@tup.tsinghua.edu.cn
　　　　　质 量 反 馈：010-62772015，zhiliang@tup.tsinghua.edu.cn
印 装 者：三河市人民印务有限公司
经　　销：全国新华书店
开　　本：185mm×260mm　　　　印　　张：12.5　　　　字　　数：304千字
版　　次：2023年9月第1版　　　　印　　次：2025年8月第7次印刷
定　　价：49.80元

产品编号：100277-01

编委会

主　任：吴　剑

副主任：朱莉琳　许晓桐

委　员：章佳萍　毛如君　童竹萱　余亦钦

　　　　吴佳琪　张莉莉　欧婷婷

前　言

习近平总书记在党的二十大报告中明确指出："就业是最基本的民生。强化就业优先政策，健全就业促进机制，促进高质量充分就业。"当前，我国正向着第二个百年奋斗目标大步迈进，新形势下第二个百年奋斗目标赋予高校就业工作更神圣的时代使命。做好大学生就业指导与服务工作，加强面向全体大学生的生涯发展教育，唤醒学生生涯发展意识的重要性日益凸显。

面对当前大学生就业的新形势和就业指导工作的新任务，编写一本理论与实践相结合，具有科学性、专业性、操作性和个性化的就业指导教材，已成为做好就业指导工作的当务之急。本书编委会成员作为实际授课团队所负责的相关课程于2022年获评浙江省一流课程。作为课程配套教材，本书立足于提高应用型高校大学生的就业素质和能力，旨在通过课堂教学的引导和实践环节的训练，提高学生的职业规划和职业适应能力，以及求职和自我提升能力。

本书在内容编排设计上具有以下几个特点：

第一，系统性和条理性结合。本书以当下大学生职业发展的特点及其目标的现实需求为立足点，适应新发展阶段要求，针对就业求职各环节进行详细讲解，涵盖职业规划、职业决策、择业准备、求职技巧、求职心理、职场适应、权益保障和创业实务等八个章节内容，是一本面向大学生和职场新人的应用型就业指导学习用书。

第二，实用性与启发性并举。通过每个章节前的案例及章后信息园，学生既能增强阅读时的感性体验，又能内向思考。

第三，就业育人与就业指导有机统一。本书在每个章节设置课程思政导入，充分挖掘课程本身所蕴含的思政元素，通过选取习近平总书记对青年大学生的殷切期待和青春寄语、课程思政典型案例等内容，引领学生厚植家国情怀，把个人理想追求融入国家和民族事业，在就业指导中实现就业育人。

本书编写过程中参阅了国内外大量文献资料，在此谨向文献资料的作者表示衷心的感谢。由于编者水平有限，书中难免存在不足之处，敬请专家和读者批评指正。

本书配套教学大纲、教学课件，读者可扫下列二维码获取。

教学大纲

教学课件

编　者
2023 年 6 月

目　录

第一章

职业规划

新时代是追梦者的时代，也是广大青少年成就梦想的时代。希望你们心系祖国，志存高远，脚踏实地，在奋斗中创造精彩人生，为祖国和人民贡献青春和力量。

——2022年2月，习近平回信勉励中国冰雪健儿 在奋斗中创造精彩人生 为祖国和人民贡献青春和力量

📖【案例1-1】

∽ 你凭什么过上自己想要的生活 ∽

我听说其实在我之前，前两年，最受欢迎毕业生校友的代表，到这儿来做演讲的是两个人：一个是俞敏洪，另一个是李彦宏。我觉得其实学校经常请这样的人回来做毕业致辞是一个非常不负责任的表现。

为什么呢？

当然，他们很好，但是他们会让你们当中的大多数人在毕业之后的几年觉得自己很失败。其实很多同学毕业之后，不会像他们那样走上创业的道路。当然我相信，你们当中有不少人将来比他们更棒，这是一定的。

但是大多数人会进入一个自己说了不算的单位，抛开"北大"两个字，从零开始，从一个很低的起点、一个很普通的起点开始，开创自己的人生和事业。从这个意义上讲，今天我的出现，就有更大的现实意义了。

既然我代表了这种要进入一个自己什么都不是、从零开始的单位的这样一种存在，那么我觉得有必要和大家分享我在自己工作岗位上的一些经验。其实 15 年前，和大家一样，我拿着毕业证书的时候，挺茫然的。

我在北大学的是德国语言文学，那个专业完全不是我自愿选择的，然后我一点都不喜欢德语。毕业分配的时候我去了一个集团，一个卖煤的公司。虽然说我是那个公司的元老，但我不知道我的人生要怎样发展，我一点都不想去卖煤。

话说回来，虽然其实当时我并不知道我的前面是什么，但我很清楚我要什么。

在那个时候——1996年的 7 月份，其实我内心已经清楚我要什么很多年了，这源自我在北大的一段经历。

我在北大三年级的时候参加了北大和中央电视台联合拍摄的一个专题片，叫《中华文明之光》。在做嘉宾主持的时候，有一天，我坐在了中央电视台的演播室里，灯光突然在我的面前闪亮。在那一刻，我对自己说："嘿，这是我想要的。"

两年之后，也恰恰是我毕业那年，我被分配到前面提到的那家公司那一年的暑期里，突然中央电视台史无前例地对社会招聘了，我感觉机会来了，于是我就去考试了，于是我走上了今天这条道路。

我觉得我最应该感谢北大的不仅仅是课堂上学到的，更重要的是在课堂之外学到的，那么多的选修课，让我清楚地找到了我的人生目标。虽然发生在那一年暑假里的中央电视台的社会招聘空前绝后，但是我还是想说那句已经被人嚼烂了的话，那就是，机会永远是给有准备的人的。而准备，其实最根本的一点还在于你清楚地知道自己要什么。

如果在 15 年后，要我总结我的成功是从哪里来的，我觉得这点是最根本的。因为我清楚地知道我是谁和我要什么。

拿做新闻来说吧，其实做新闻在我的心目之中一直是有排位的。我首先是一个新闻人，然后是一个电视人，再然后才是一个主持人。这个排位有多重要呢？它会让你在面临很多选择的时候清楚地知道自己要走哪条路。

比如说在 10 年前，大多数主持人是不愿意去当现场记者的，因为这显得不够大牌。坐在演播室里显得多么大牌，到前方去，不是做一个普通记者做的事情吗？但是因为我的内心清楚我首先是一个新闻人，所以在那时，我做了大量很有影响力的和明知完全没有影响力的直播工作。那等到 10 年之后，大家都发现新闻现场对于一个主持人的重要性的时候，其实我已经积累了比别人多得多的经验。

我之所以能做这样的选择，是因为我清楚，我是个新闻人。

在直播的现场，你会面临各种各样你意想不到的变化。有时候你也许必须得通过自己卖一个破绽，让观众意识到你有这个破绽，而导出一个系统的安全。这时候我会选择行内认可大于观众认可。

因为我首先知道，我是一个电视人，这比做一个完美的主持人来得更加重要，而电视本身是一个合作的系统。

因为我清楚地知道我是一个新闻人，所以当我有了一定的知名度，有人说"嘿，你来做娱乐节目的主持人吧，这样会让你有更多的收入和更高的知名度"，我拒绝得都不会犹豫。所以我想告诉大家，当你清楚地知道了自己的目标和自己的定位的时候，你就有了比别人更多成功的机会。

（资料来源：https://www.bilibili.com/video/av25966960/，有删改）

📖 【课前思考】

1. 你还记得你刚入校时做的职业规划中，你所确立的目标是什么吗？你还记得当时为何确立这个目标吗？

2. 回顾你两年的大学生活，你觉得自己哪些方面已经逐渐靠近当初确立的目标了？哪些方面离目标还有些距离？为什么？

第一节　职业认知与职业规划

📖【案例1-2】

∽ 小橡树的选择 ∽

有一个美丽的花园，那里有苹果树、橡树、梨树和玫瑰花，它们都幸福而快乐地生活着。只有一棵小橡树愁容满面，可怜的小橡树被一个问题困扰着，那就是它不知道自己能做什么。

苹果树说："做一棵苹果树吧，只要努力，就会像我一样结出美味的苹果。"

玫瑰花说："不对。你看我开出的花多漂亮，还是努力做一朵玫瑰花吧！"

小橡树听了它们的话，就努力地伸展枝叶，努力地汲取养分，但却没有在苹果树结满苹果的时候，结出一个苹果，也没有在玫瑰花开满枝头的时候，开出一朵花。小橡树很难过。

一天，天使来到花园，在知道了小橡树的困惑后，说："你不应该把生命浪费在努力成为别人希望你成为的样子。你就是你自己，你要试着了解你自己。要想做到这一点，就要倾听自己内心的声音。"天使说完，就飞走了。

听了天使的话，小橡树闭上了眼睛，静静地倾听自己内心的声音，终于感觉到了自己。这时小橡树大声地说道："我永远都结不出苹果，因为我不是苹果树；我也不会每年都开花，因为我不是玫瑰。我是一棵橡树，我的使命就是长得高大挺拔，给鸟儿们栖息，给行人遮阳。我有我的使命，我要努力完成它！"

小橡树开始为实现自己的目标而努力。很快它就长成了一棵大橡树，填满了属于自己的空间，赢得了大家的尊重。

(资料来源：王琪，方焕新，林嘉雯，等. 大学生职业生涯规划与就业指导[M]. 成都：电子科技大学出版社，2020:11.有删改)

上述案例告诉我们，职业认知是一个循序渐进的过程，是对自我、对职业、对外在环境的综合认识。如果说在大学一开始进行的职业规划为我们奠定了大学奋斗目标，为认识自我、认识职业打好了前站，那现在则是将原先或模糊或理想的职业规划逐渐完善成一个更加理性、科学的具体目标。

一、职业认知与职业规划的关系

习近平在纪念五四运动 100 周年大会上对青年讲话指出："青年志存高远，就能激发奋进潜力，青春岁月就不会像无舵之舟漂泊不定。正所谓'立志而圣则圣矣，立志而贤则贤矣'。青年的人生目标会有不同，职业选择也有差异，但只有把自己的小我融入祖国的大我、人民的大我之中，与时代同步伐、与人民共命运，才能更好地实现人生价值、升华人生境界。"

那么，如何让青春之花在祖国最需要的地方绽放，如何实现人生价值，成就更好的自己呢？这需要有一个好的职业规划。一个成功的职业规划首先离不开对职业的清晰认识。职业认知与职业规划两者原本就是密不可分的。职业认知是职业规划的重要前提，只有对职业有深刻而全面的认识，只有提升职业认知能力，才能做出科学的、适合自己的职业规划。

当然，人在不同的人生阶段对于职业认知是不同的，这导致了个人的职业规划将不断修正。例如，在大一，我们对职业的认识相对模糊、片面，因此我们在职业规划时，主要是确定大学奋斗目标，为认识自我、认识职业打好基础。而到了大三，随着个人的成长，视野的开阔，我们对专业、对职业的认知加深，原先或模糊或理想的职业规划逐渐完善成一个更加理性、科学的具体目标和职业规划。

二、职业认知的内涵

职业是一个人安身立业之本、施展抱负之基、成就自我之途，是人们生活的核心和重要保障。职业认知是指个体从自身的知识、经验出发，结合环境因素对目前所从事的或即将从事的职业的评价和判断，是个体职业情感和职业行为的基础，在个人职业生涯中发挥着重要的作用。职业认知过程直接影响着大学生职业目标的确定。只有对职业世界有了准确、全面的了解和认知，才能够根据社会发展，结合自身素质条件，确定既有利于社会又有利于个人的职业目标。

职业认知在我们的职业规划和职业生涯中扮演着重要角色。具体来说，职业认知的主要作用有：

(1) 有利于做出正确的职业生涯决策。倘若能够全面了解用人单位的要求及工作发展的普遍路径和规律，就能结合自己的特点，做出合理的职业生涯决策。

(2) 有助于建立更符合社会需要的合理知识结构，提升职业能力。社会对人才的要求是多样化的，在职业认知的过程中，我们可以将自己的学业和今后的就业更加紧密地联系起来，特别是在校期间可以考取一些有用的职业资格证书，增加自己的就业"砝码"。譬如，有些单位在招聘外贸业务员时，要求英语达到某种资格水平。如果大学生有实力、有梦想，就可以利用好大学时光，完善这方面的知识和能力，获得口译证书等，证明自己，获得更多的就业机会。

(3) 推动大学生做出相应的职业行为。获得一份职业是一个曲折的过程，职业认知过程将会促使我们为谋取心仪的工作克服困难，勇往直前。

(4) 规范职业道德。因为行业的关系，某些行业成了职务犯罪的高危地带。在认识职业的过程中，对职业道德的深入了解也有助于降低日后触犯法律的风险。例如，某校建筑学院在大三就业指导课上专门开设防腐败讲座，着重提升学生的这方面意识。

(5) 加快个体对职业的适应。职业认知会直接影响个体的职业适应、职业成就以及职业稳定和变迁。有句话说"理想很丰满，现实很骨感"，它形象地说明了现实和理想之间存在着较大的距离，但只要个人的职业认知准确，就可以帮助我们在复杂多变的社会环境中尽快转换角色。

三、职业认知的主要步骤

职业是实现人生价值的重要途径。因此如何看待职业，如何认知职业尤为重要。认知职业的主要步骤有以下三个。

（一）了解职业的基本事实

同一个专业包含多种职业，因此，在进行职业认知时，应了解与自己专业相关的职业有哪些，尤其对一些新兴的行业也要有一定的关注。例如，曾经学软件工程的学生更多的是从事计算机编程工作，但随着新一代信息技术产业、高端装备制造、新能源汽车等新兴行业的兴起，软件工程专业的学生也不再局限于传统互联网企业，而是跨行业就业，实现更多的可能。另外，学习专业知识的目的是帮助人更好地发展，而不是限制人的发展。学英语、学日语的同学不一定要局限于与专业直接相关的职业，可以放宽视野，充分利用专业优势，发展如国际导游等看似与专业并无直接关系，但发展潜力无限的职业。

（二）职业的环境探索内容

职业环境探索是对职业外部环境的考察，主要包括生存环境和组织环境分析。生存环境即社会环境，主要包括政治、经济、文化、法律、人才等各方面的发展环境，属于宏观层面的职业环境。

对于组织（企业）环境，主要从行业环境、企业环境、岗位环境等角度进行分析。进行全面的组织（企业）环境分析是我们"知彼"的核心，毕竟我们所选择的这个组织（企业）将与自己息息相关。比如，可以通过公司所在地的新闻出版机构的新闻来了解该组织（企业）产品及服务的详细情况和富有深度的财政经济状况；通过有关书籍和企业发展史、当地各种商业活动、企业人物获奖的细节也能了解到可供参考的信息；公司的网站上介绍公司价值观念的那些主页也会透露一些企业文化的有关线索；此外，还可以通过参观或参加面试时的谈话和获得的信息来充分了解和考虑各种因素。总之，通过各种分析，我们应该对自己在这个组织（企业）中有没有足够的发展空间做出基本的评判。

（三）职业获取的可行性分析

在自我认知的基础上，结合自身的具体情况，评估职业获取的机会（优势）和职业获取的劣势（弥补劣势的可能与程度），学习通过社会调查、人物访谈等方法分析目标职业的从业要求，找出自身的差距，分析职业获取的可行性。

📖【资料链接1-1】

ᕦ 媒体出版行业对人才职业能力的要求 ᕤ

当前和今后一个时期，我国传媒行业人才问题涉及供给和需求两侧，但矛盾的主要方面在供给侧。在新媒体形态急剧崛起的时代，传媒产业面临着前所未有的转型与变局的压力，新闻与传播技能也进入茫然时代。媒介形态的革新与巨变对传媒人才的能力结构提出了新的要求。在巨大变局之下，传媒行业希望吸纳什么样的人才，需要他们具备什么样的技能应对挑战，传媒人才需要磨炼什么样"十八般"技能？

"互联网＋新媒体"位于用人序列第一梯队，人才需求旺盛。除了原生互联网企业，转型中的传统媒体和传播行业的人才增量几乎全部向新媒体岗位急速倾斜，人才需求岗位全部新媒体化。

媒介技术化时代成为现实，以移动互联网为代表的互联网跨界浪潮正在以前所未有之势颠覆传统媒体产业，以前的传媒格局濒临坍塌，互联网媒体必将成为传媒产业的主导力量。不管是新媒体企业，还是传统媒体单位，都有不断上升的IT(信息技术)人才需求，机器学习、数字营销、大数据分析等技术直接增加了媒体对开发工程师和全媒体数字采编的需求，如工程师、编程人才。传统的单一能力不太能满足媒体人才需求，不但要"一招鲜"，而且要"百招全"。既熟练掌握传统新闻采写编评等基本能力，又掌握图片、视频编辑处理能力和编程、运营能力的人才将会大受各类媒体青睐。

(资料来源: https://www.sohu.com/a/224800582_152615)

第二节　职业规划与个人发展

📖 【案例1-3】

❦ 你是人生的漂泊者还是航行者 ❦

有一个中年男子，我们称呼他为老肖。老肖前往生涯咨询室寻求关于职业发展的帮助。

他的问题是："为什么我这么努力，寻找一切机会，事业却一直没有成功呢?"咨询师花了一些时间听完他的故事，发现他大学毕业以后先是在西北偏远地区当中学教师；不甘心一辈子这样，于是去某学院学习英语，成为英语导游；觉得北京好赚钱，来到北京当导游；之后又感觉导游行业太不稳定，进入培训机构做教务，月收入3000元；家人希望他在身边，于是他又回到甘肃；一段时间后，他不甘寂寞，再次出来，到扬州当教师；觉得当教师没有前途，又去深圳当销售；后来又回北京，做销售。到了40岁，不想替别人打工，应邀回深圳创业。

看到这里，咨询师发现，老肖一直没有大的发展的原因是他只知道什么是自己不想要的，却没有思考过什么是自己真正想要的。

我们在中学学习过布朗运动——花粉在液体中间，被水分子左冲右击，走出弯弯曲曲的不规则路线。那些不知道自己要去什么地方的人也是这样浸泡在这个世界，没有自己的方向，总被现实"赶"得乱七八糟。我们把这种现象称为"生命布朗运动"。这种做生命布朗运动的人，称为漂泊者。

漂泊者很多，他们有一些共同的特征：精力充沛，梦想远大，适应能力强，但没有真正的目标。正是因为他们缺乏真正的目标，所以会下意识地抓住一切或真或假的机会，却在真正需要坚持的时候落荒而逃。漂泊者注定一辈子都在躲避什么，而不是追寻什么。

我们还能看到另外一些职业生涯发展者，称为航行者。我们可以在每一个行业的顶尖人物中找到他们。航行者同样精力充沛，梦想远大，适应能力强，但是他们拥有一个真正的目标。航行者很清楚自己到底要什么，这也让他们敢于放弃一些机会，同时真正勇敢地面对那些需要坚持的东西。

漂泊者与航行者都在向前走，他们各自能走多远?

　　想象这样一艘帆船，它有着白色的帆布、棕黄色的船身、高高挑起的桅杆，你站在船首，迎面吹来略带腥味的海风，你把控着宽大的船舵，感觉到船身在海浪拍打下微微颤动，感受到那种马上要出发的召唤。你意识到这就是你的生活之舟，这就是你要开始的生活之旅。你要带领你的船员去什么地方？你在对自己说什么？

　　看看你身边的船。有这样一些航行者船长，他们清晰地知道自己要去哪里，也知道将在哪里停靠，在什么地方补给，与什么样的水手合作。他们清楚地知道自己将要经历的危险。虽然他们也得把握，但他们是专注梦想的船长，你可以从他们那坚定而安静的眼睛中看到这一切。

　　也有一些漂泊者船长，他们不知道要去哪里，也不知道什么时候来到了这片海上。为了生存，他们不得不出海。但是由于不知道想去哪里，他们躲避一切有风暴的地方。他们的目光迷离，似乎总在寻找危险的信息。他们是躲避危险的高手，这是他们的生存本领，他们能最快地嗅出危险的味道，然后逃往安全的地方。

　　你是哪一种船长？你会怎样面对充满危险和梦想的大海？大海很公平，不管哪一种船长都会遇到危险的风暴：黑色的海浪像巨型的小山，与黑色的天空连接起来，狂风把船只的每一块木板都摇得吱吱作响，好像要把船上所有的钉子都拔出来。

　　你是哪一种船长？面对这样的风暴，你会做什么？航行者目光坚定，他透过风暴看到自己要去的地方。他与那个地方还隔着很多危险的海域，但是那里宁静祥和，阳光轻轻地洒在银色的沙滩上。航行者能看到那个港口，他沉浸在幸福中，并大声发出号令，校准船头，劈开海浪，向着内心的目标航行过去。这么多年，航行者一直在接近目标。

　　漂泊者看不到远处的目标，他只能看到眼前黑色的风暴。他的脑子里闪过船毁人亡的景象，他的内心被恐惧狠狠地抓牢。他大声哀号，沉浸在恐惧之中。他看到背后还有一小片地方没有风暴，他掉转船头，退向那个方向。他也知道，那个方向未来也会有危险，但是不管怎样，先逃离这里再说吧。也有几次，他运气不错，碰到很好的港口。但是每一个好的港口都有很多强大的竞争对手，对他来说，竞争也是一种风暴。他又掉转船头，回到这片大海。你知道，这么多年，漂泊者一直在逃离恐惧。

　　你是哪一种船长？你怎么看待航行中的风暴？大海很公平，不管哪一种船长，都会遇到很多的风暴。在痛苦风暴陆陆续续的围剿中，漂泊者永远在躲避一个又一个痛苦，逃离一场又一场冲突，最后被逼到生活的死角，痛苦更甚。航行者坚定地穿越那些风暴，因为那个吸引他的目标好像岸上抛过来的缆绳，坚定地牵引着他，让他慢慢驶向自己的圣地。

　　航行者最终能走很远很远，穿过那些风暴，走到自己想去的地方。漂泊者则被恐惧诅咒，一辈子胡乱地漂泊在海上。impossible(不可能)和I'm possible(一切皆有可能)只差一点，那一点，就是你心中真正的目标。

　　(资料来源：古典. 拆掉思维里的墙：原来我还可以这样活[M]. 北京：北京联合出版公司，2011. 有删改)

　　中国梦的提出让广大年轻人有了更多施展才华、实现梦想的空间，但要想真正实现个人梦想并非易事。文章中老肖的经历或许在同学们的身上也有所体现：一直在前行，但是不知道前行的方向在哪里；一直在努力，但是不知道努力的选择对不对。也许我们到了大三，已经非常享受我们的专业，并打算从事与专业相关的各种职业；也许我们到了大三，因为种种原因依然不是最喜欢自己的专业，深陷苦恼；也许我们……无论如何，我们都可以通过职业规划，通过就业指导，实现更好的个人发展。这就是职业规划的意义所在。职业规划正是要求我们去探索在自己周围和自己身上正在发生什么，找到前进的方向，选择一个最满意的目标，进而努力去实现它。

一、职业规划与个人品牌

个人品牌的建立与塑造对个人成长有着至关重要的影响。积极打造自己的个人品牌，能够帮助我们脱颖而出，进而使我们在成长和发展过程中获得更多的战略性资源和竞争优势。所谓个人品牌，简言之就是一个人在参与社会生产经营活动中，以个人名字、形象、个性、语言、思想、行为等为表现载体，所形成的核心竞争力和积极正向的社会影响力，以及这种核心竞争力和社会影响力在受众心目中产生的特有印象和价值联想。因此，个人品牌至关重要。如果我们让人感觉油腔滑调，那可能就没人愿意把重任交给我们了。出色的个人品牌将不仅能更好地展现自我，得到他人和社会的更多认可和信任，也可以使我们活出自己的价值。当我们将要毕业，成为就业大军中一员，好的个人品牌将为我们获得他人推荐的机会，以此打开新的就业渠道。

个人品牌的核心是自我素质和核心竞争力的提升，打造个人品牌的关键是良好的个人信誉。个人品牌需要经营，需要职业规划的指引和策划，需要通过不断探索形成。大三的学生，性格和价值观日趋成熟，大三正是塑造个人品牌的关键时期。社会上不少知名人士，他们的个人品牌几乎都是经过规划的，都是经过认真付出的。

二、职业规划与梦想实现

科学的职业规划是成事的关键。职业规划既是设计我们的未来，也是设计我们的生活。分析自我、了解自我、规划自我是职业生涯发展的基础与动力。只有进行职业规划、进行个人品牌的良好塑造，才能把梦想更好地落实为行动。

也许有同学会提出疑问：到了大三，我们还来得及做职业规划吗？答案是肯定的。首先，职业规划是一个伴随人一生的动态规划。一是因为它并不只是针对大学生，当然，越早进行科学的职业规划，走的弯路将越少，离成功也将会更近一步。二是因为职业规划本身就需要及时调整和再评估。其次，在进行职业规划时，不仅要评估自身条件，还要考察外部环境。随着社会的快速发展，职业环境也瞬息万变。也许两年前一些学生的专业很热门，当他们毕业时反倒进入了就业困难期；也许一些学生的两年前想入的行业，当他们即将毕业时有了对他们不利的限制；等等。

📖 【资料链接1-2】

❧ 有效打造你的个人品牌：找到适合你的优势定位 ❧

打造个人品牌的第一步是给自己一个明确的定位。有一个女孩，叫胡××，是一个公众号的运营者。她给自己公众号的人物设定是"少女心"。从2015年开始，胡××就在做这个定位的持续运营，让市场、品牌赞助商都一想到"少女心"这个标签，就想到她这个人。于是，对应的用户和客户单子就都来了。2016年，她的个人公司估值就达到3000万元了。

在运营工作中，工作者面对一个产品时，第一个任务就是确定产品的定位。

那么我们面对的产品是什么呢？当然就是自己了。作为一个社会中的人类产品，我们想要在关系圈内塑造一个怎样的个人标签？

我们需要做的是按照定位理论的指导，找到自己的优势和位置。

优势，就是能力、潜力和资源；位置，就是想要影响的人群，以及影响他们的程度。

这两点是互相作用的。比如，我觉得自己是一个段子手，这是我的优势。我想要让朋友觉得我是个有趣的人，还是想让脱口秀界注意到我的实力，结合起来，就是我的品牌定位。

在运营领域，有一个特别经典的"定位"理论。说的是，如果我们想要让一个产品的品牌对消费者产生影响力，我们就应该在我们预期的客户脑子里，给我们要卖的产品一个真正有价值的地位。

那么我们究竟该如何定位自己才不会跑偏呢？有四个步骤，可以试试看：

第一步，自我分析，明确自己的长处和优势，也明白自己的短处与劣势。

第二步，在自己最擅长和感兴趣的领域，给自己设定一个长期目标。也就是明确要在哪个领域建立个人品牌，树立怎样的个人IP。

第三步，拆解大目标。从终极目标里拆分出一个个较短时间内可实现的小目标，同时，罗列出实现这些小目标所需要的资源和能力。

第四步，一个一个去搞定前面列出的这些资源和能力，达成阶段性小目标。同时，在阶段性目标的执行中，要反复对照终极目标与自己的实际情况，检验自己的定位，不断修正与调整。

打造个人品牌的第一步叫作"定位"，就是要认识自己、扬长避短，找到别人想知道却不知道，可是自己知道的领域，然后想办法让自己成为这个领域的专家。

开头我们提到的姑娘——胡××，她是怎么确认"少女心"这个定位的呢？我们来看看。

胡××很年轻，1992年出生，本科学的是计算机科学专业，但她同时喜欢插画、设计，于是把图书馆视觉设计的书翻了个遍。毕业后在新媒体部门工作，月薪3000元。

到这里，可以说她完成了定位的第一步：分析自己，找到自己的优势，并以此在生活和工作中指导自己的行为。

接下来，她在定位的第二步设立长期目标，明确自己要在哪个领域建立个人品牌。在树立怎样的个人IP这一点上，很有分析价值。

2013年七夕前夕，她受超市打折标签的启发，连夜画了一组"10%先生"的漫画，"理想中的男友形象是年纪比她大10%，身高比她高10%，工资也比她多10%，所有条件都不多不少，正好10%"。这组漫画和文字在人人网上的阅读量迅速超过1亿次，胡××上了微博热搜。

这件事让胡××看到了一个市场，也找到了自己的特色。于是她在转战公众号后，给自己的定位是"少女心"。这个定位从2015年开号至今一直没换过，通过运营，逐渐从"人格化"升级为"品牌化"。于是有了我们开头说的，胡××的公司在2016年已经完成天使轮融资，估值3000万元。

这个案例中的定位有两个特点：一是清晰明确，人能接收的信息是有限的，清晰又切中要害的定位，能更快让人接受；二是有鲜明的个性和辨识度。

"少女心"就是胡××在目标领域找到的特色定位。

(资料来源：得到课程，张亮《有效打造你的个人品牌》，节选，有删改)

第三节　职业规划的评估与调整

📖【案例1-4】

❧ 小孙的困惑 ❧

小孙毕业于某高校的文秘专业，刚开始，她在家乡做公司文秘。虽然说是文秘但总是在做一些打字、复印之类的琐碎小事，这让小孙感觉很苦恼。后来，喜欢交际、旅游的小孙发现自己对导游工作非常感兴趣，而且导游在她的家乡是一个很热门的职业。

于是，在工作之余，她考了导游资格证书，并选择到杭州发展。没多久，她就顺利在杭州一家旅游公司做了一名导游。因为小孙的英语出色，公司让她负责国际旅游线路。在这里，小孙的特长得到了充分的发挥，加上她工作努力认真，业绩斐然，短短一年时间她就成了这家旅游公司的管理人员，事业进展非常顺利。回顾这两年的经历，小孙觉得自己的幸运之处就是当初选择了一个适合自己的职业，并选择了一个适合自己发展的城市。

(资料来源：刘升学，肖奎，阳彦. 大学生职业生涯规划与就业指导[M]. 成都：电子科技大学出版社，2023:131-132. 有删改)

从上述案例可以看出，一个科学的职业规划对自我发展起到了良好的促进作用，但职业规划又是需要根据变化不断进行调整修正的。回想一下，当时入校时，我们做的职业规划是否对我们现在的学习、生活有一定的帮助呢？现在我们是否又有一些新的迷茫和困惑呢？无论是信心百倍，还是疑虑重重，都是时候对我们的职业规划进行再评估和再调整了，以便轻装上阵，更加科学地做好职业决策，从容地做好走进职场的准备，真正实现自己的梦想。

一、职业规划评估与调整概述

(一) 什么是职业生涯评估

毕业前的一年是大学职业准备的最后一年，也是最为关键的一年。在这一年中，我们有一个相当重要的步骤需要做，就是职业生涯评估。什么是职业生涯评估？职业生涯评估也叫职业生涯评测，它是职业规划中一个非常重要的环节，包含对个体的生理、认知以及情感的测量和评价的过程，目的就是制订最适合自己的行动和发展计划。

职业生涯评估的主要内容包括以下四个方面。

(1) 职业目标评估：是否需要重新确定目标职业？

(2) 职业路径评估：是否需要调整发展方向？

(3) 实施策略评估：是否需要改变行动策略？

(4) 其他因素评估：社会环境、身体、家庭、经济状况以及机遇、意外情况的及时评估。

从评估时间来看，一般需要进行定期的规划评估，如半年一次或一年一次。从大学生的职业规划来看，在大三期间做一次职业生涯评估和调整是非常有必要的。从时间段来看，大一学生大多刚确立职业规划目标，还处于理想的、模糊的状态，对大学也是以适应生活为主。大二学生逐渐进入专业学习阶段，自我认识也更加成熟、理智，但对于自己所掌握的专业知识和职业能力尚无法确定。大三则是大学生活最为关键的冲刺之年，是对两年的职业规划的一次中长期的反馈。通过前两年的实践和探索，我们大多对自己、对外界有了一定的认知，因此此时做职业规划评估和调整尤为有用。还有一种情况需要进行规划评估，即当出现突发情况时，如家庭变故、身体健康、国家政策调整等。

(二) 为什么要进行职业生涯评估

世事多变，世界每时每刻都在发生变化。影响职业生涯规划的因素很多，有的变化因素是可以预测的，而有的变化因素难以预测。大到社会经济结构和国家政策、法律制度的调整，小到企业组织发展方向的改变，甚至个人的家庭、能力水平都会发生变化，这些都将影响个人的职业生涯发展。因此，要使职业生涯规划行之有效，就必须在实践中不断对职业生涯规划执行情况进行评估，不断修正策略，甚至在必要时修正目标。只有这样才能真正实现自己的梦想。这样不断反复检查、反馈、修正的方法也符合 PDCA 循环法的原理。

PDCA 是由四个英语单词 plan(计划)、do(执行)、check(检查)和 action(行动)的第一个字母组成的，如图 1-1 所示。它又叫戴明环，最早是由美国质量管理专家戴明博士提出的。它最早运用在质量管理体系中。如今，这一科学的目标制订和实现循环过程原理也给不少其他领域带来了启示，这其中就包括个人管理——职业规划。

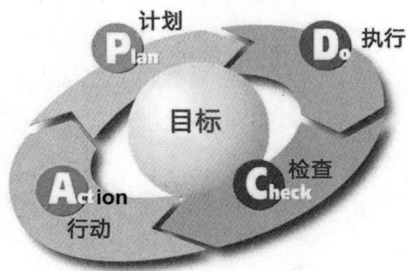

图1-1　PDCA循环法

(1) P(plan)计划，包括方针和目标的确定以及活动计划的制订。

(2) D (do)执行，具体运作，实现计划中的内容。

(3) C(check)检查，总结执行计划的结果，评估原有的职业规划目标。

(4) A (action)行动，根据检查的结果，对已达到目标的因素加以肯定，对于未达到目标的部分加以调整。

对于没有解决的问题，应提放到下一个 PDCA 循环中去解决。

可见，职业生涯评估与调整的好处之多。从具体的技术层面来看，职业生涯评估最主要的四大用途就是预测、区分、探测以及评估。

预测的主要功能是对各种情况和可能性进行预测，预测个体在教育、职业以及各种生涯选择中成功的可能程度。其主要需要考虑的因素包括：具备多大的竞争性？能够达到怎样的发展目标？绩效表现能够达到怎样的水平?可能会遇到的困难和限制的因素有哪些？

区分的功能在于关注个体的价值观、兴趣、偏好以及职业、教育环境要求之间的相似性。其主要需要考虑的因素包括：不同文化、环境下工作的适应性，所属的职业、教育群体，等等。

探测的主要功能是考证个体对于选择是否已经准备就绪，是否具备了职业生涯的成熟度。在这一过程中，特别需要专业的职业规划师对之前的预测和区分的结果进行专业化的解释，以便得出更为科学的结果。

评估的主要功能是帮助个体确立其所能够达到的职业生涯发展的目标。这是职业生涯规划的一个非常重要的环节。

(三) 评估和调整的主要原则

评估和调整并不是盲目的，而是需要遵循相应原则的。只有在一定原则下进行评估和调整，我们才能更准确地判定目标的合理性和科学性。职业生涯评估和调整的主要原则包括以下方面。

(1) 清晰性原则：评估和调整后的目标是否更加清晰明确？实现目标的步骤是否更加直截了当、更加务实？

(2) 变动性原则：目标或措施是否有弹性或缓冲性？是否依据环境的变化做了调整？

(3) 一致性原则：主要目标与分目标是否一致？目标与措施是否一致？

(4) 挑战性原则：目标与措施是否具有挑战性，还是仅保持其原来状况？

(5) 激励性原则：目标是否符合自己的性格、兴趣和特长？是否对自己产生了内在激励作用？

(6) 全程原则：生涯规划调整时，是否兼顾了职业生涯发展的整个历程？

(7) 具体原则：调整后各阶段的路线划分与安排是否充分考虑和结合了自己的特质、社会环境以及其他相关因素，是否具体可行？

(8) 可评量原则：调整后的评估是否能继续再评估、再检查，使自己随时掌握执行状况，并为下一步规划提供参考依据？

二、职业规划评估与调整常用工具

我们常会使用两种主要的评价方法来进行评估和调整：一种是非正式评估，即一种定性的评估方式；另一种是正式评估，即一种定量的评估方式。

(一) 非正式评估

非正式评估方式以一种不像标准测评那样结构化的方式来搜集有关个体的信息。非正式评估多采用行为分析技术(通过观察)或自我陈述分析技术(感觉、态度、兴趣、经历等)。运用这些手段和工具的时候并不存在统一的程序，也未必有标准化的解释，大多是为某一特定的情境而设计，因此也存在一定的局限性。下面介绍几种广泛使用的非正式评估工具：

(1) 分类卡。这是一种有趣的、彩色卡片游戏，通过对卡片的分类能够鉴别出个体的价值观以及适合他们的职业。除了价值观排序外，其还可被应用于评估个体对工作的知识和兴趣。

(2) 结构化的工作清单。有不少工作清单(表)是专门为了职业生涯规划而设计的，它们常被用来帮助个体评价兴趣、价值观和优劣势。这一评估工具要求个体根据直觉，在工作环境、工作关系、工作特性、内在价值中选择十项价值因素，之后再在十项中选择出五项，最后在五项中再选择最重要的一项，这一项即为个体最为看重的内容。

(3) 访谈。访谈是一种半结构化或完全无结构的非正式测量方法。通过与经验丰富的职业规划师交谈得知，我们需要达到如下基本目标：从中理清自己的兴趣、态度、志向、价值观以及其他情感资料，从中进一步澄清自己对某些问题错误的看法。

在这样一个相对宽松的测评氛围中，在职业规划师的指引下，我们需要避免出现以下几个问题，以便职业规划师做出一个科学的判断：

① 避免过度紧张。

② 避免回答的问题不够清楚、不够明确，说太多与主题无关的内容。

③ 避免时间过长，影响测评效果。

④ 避免太过在乎，或者太过推断职业规划师的表情和态度。

(4) 实践/实习。在大学里，学校通常会要求学生前往自己感兴趣的或与自己专业相关的单位实践/实习。虽然在实践/实习的过程中，我们所能接触的领域是相对局限的，所花的时间也是短暂的，但这种亲身经历却是难能可贵的。在这个过程中，我们不仅可以在一旁观察别人是如何工作的，可以去思考学校和社会的差别，也可以投入实践和精力，去真正感受自己在这类职业中的优势和劣势，进而厘清自己的职业目标。因此，实践/实习对于大学生来说是非常重要的环节，切不可应付了事，错过自我评估、自我调整的好机会。

📖 【资料链接1-3】

❧ 去了才知道自己是否合适 ❧

2011年，小波大学毕业了。站在事业抉择路口的小波表示一开始并没打算去深圳发展，而他前往深圳来自一个偶然的事件。那是2011年深圳市人力资源和社会保障局率团在重庆沙坪坝举行的一次双选会，小波回忆，当时他给一群同学带路，准备让这些同学去参加另一场双选会，结果走错了会场。"到了现场，我抱着试一试的心态投了份简历，没想到她(招聘人员)收了，跟我聊了会儿天，过了一段时间竟然通知我去深圳实习。"小波笑称，自己的一个"随便"招来了一个实习机会。但为了不耽误自己一手筹办的校园活动，对于这次"殊遇"，小波选择了"遗忘"。"而缘分有时候就是这么奇怪，该是你的，好像又赖着不走。"2012年，在过了半年之后，深圳交通银行再次通知小波前往深圳实习。这次，小波心动了，思虑再三后，他告别家人前往深圳。这一去，就是10年，这10年造就了他的现在。

进入银行后，小波从柜员做到个人贷款客户经理再到高级客户经理，并被评为"十佳客户经理"，最后进入领导岗位，担任团委书记和办公室主任助理。当被问及如何在与所学专业并不对口的情况下在工作中都做到游刃有余时，小波淡然地回答道："人的基础能力、道德品质以及一些思维习惯是在任何专业中都通用的，而专业能力和素养可以在工作中培养，并且高情商能够让你在任何不同的行业中都能以最快速度上手。"

(资料来源: 刘升学, 肖奎, 阳彦. 大学生职业生涯规划与就业指导[M]. 成都: 电子科技大学出版社, 2023:115. 有删改)

(二) 正式评估

正式评估是职业生涯过程中标准化评估的基石, 通常被称为测评, 测评是基于统计技术并对大量人群实测后建立起来的, 是标准化的。所谓标准化的测评是指测评的编制、实施、计分和测验分数的解释必须遵循严格统一的科学程序, 保证对所有人来说施测的内容、条件、计分过程、解释都相同, 进而保证测验的客观性和准确性。在很多国家。只有专业的心理学家才有资格使用专业的测评, 不同的测评使用的资格是不同的。因此, 我们在此只介绍几个应用较为广泛的测评的基本信息。

正式评估的工具一般可以分成以下几大类型:

(1) 兴趣量表。兴趣测评主要是帮助回答 "我到底想要干什么？" 这一类问题。兴趣一般是指任何能唤起人们的注意、好奇心或者投入的事物。强调的是个体的喜爱、偏好程度。评估兴趣常用的量表有霍兰德兴趣量表、斯特朗兴趣量表以及北森公司于 2004 年在霍兰德理论基础上开发的兴趣量表。

(2) 价值观测量。常用的价值观测量工具有由美国埃德加·施恩教授提出的职业锚理论, 以及舒伯的工作价值观问卷。目前, 国内也有不少价值观测评, 但质量参差不齐。

(3) 人格测量。应用最为广泛的职业发展量表是以约翰·霍兰德和卡尔·荣格的心理类型理论为基础的。

(4) 技能测评。技能是用人单位非常感兴趣的部分, 简而言之就是 "你能做些什么", 常用的测评工具有 EUREKA 技能问卷, 能帮助个人确定现在所具备的技能。

问题思考

1. 尝试为你的个人品牌做一个自画像, 并做一个合理规划。

(1) 我希望成为一个怎样的人？

(2) 目前, 我在亲朋好友眼中是怎样的人？

(3) 我觉得自己哪些方面需要做出改变？

(4) 6个月后, 我将成为……

(5) 1年后, 我将成为……

(6) 2年后, 我将成为……

(7) 5年后, 我将成为……

2. 你会怎样描述表1-1中所列举的每一项优势？首先, 请在你认为比较符合的三个选项中打钩, 并用一到两句话进行描述。

表1-1 个人优势

优 势	有时符合	经常符合	很少符合	描 述
良好的口语交流能力				
创造性				
愉快				
责任感				
协作性				
有胆识				
果断				
擅长交际				
谨慎				
影响力				
高效率				
热诚				
情绪稳定				
诚实				
忠诚				
有计划性				
耐心				
守时				
坚持				
领导力				
说服力				
自主性				
宽容				
成就定向				
节俭				

通过上述清单评估，你认为自己还有什么弱点需要改进？你认为其中哪一项是最重要的一项，并就此设计一个加强行动力的发展计划。

(资料来源：GCDF中国培训中心. 全球职业规划师GCDF资格培训教程[M]. 北京：中国财政经济出版社，2006. 有删改)

信息园

1. 论培育和践行社会主义核心价值观

人生需要信仰驱动，社会需要共识引领，国家需要价值导航。二十四字社会主义核心价值观，勾画的正是人生奋斗的梦想之舵、中华民族的精神之钙、当代中国的兴国之魂。

富强、民主、文明、和谐是国家层面的价值目标，自由、平等、公正、法治是社会层面的价值取向，爱国、敬业、诚信、友善是公民层面的价值要求。

我们倡导的富强，是全体人民共同富裕和国家繁荣强盛的有机统一，是和平发展与共享共赢的崭新模式。我们追求的富强，不崇尚弱肉强食的丛林法则，不认同"国强必霸"的陈旧逻辑，而是希望与世界各国和睦相处、和谐发展，共谋和平、共享和平。

我们倡导的民主，是真实的民主，没有门槛，不受财产、地位、民族、性别、宗教等因素限制，使每个人都享有平等的政治权利；是广泛的民主，绝不以牺牲多数人利益为代价来保护少数人的利益，同时尊重和照顾少数人，充分反映和协调各方面的意愿和利益；是高效的民主，既真切全面地反映人民意愿，又致力于尽快形成统一意志、统一行动，以解决实际问题；是丰富的民主，不仅有选举民主，还有协商民主、基层民主，保证人民依法实行民主选举、民主决策、民主管理、民主监督。

我们倡导的文明，是以道路选择、理论指引、制度建构，追求全方位的发展与进步。坚持以人为本的核心理念，让物质文明、政治文明、精神文明、生态文明和制度文明有机统一；坚持开放包容的创新姿态，将古今中外一切优秀文明成果兼收并蓄。既不推崇"西方文明至上论"，也不搞"历史虚无主义"；既不妄自尊大，也不妄自菲薄。

我们倡导的和谐，是人与人、人与社会、人与自然的有机统一。和谐的中国，是民主与法治相统一、公平与效率相统一、活力与秩序相统一、人与自然相统一的社会主义国家。和谐的中国，秉持世界持久和平的理想，心系人类共同繁荣的命运，担当永续发展的历史责任。

我们倡导的自由，不是少数人的、形式上的、虚伪的自由，而是绝大多数人的、实质上的、真实的自由；不是凌驾于社会利益之上的、绝对的个人自由，而是受到法律和规范制约、权利和义务对等的自由；不是超越发展阶段和现实承受能力的自由，而是与一定的经济社会发展条件相适应的自由。社会主义的自由，不只是追求物质生活的改善，更重要的是保证人民充分享有发展自我、实现自我的机会，使每个人都能人生出彩、梦想成真。

我们倡导的平等，是兼顾效率与公平的平等，不是"不患寡而患不均"的绝对平均主义；是实实在在的平等，不是落在法律字面上的"形式上的平等"；是要让人人都能公平行使社会权利、履行社会义务、分享社会成果，政治上平等参与、经济上共同富裕、文化上共建共享，同祖国和时代一起成长进步。

我们倡导的公正，不只是强调机会平等和程序正义的公正，而是兼顾结果正义，体现在社会生活各个领域、各个层次、各个方面的公正。社会主义社会的各项制度安排，是要将最广大人民的根本利益作为出发点和落脚点，在社会发展过程中尽最大努力实现人民的愿望、满足人民的需要、维护人民的根本利益。

我们倡导的法治，不是片面强调司法独立、推行三权分立，更不是对资本主义法治理念的照抄照搬，而是立足中国的社会现实和文化传统，坚持党的领导、人民当家作主、依法治国的有机统一。社会主义法治，不是广场上的雕塑、橱窗里的花瓶，而是运用人民赋予的权力，体现人民意志、保护人民权益，让法治成为国家长治久安、社会安定有序、人民安居乐业的坚强柱石。

(资料来源：任仲平. 凝聚当代中国的价值公约数[N]. 人民日报，2015-04-20(3). 有删改)

2. 丰田5WHY分析法

5WHY分析法，又称"5问法"，也就是对一个问题点连续以5个"为什么"来自问，以追求根本原因，最初由丰田佐吉提出。

丰田提倡通过"观看""观察""审视"，随时训练自己透彻了解现场的能力。5WHY分析法是一种诊断性技术，被用来识别和说明因果关系链，它会引起恰当的定义问题。它不断提问为什么前一个事件会发生，直到回答"没有好的理由"或直到一个新的故障模式被发现时才停止提问。其关键是鼓励解决问题的人努力避开主观或自负的假设和逻辑陷阱，从结果着手，沿着因果关系链条，顺藤摸瓜，穿越不同的抽象层面，直至找到原有问题的根本原因。

5WHY分析法应用步骤如下：

(1) 说明问题并描述相关信息。

(2) 问"为什么"，直到找出根本原因。

(3) 制定对策并执行。

(4) 执行后，验证有效性。

应用举例：小林同学打算今年阅读 20 本管理学书籍。在制订阅读计划之前，小林利用5WHY提问法制作了表1-2，以深入探究自己内心真正的需求，发现真正的问题所在，排除个人的主观臆测和想当然的干扰，集中精力解决问题，达成目标。

表1-2 小林的问题与原因

提出问题	分析原因
为什么将这 20 本书列入今年的阅读计划	因为觉得自己的思考能力太弱，对很多问题的分析不够深入
为什么思考能力弱	因为在读书的时候，很少结合理论对实际发生的事情进行分析
为什么没有把知识结合实际	因为觉得太难了，以前也没有这样的习惯，仅仅满足于读书后收获知识的良好感受
为什么仅仅满足于获得知识	因为没有把注意力放在提升自己的实际能力上，仅仅满足于看完书后得到的称赞
为什么没有把注意力放在提升自己的实际能力上	因为没有制定具体的操作流程。不是没有想法，而是一想到这是一件不知道如何落地的事情，就会觉得很烦。还因为就算完不成，也不用承担什么后果

追问到这里，对于如何制订出真正重要的阅读计划就很清晰了。

于是，小林将自己的读书计划重新调整为：在个人微博中发布24篇读书践行的文章(每两周一篇，至少1000字）。

调整后的目标还要用 SMART 原则进行检查，提高计划的实现概率。

3. SMART原则

SMART 原则是美国管理学大师彼得·德鲁克提出的具体的目标管理方法，它一方面有利于员工更加明确高效地工作；另一方面为管理者将来对员工实施绩效考核提供了考核目标和考核标准，使考核更加科学化、规范化，更能保证考核的公正、公开与公平。

SMART原则的具体运用如图1-2所示。

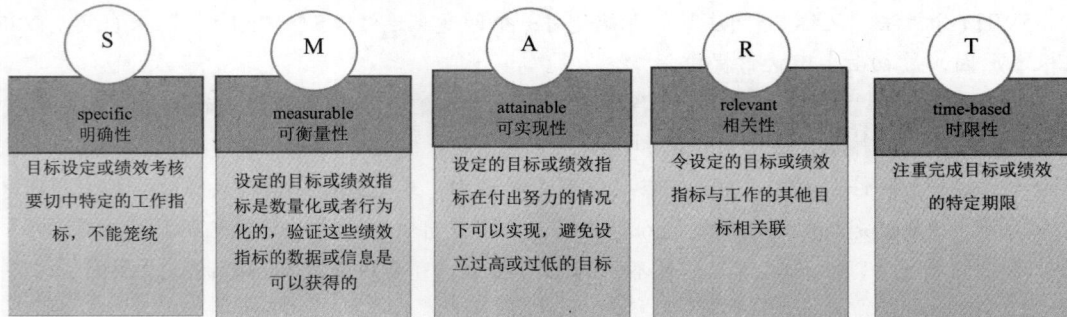

S	M	A	R	T
specific 明确性	**measurable 可衡量性**	**attainable 可实现性**	**relevant 相关性**	**time-based 时限性**
目标设定或绩效考核要切中特定的工作指标，不能笼统	设定的目标或绩效指标是数量化或者行为化的，验证这些绩效指标的数据或信息是可以获得的	设定的目标或绩效指标在付出努力的情况下可以实现，避免设立过高或过低的目标	令设定的目标或绩效指标与工作的其他目标相关联	注重完成目标或绩效的特定期限

图1-2　SMART原则的具体运用

S(specific)—— 明确性要求，要求目标设置或绩效考核有项目、衡量标准、达成措施、完成期限以及资源要求，使考核人能够很清晰地看到部门或科室计划做哪些事情、计划完成到什么样的程度。

M(measurable)——可衡量性要求，要求目标或绩效的衡量标准遵循"能量化的量化，不能量化的质化"的原则，使制定人与考核人有一个统一的、标准的、清晰的、可度量的标尺，杜绝在目标设置中使用形容词等概念模糊、无法衡量的描述。对于目标的可衡量性，应该首先从数量、质量、成本、时间、上级或客户的满意程度五个方面来衡量；如果仍不能进行衡量，可考虑将目标细化，细化成分目标后再从以上五个方面衡量；如果仍不能衡量，还可以将完成目标的工作进行流程化，通过流程化使目标可衡量。

A(attainable)——可实现性要求，要求目标设置或绩效考核坚持员工参与、上下左右沟通，使拟定的工作目标在组织与个人之间达成一致，既要使工作内容饱满，也要使目标具有可达性，制定出跳起来"摘桃"的目标，而非跳起来"摘星星"的目标。

R (relevant)——相关性要求，要求工作目标的设定或绩效考核指标的确定一方面和岗位职责相关联、不能跑题；另一方面与其他目标或绩效指标相关联，如果实现了这个目标或绩效，但与其他的目标或绩效指标完全不相关，或者相关度很低，那么这个目标或绩效指标即使达到了，意义也不是很大。

T (time-based)——时限性要求，要求目标设置或绩效指标的确定具有时间限制，根据工作任务的权重、事情的轻重缓急，拟定出完成目标项目的时间要求，定期检查项目的完成进度，及时掌握项目进展的变化情况，以方便对下属进行及时的工作指导，以及根据工作计划的变化及时调整工作计划。

(资料来源：何霞，方慧.职业生涯规划实战体验手册[M]. 北京：机械工业出版社，2021. 有删改)

第 二 章

职业决策

同学们生逢其时、肩负重任。希望全国广大高校毕业生志存高远、脚踏实地，不畏艰难险阻，勇担时代使命，把个人的理想追求融入党和国家事业之中，为党、为祖国、为人民多作贡献。

——2020年7月，习近平给中国石油大学(北京)克拉玛依校区毕业生的回信

📖 【案例2-1】

永远不要等待风险自己消失

看到多所学校陆续公布考研分数的消息，迟迟未决定是否考研的小林也跟着着急起来。

准确地说，这种情绪并不仅仅是这些消息带给小林的。尽管现在才2月，但她已经感受到了周围同学为了考研和就业所做的种种努力。打算考研的同学早在寒假就报了一些机构的辅导班，每天跟着课程有计划地复习，把考研纳入到之后一年的规划之中。准备就业的同学有的从大一开始就利用寒暑假的时间去实习，在得到实践锻炼的同时，拥有了光鲜的实习履历。面对弥漫在身边的这种并未言说却能够切身感知的气氛，小林不知道自己的选择是什么。

一开始，小林是想要考研的，她想通过考研提升自己的学历和见识，让自己拥有更多被看见的可能，但一年比一年激烈的竞争形势以及对自己考试能力的不自信让小林心生踌躇——如果失败了还会错过秋招，那时该怎么办？如果考上了，自己真的适合做研究吗？读几年的书后，环境是否会出现变动？种种考虑搅在一起，小林觉得自己像是被无数丝线缠绕包裹的蚕蛹，蚕丝轻软，自己却无从突破。

思前想后实在不得解的时候，她心头一横，想着要不就工作吧。但修改自己的简历时，小林又为自己空白的实习经历感到尴尬。大学期间，她将主要精力全部放在了各种社团活动上，并未针对自己想要从事的行业岗位有针对性地训练专项能力。如果趁着今年暑期参加一个实习，自己的实习履历也还是不如别人丰富，秋招时真的能够找到好的工作单位吗？

考虑之下，小林找到闺蜜倾诉。闺蜜听后道："每种选择都承载着风险，而我们要做的，就是考虑自己最在意的点，然后在选择之后，坚定不移地为之努力，提高成功的可能。"

"永远不要等待风险自己消失，永远相信自己。"小林会永远记得闺蜜的这句话。

(资料来源：https://mp.weixin.qq.com/s/zLPlVfKdkgSQQtbe8RXMFw，有删改)

【课前思考】

　　1. 你觉得小林陷入困惑的原因是什么？

　　2. 如果你是小林，你会做出怎样的决策？

第一节　对职业环境的再认知

📖 **【案例2-2】**

2022年中国劳动力市场供需现状分析　用工需求大于劳动供给

　　根据国家统计局、人力资源和社会保障部数据分析，2022年我国劳动力总人数呈波动下降趋势。从劳动力总数来看，2014年以来中国劳动力总数整体呈现下降趋势。2015年为最近8年高峰，劳动力总人数达到8.01亿人。2021年中国劳动力总人数为7.80亿人，较2020年减少约368万人，下降0.5%。尽管劳动力总人数有小幅下降，从绝对数量看，仍处于较高水平。

　　大学生毕业人数逐年增长。随着中国人口数量增长、高等教育投入金额的增加以及大学不断扩招等原因，中国大学毕业生数量不断增长。2018年中国大学毕业生人数超过800万人，2021年超过900万人，达到903.8万人，较2020年增加33.7万人。根据教育部统计，2022年中国高校毕业生首次突破1000万人，达到约1076万人。

　　市场岗位需求在400万人以上。根据人力资源和社会保障部数据，2020年第一季度到2021年第三季度，中国部分城市公共就业服务机构市场岗位需求人数均在400万人以上，其中2021年第二季度岗位需求人数为563.8万人，为最近2年的最高值。

　　用工需求大于劳动供给。根据中国人力资源社会保障部信息中心和中国就业培训技术指导中心对部分城市的公共就业服务机构市场供求信息进行的持续统计分析，2020年和2021年中国部分城市公共就业服务机构市场岗位空缺与求职人数比例始终大于1。

　　(资料来源: https://ecoapp.qianzhan.com/detials/230110-de5c944f.html?uid=ffffffff-f480-0bf5-0000-00003572b4b5，有删改)

　　我们为什么要认识职业环境，为什么要了解劳动力市场的相关信息？很简单，我们身处一个变化中的职业世界，经济、社会和技术的变革都会影响工作者。尤其是第三次技术浪潮的到来使职业世界更加瞬息万变。美国职业规划学者罗伯特教授曾这样描述："在20世纪60年代的电影《毕业生》里，职业上的成功可以概括成一个词'塑料'。后来这个词变成了'计算机'。今天职业成功的新的关键词可能是'智能制造互联网'。"因此，在职业规划的大蓝图中，除了个人的努力之外，还要有职业环境这个大拼图才能构成一幅美好的蓝图。只有了解职业环境、认识劳动力市场，才能帮助自己根据形势变化做出正确的职业决策。从认知层面来看，了解职业环境、认识劳动力市场主要从宏观环境认知和微观环境认知两方面入手。

一、认识外在的宏观环境

当前，世界百年未有之大变局加速演进，新一轮科技革命和产业革命深入发展。人是社会的一员，无论从事何种工作，均要适应社会环境的变迁。社会宏观环境主要包括政治法律环境、经济环境、社会文化环境和科学技术环境。社会宏观环境对我们的职业生涯乃至人生发展都有重大影响，外部宏观环境是一种社会存在，我们在规划个人长期生涯发展时，必须多角度、全方位地分析社会宏观环境，了解宏观环境的特点，如目前的就业政策、就业整体形势、经济发展水平、各地区文化特点等。只有顺应社会的趋势，才能做出更好的职业规划。

(一) 政治法律环境

身为大学生，应该主动关心政治法律环境，具体包括当今的社会制度、政府的方针、政策、法律和法规等。政策和制度的变化，都会对职业选择和生涯发展产生重要的影响。

1. 政治环境

政治环境就是指一个国家或地区在一定时期内的政治大背景，是各种不同因素的综合反映。不同政治环境下形成的路线、方针、政策会给这个国家的人民生产和生活带来重大影响。政治不仅影响一国的经济体制，还影响着企业的组织体制，进而直接影响个人的职业发展。另外，政治制度和氛围还会潜移默化地影响个人的追求。经过改革开放 40 多年的发展积累，越来越多的中国企业和社会组织投身到"一带一路"等重大国际合作中，以更加开放的姿态参与到全球治理中，更全面、更深入、更多元的对外开放格局正在加速形成。在"十四五"时期及更长时间内，随着中国经济国际影响力的持续提高和中国企业的走出去，中国培养的大学生将会有越来越多的机会就职于国际组织和跨国企业，为中国经济高质量发展和全球治理体系改革做出贡献。

2. 法规政策环境

法规政策环境主要是指一个国家或地区的法律、法规、方针政策、人才培养开发政策、人才流动等有关规定。"双向选择、自主择业"是社会主义市场经济下的基本就业政策。2022 年5 月，国务院办公厅印发《关于进一步做好高校毕业生等青年就业创业工作的通知》，明确要求多渠道开发就业岗位，拓宽基层就业空间。结合实施区域协调发展、乡村振兴等战略，适应基层治理能力现代化建设需要，统筹用好各方资源，挖掘基层就业社保、医疗卫生、养老服务、社会工作、司法辅助等就业机会；继续实施"特岗计划""三支一扶""西部计划"等基层就业项目，拓展"城乡社区专项计划"，鼓励扩大地方基层项目规模，引导更多毕业生到中西部地区、东北地区、艰苦边远地区和基层一线就业创业。

大学生还需要了解和关注劳动法律法规，对法律法规了解得越多，就越能增强自己的职业能力，避免在职业生涯规划上走弯路。《中华人民共和国劳动合同法》(以下简称《劳动合同法》)是规范劳动关系的一部重要法律。新《劳动合同法》于 2018 年 12 月 28 日修订，更全面地保障了劳动者的权益。这既对大学生就业权益起到了积极的保护作用，也对大学生就业过程中的行为进行了约束，大学生不能随意违约，需要遵守《劳动合同法》。

(二) 经济环境分析

所谓经济环境，是指构成企业生存和发展的社会经济状况和国家经济政策。社会经济状况包括经济要素的性质、水平、结构、变动趋势等多方面的内容，涉及国家、社会、市场及自然等多个领域。当经济振兴时，新的行业就会不断出现，新的组织也会应运而生，不断扩充编制，从而为就业及晋升创造有利条件。例如，互联网的兴起孕育了一个又一个新领域，改变了商业世界的交易规则。当经济处于萧条期时，企业的效率就会大大降低，对人力资源的需求也就减少了，进而使个人职业选择和职业发展的机会大大减少。另外，在经济发展水平高的地区，企业相对集中，个人职业选择的机会和挑战也就更多。这也是为什么源源不断的人才乐此不疲地涌向北京、上海、广州等发达地区。在经济相对落后的地区，个人的职业发展机会有可能会大大减少，但也有人从中找到商机，体现个人优势，实现突破。

1. 经济形势分析

当代世界经济领域，随着现代科技的飞速发展，全球范围的生产力水平空前提高，国际化水平也越来越高。同时，随着国内区域协调发展战略、区域重大战略等的深入实施，高质量发展的区域经济布局对人才的总体需求呈不断上升趋势。党的二十大报告对于建设现代化产业体系提出了"推动战略性新兴产业融合集群发展，构建新一代信息技术、人工智能、生物技术、新能源、新材料、高端装备、绿色环保等一批新的增长引擎"。互联网、大数据、云计算、物联网、人工智能、智能制造等领域对人才需求旺盛。另外，在线办公、在线教育、在线医疗等互联网服务产业加速崛起，带动了软件和信息技术服务业以及快递、外卖等行业进一步发展。此外，全社会对健康安全关注度大幅上升，对健康服务的需求显著增长，医疗、康养、健身、体育等大健康产业的重要性被更多人接受，将步入快速发展期。

2. 产业结构调整分析

改革开放以来，我国三次产业结构在调整中不断优化，总体呈现由"二一三"向"二三一"，再向"三二一"演变的趋势。展望"十四五"时期，我国经济发展进入新时代，转向高质量发展阶段，产业结构进一步转型升级。第一产业比重将呈现持续稳步下降的态势，但由于乡村振兴战略的实施，变化幅度较小；在新一代科技与产业变革、创新驱动发展等背景下，我国工业创新发展能力大幅提升，高端发展态势逐步显现，绿色发展水平迈上新台阶；在产业转型升级、新型城镇化和居民消费品质升级等背景下，我国服务业发展迎来新机遇，经济发展中的主导产业特征进一步凸显。我们应该从产业结构调整的信息中，善于发现有利于个人职业发展的机遇，尽可能地把自己置身于发展前景大、发展好的产业和行业中，这样才会有更大的个人发展平台和空间。

📖 【资料链接2-1】

🖙 杭州发布紧缺人才需求目录，110种岗位"非常紧缺" 🖙

杭州市人力资源和社会保障局、统计局等2021年12月发布紧缺人才需求目录，其中，游戏测试、算法工程师、运维工程师、机械研发工程师、医药技术研发、临床研究、主持人、后期/剪辑/特效、编剧、民宿运营、西点师、调酒师、操盘手、保险业务等岗位"非常紧缺"。

"十四五"期间，杭州将打造全球人才"蓄水池"，聚焦发展"5+3"重点产业，即推动文化、旅游休闲、金融服务、生命健康、高端装备制造五大支柱产业高质量发展，推进数字经济再聚焦，重点发展人工智能、云计算大数据、信息软件三大先导产业，增强产业体系竞争力。《杭州市重点产业紧缺人才需求目录(2021年)》以当地"十四五"规划纲要提出的重点产业为着眼点，筛选出各产业中紧缺度排序前30的具体岗位，共计180个，其中"非常紧缺"岗位110个、"紧缺"岗位68个、"一般紧缺"岗位2个，数字经济、高端装备制造、金融服务产业中"非常紧缺"岗位数量位列前三，分别是25个、21个、18个。

2018—2020年，杭州曾发布年度《未来产业紧缺专业人才需求目录》《数字经济紧缺专业人才需求目录》和《新制造产业紧缺人才需求目录》，人工智能、生物技术、云计算大数据等领域均多次出现。

根据杭州市人民政府网站报道，2020年，杭州市新引进35岁以下大学生43.6万人，新认定各类高层次人才2.3万名，人才净流入率继续位居全国第一。

（资料来源：https://www.thepaper.cn/newsDetail_forward_16025644，有删改）

(三) 社会文化环境分析

社会文化环境是指个人和单位所处社会的社会结构、社会风俗和习惯、信仰和价值观念、行为规范、生活方式、文化传统、人口规模与地理分布等因素的形成和变动。它是本民族、本地区、本阶层的是非观念，影响着人们的行为，影响着个人的职业发展。我国是一个幅员辽阔的大国，社会文化的复杂性决定了个人职业选择与职业发展要充分考虑所在地区的文化因素。

社会文化环境分析主要包括对生活方式、人口状况、文化传统、教育程度、价值观念、风俗习惯、宗教信仰等的分析。这些因素都是人类在长期的生活和成长过程中逐渐形成的，其中，社会价值观的重点理解和分析将更有利于进行职业生涯规划。不同阶段的社会价值观会随社会发展和进步产生不同程度的变化，进而使人们对职业的认识和需求产生变化。社会环境对个人职业发展的影响主要有以下四大方面：

(1) 人的职业意向与社会文化密切相关。文化变迁对人的职业意向影响极大，随着市场经济的发展，部门产业的社会地位也发生了变化，这导致人们的职业意向也随之发生变化。例如，在浙江，"浙商文化"，使得商业发展生机勃勃，也使得人们对从事商业的积极性非常高。

(2) 人的职业能力与社会文化密切相关。职业能力是人们从事某一职业的多种能力的综合。社会文化培养人们从事和掌握某种职业能力，如在浙江省内的不少县市都有当地著名的产业，如海宁是皮革之城、宁波的外贸业特别发达等。

(3) 人的职业习惯与社会文化密切相关。职业习惯是个人长期从事某一职业所形成的某些特定的、不易改变的行为方式。从事不同的职业会养成不同的职业习惯。例如，做法律事务方面工作的人在工作中会养成办事严谨的工作作风和职业习惯。此外，在国际交流中，也应当注意跨文化交际，在充分理解和尊重当地文化的基础上，从事职业活动。

(4) 职业价值观与社会文化密切相关。职业价值观是人生目标和人生态度在职业选择方面的具体表现，也就是一个人对职业的认识和态度以及他对职业目标的追求和向往。它引导着人们的行为、情感和评价标准。比如，教师这个职业在某个历史时期并不是一个受人尊重的行业，但如今，这个行业的社会地位越来越高，成为不少人热捧的职业。

除此之外，我们还要重视亚文化群的影响。亚文化又称小文化、集体文化或副文化，指某一文化群体所属次级群体的成员共有的独特信念、价值观和生活习惯，是与主文化相对应的那些非主流的、局部的文化现象。它既可以按照民族、宗教、种族、地理区域来划分，也可以按照年龄、兴趣爱好等来划分。例如，"70后""80后"和"90后"对待工作的态度和认识是有很大差异的，这影响着他们的工作方式和职业意向。

(四) 科学技术环境分析

科技环境是指科学技术发展的状况。科技的日新月异会带来理论的更新、观念的转变、思维的变革、技能的补充和产业结构的调整。这使得科技发展对生产技术产生了深远的影响，突破了原有的组织和人才管理模式。例如，随着计算机的普及和信息化时代的到来，打字员这个职业似乎已经不再存在，传统的秘书角色也发生了实质性的改变。科技发展也对职业模式产生了深刻影响。曾经制造业、农业等第一、第二产业是就业的主力，现在以服务业为代表的第三产业成为就业新潮。有专家分析指出，今后每隔10年就将出现一次全面的"职业大革命"。最后，科技发展对人才素质也有巨大影响。随着科技的进步，未来社会将更加迫切地需要具有新知识和较高技能的高素质人才。因此，我们在做职业规划时务必与时俱进，切实提高自己的知识水平，增强自身的竞争优势。

二、认识外在的微观环境

任何人的性格和品质的形成以及个人的成长都离不开周围环境的影响，周围环境主要包括家庭生活环境和校园生活环境。

(一) 家庭生活环境

家庭是个人出生后最先接触的环境，也是我们最初认识这个世界的渠道。我们的言行举止、生活习惯、性格特点都是在家庭的潜移默化的影响中形成的。通常，家庭生活环境对个人职业生涯的影响主要集中在家庭社会经济地位、家庭文化教育水平、家庭成员的职业及职业榜样、家庭成员对子女的职业期望和家庭其他因素这五个方面。

(1) 家庭社会经济地位。家庭经济收入对子女个人的职业生涯规划具有直接影响。一个家庭能否给予必要的经济支持是影响许多大学生职业选择或者继续求学以取得更高学历作为今后职业选择资本的重要因素之一。家庭社会地位则是该家庭成员的职业、社会关系和人际网络的数量与质量。家庭背景、家庭成员的社会地位及社交能力还决定着子女个人未来可利用的各种社会资源，甚至影响其职业选择范围的大小。一般，月收入较高的家庭，子女倾向于选择收入较高、风险较大的职业；月收入偏低的家庭，子女倾向于选择收入一般、风险较小的职业。这也表明，随着家庭财富的增多，大学生可能会选择更具风险也有更高收益的职业。

(2) 家庭文化教育水平。家庭文化包括传统、学识、习惯和生活方式等。这种文化教育具有很强的遗传作用。家庭是孩子的第一学校，家庭成员文化程度的高低对子女家庭教育、父母参与学校活动的热衷度等均有影响。一般而言，子女都会将家庭成员作为职业选择的重要咨询对象，尤其是年少期，依赖程度更大。比如，在高考志愿填报时，在有的家庭中，父母的意见占主导位置。

(3) 家庭成员的职业及职业榜样。家庭成员通过分析自己的职业现状以及各种职业的社会地位、经济地位、发展前途等，潜移默化地影响子女的职业生涯选择。人们常说的"子承父业"就是其最直接的反映。

(4) 家庭成员对子女的职业期望。现在，大部分学生都是独生子女，因此父母对子女的职业期望越来越高。这一方面表现在努力为子女提供良好的生活和学习条件上，另一方面表现为对子女职业选择的较高期望。具体表现为父母喜欢参与子女的职业选择。当子女的职业目标与父母的期望一致时，他们将会得到更多的支持；但当与父母期望有区别时，可能首先遭遇到的阻力就来自父母和其他家庭成员。比如，现在很多父母都希望自己的子女能够找一份稳定的工作，有的以自己的子女考上事业单位、公务员为荣。

(5) 家庭其他因素。家庭其他因素主要包括个人成长经历、家庭所处地域和出生顺序等。个人在成长过程中不同时期的成长经历和所受教育都会影响和调整其最终的职业生涯规划目标。

(二) 校园生活环境

丰富多彩的校园文化一方面能够为校风、学风的形成提供良好的阵地，另一方面是提升大学生素质和能力的重要载体和途径。校园文化对大学生职业生涯规划的影响主要体现在社团活动、课外科技创新活动、社会工作和其他活动上。

学生社团是那些基于共同兴趣爱好的学生自发成立的学生组织。通过学生的自我管理、自我发展，社团能够较好地培养学生的组织管理能力、人际交往能力、语言表达能力等。

各级政府部门、各类协会、各个高校、各个院系都会结合学校和专业实际，组织开展丰富多彩的课外科技创新活动，进而不断提高学生的创新精神和实践能力。有不少学生通过形式多样的学科竞赛活动，为今后从事产品研发或科学研究埋下了种子。学校内外的各类大赛、讲座、学术沙龙等，也会帮助学生在锻炼中不断突破自我，是实现职业生涯的非常好的途径。

此外，学生还要积极参与各种社会实践。例如，校内的学生会组织、勤工助学等和校外的社会实习、实训、实践及社会兼职等。这些实践锻炼不仅有利于学生积累社会经验，增加人脉，而且有助于学生深入了解职业和职场，尽快融入社会。

三、认知职业环境的主要方法

(一) 社会调查

(1) 调查目的。认识目标职业的社会意义，熟悉目标职业的职业环境，对自己做好工作所需要的知识、技能、生理条件及个性特征有一个初步认识，对该职业的生存环境、发展前途以及个人循此发展可能取得的职业成就等形成初步印象，评估职业发展前景和职业获取的必要性。

(2) 调查内容。目标职业(以单位为标准)所处的外部环境(政治、经济、文化及法律环境)，以及组织结构与工作流程、岗位环境、岗位要求等。

(3) 调查方式。一是通过网络、数据库等进行信息收集，招聘广告分析、行业发展报告等都属于此类方法。二是通过走访业内人士进行了解。三是通过问卷调查的方式进行了解。

(4) 调查结果分析。撰写的调查报告必须包括三个方面的内容：一是调查情况介绍，二是调查过程详细记录，三是调查后的感想、目标差距、改进办法等。

(5) 注意事项。这类方法主要是以帮助学生认知宏观环境为主，因此需要特别注意资料的可信度以及时效性。如果获得一些虚假的信息或者相对比较陈旧的信息，对认识职业并无太大帮助。

(二) 实习见习

(1) 实习目的。树立职业(角色)意识，积累职业经验，评估职业获取的可行性。

(2) 实习内容。针对今后的目标或者所学的专业，了解用人单位的管理状况、工作岗位内容和要求等。

(3) 实习方式。通过多种方式到职业场所进行一定时间的实习、实践。暑期社会实践、毕业实习、勤工助学等都属于这类实践活动。

(4) 实习结果分析。撰写的实习总结通常包括以下三个方面的内容：一是实习基本情况介绍；二是实习收获，尤其是针对所学的专业或者是将来的职业目标；三是存在的问题，通过实习暴露自己在专业水平、社交能力等方面的弱点，分析其原因，找到改进方法等。

(5) 注意事项。实习见习是最能够直接接触职业的途径，每个大学生都应该在大学生涯中多次实习见习。实习见习一方面能够积累实践经验，另一方面能在具体的事务中加深对社会的认识，检验理论知识。但实习见习的时间通常比较短，接触的内容是局部的、是不全面的，因此，当我们在实习见习中接收到了一些负面信息时，需要理性甄别，避免个人的片面认识影响对职业的正确认识。

(三) 情景模拟

(1) 情景模拟目的。模拟测试注重考核业务能力，考核的标准是依据实际工作的要求拟定的。

(2) 活动内容。考查准从业者应具备的职业素质和技能、岗位工作的内容与效果考核标准、岗位工作应注意的事项，了解应试者的心理素质和潜在能力，包括现场处理问题的控制能力、分析能力、判断能力和决策能力等。

(3) 活动方式。会议模拟、管理游戏、角色扮演是活动的主要方式。例如，法学专业中的模拟法庭等就是情景模拟。

(4) 活动结果分析。撰写的体验报告通常包括三个方面的内容：一是活动情况介绍，包括活动的主题、参加人员、活动所用时间等；二是活动过程记录，包括活动的详细步骤以及主要的言谈行为；三是活动之后的感想、存在的问题、改进办法等。

(5) 注意事项。这类方法具有针对性强、用时短、趣味性较强的优势。参与者能够通过模拟的情境，较为全面地展现和梳理职场环境与个人能力。但现实往往比虚拟的环境要复杂，因此我们在总结问题时，要有前瞻性，要善于举一反三。

(四) 生涯人物访谈

(1) 访谈目的。经验从何而来？从亲身实践而来，从他人的经历而来。通过生涯人物访谈，学生可以了解和认识社会需求、行业需求等基本状况，丰富经验。同时，能印证以前通过其他渠道获得的信息，评估职业获取的可行性。

(2) 访谈内容。访谈内容包括从业资格与从业条件、职业获取程序、工作岗位的职能与工作质量标准、岗位的一般和特殊技能要求、岗位工作应注意事项、职业发展的前景与条件。

(3) 访谈形式。学生可对自己感兴趣的职场人士进行采访，可以采用面对面交谈、QQ 聊天、邮件交流、电话沟通等各种形式。最好的访谈形式是面对面，在面对面的交谈中，能够更加真实地了解相关职业的知识、技能需求、待遇和发展前景。这是其他交流方式所不可比拟的。

(4) 访谈程序。

第一步，寻找职业人物，确定访谈对象。结合自己所选职业的性质、所属行业等，一般在相关领域内确定 2~3 位职场人士作为生涯人物访谈的对象。接受访谈者应在这个职位上具有一定的经验，一般应已经工作 3 年甚至更长时间。因为年龄较长者的职业经历丰富，对待事物也更理性客观。

第二步，拟定访谈问题或提纲。对职业人物的访谈可以围绕职业探索、在校生努力方向、个人人格的塑造等进行，如在这个工作岗位上，每天都做些什么?大学生就业应该做怎样的心理准备?

第三步，预约并实地采访。访谈时，可以从轻松的话题开始，如先聊聊从其他渠道了解到的访谈人物的好消息，然后可以按照事先设计好的问题开始访谈。在访谈结束时，请访谈人物再给自己推荐其他相关的生涯人物对象，这样我们就可以以"滚雪球"的方式拓展自己的职业认知领域。

(5) 访谈结果分析。撰写的生涯人物访谈报告通常包括三个方面的内容：一是访谈情况介绍，包括访谈的时间、地点、对象的情况及访谈所用时间等；二是访谈过程记录；三是访谈后的感想，特别是针对自己今后发展目标的感受。

(6) 注意事项。能够与将来自己有志从事的行业的从业者做一次交流是一次非常好的体验。从与他们的交流中我们可以获得许多潜在的信息，并积累一定的人脉资源。因此，我们一定要大胆地邀约想采访的对象，一定要大胆地提问。另外，还要精心设置问题，问题的设计和提问的水平也将影响获取信息的质量。

📖 【资料链接2-2】

◈ 律师职业的生涯访谈 ◈

访问人： 某大学法学专业大三学生小郑

被访问人： 杭州某律师事务所朱律师

访谈全文

问：朱律师，您能不能简单地介绍一下您的从业经历?

答：是这样的，我的经历代表了我们事务所大部分律师的经历。我不是科班出身，1992年我大学毕业，学的是机械制造，然后在工厂里做了5年的机械工程师，1997年到杭州××大学读研究生，这个时候学习了财务和法律，毕业后先去一个投资公司做了项目投资人，1年以后才阴差阳错来到这里，成了一名律师。

问：那在这份职业中，您认为最艰难的时期是在什么时候?

答：每一个人都一样，就是在刚入行的时候。有的人可能半年就适应了，有的人一年两年还不适应。这里面主要有两个问题：首先，你是不是对这份事业有着满腔热情，能不能为之付出?很多人觉得做律师是为了赚钱，但是律师刚入行时是赚不了钱的，很多人被淘汰就是因为一开始没有摆正态度。其次，你做律师后有没有选对一个好的平台?现在的中国律师界可以说是散兵游勇，大部分律师事务所、从业的律师都是单干的，没有团队的建设，也没有严密的分工，这就导致了中国整个律师行业非常散。有的师父看你有灵气就理你，看你没有灵气就懒得搭理你，让你自生自灭，那么这一点，尤其对年轻律师是非常不利的。对于年轻律师，我们会安排资深律师指导，帮助他尽快适应。

问：目前，律师业现状如何？

答：司法部政务信息公开数据显示，截至2021年底，全国共有执业律师57.48万多人。律师人数超过1万人的省（区、市）有22个，其中超过3万人的省（市）有7个（分别是广东、北京、江苏、上海、山东、浙江、四川）。从年龄结构看，30岁以下的律师13.48万多人，占23.46%，30岁（含）至49岁的律师35.27万多人，占61.36%，50岁（含）至64岁的律师7.54万多人，占13.12%，65岁（含）以上的律师1.18万多人，占2.06%。从文化程度看，本科学历的律师41.75万多人，占72.63%，硕士研究生学历的律师11.4万多人，占19.85%，博士研究生学历的律师7000多人，占1.29%，本科学历以下的律师3.58万多人，占6.23%。在国境外接受过教育并获得学位的律师8187人，占1.42%。

截至2021年底，全国共有律师事务所3.65万多家。其中，合伙所2.61万多家，占71.64%，国资所740多家，占2.03%，个人所9600多家，占26.33%。从律师事务所规模来看，律师10人（含）以下的律师事务所2.42万多家，占66.3%，律师11人至20人的律师事务所7504家，占20.52%，律师21人至50人的律师事务所3704家，占10.13%，律师51人至99人的律师事务所700家，占1.91%，律师100人（含）以上的律师事务所415家，占1.14%。

问：贵所的国际业务如何？

答：我们的国际业务是做得非常不错的。我们说国际业务不是说去国外设立分所，也不是说熟悉每个国家的法律法规，而在于沟通，这一块我们做得很出色，可以说我们的客户去国外投资等都会很放心，无论是去欧洲还是去东南亚，我们都有一个联盟，我们会与当地律所合作，把当地律所的资源转化为我们自身的资源。这是我们未来也是中国律所未来应当重点发展的。

问：您认为在将来，律所走向精细化、专业化吗？

答：不能说是一个潮流，以后的律师行业我认为应该是百花齐放的。中国的律师行业是学习英美的，到现在不过35年多，英美律师业已经有上百年时间了。从他们的经验来看，各种各样的律所都有，有的律所专门做行业，有很小一部分是服务个人的，也有很大一部分是综合的，全世界都有分所。所以说，随着我国经济的发展，律师行业也要满足各类需求，呈现出多元化。

问：您能介绍一下律师行业的薪金吗？

答：顶尖的律师待遇是很高的，但是基层的律师收入不高，特别是一些提成制的律所更是如此，如果你的师父对你好一点会分你多一点，不好就少一点。大家都看到了原来的律师工资结构是不合理的也是不可持续的，不能吸引年轻人进入这个行业。为什么大多数年轻人不想做律师？就是因为律师刚入行很苦，收入又没有保障，自然而然会流失掉大量人才。现在很多提成制的律所的律师都是拿工资的。一般现在刚入行的律师两三千元左右，但是我们所刚入行的律师哪怕是跟其他一些投资行业的工资相比也是比较可观的。

问：那您认为成为一名优秀律师应当具备哪些品质？

答：一是坚持，不坚持什么事情都做不成，这是最基本的。二是要找准自己的方向，把自己的特长发挥出来，把自己的资源都利用起来。"万金油"律师在现在是不行的。律师现在分得很细，有做投资的，有做劳动用工的，有做税务的，等等。

问：您也说了要找准自己的方向，那您认为找准方向应在大学就开始寻找还是在入职后再慢慢探索？

答：是这样的，在大学里区分非常具体、非常明确的方向是不太现实的，更多的是培养一种理念，夯实基础。为什么国外的法科生都要求大学毕业甚至有较丰富的生活阅历，就是因为对于律师这行，没有一定的生活累积是无法真正搞懂一些实务的。在大学，我觉得一个是理论要学扎实。扎实的基础对今后进一步的发展是非常有利的。另外，就是要有大量的社会实践，在实践中获取综合能力的提升。所以，不是说在学校里看几本书就定下来要做什么方向，这是不科学的。

（资料来源：作者根据真实案例资料整理，有删改）

第二节　职业价值观

📖【案例2-3】

❧ "时代楷模" 张桂梅——立德树人　倾情投入 ❧

扎根边疆教育一线40余年，云南丽江华坪女子高级中学党支部书记、校长张桂梅全身心投入少数民族地区教育事业和儿童福利事业，创办了全国第一所全免费女子高中，是华坪儿童之家130多个孤儿的"妈妈"。她把所有财产和爱都给了学生，她和同事一起帮助1800多名女孩走出大山、走进大学，用教育阻断贫困的代际传递。

张桂梅说，少数民族地区教育有自身的特点，孩子自尊心强，老师需要用"爱心+耐心"，真心实意与他们交往。作为一名山村教师，赢得全社会的尊重，张桂梅靠的是"立德树人"。20年前在华坪民族中学教书时，为了毕业班的孩子，她拖着病体坚持上课，不去住院；为了帮助山里的穷困学生，她节衣缩食，舍不得吃好的；为了增强学生对课堂的兴趣，她时常唱歌念诗……直到现在，张桂梅还每天5点半就起床，担心女高学生害怕，她要早早地打开灯，赶走路上的野生动物。

2021年习近平总书记发表的新年贺词令张桂梅感到温暖又振奋。"'征途漫漫，惟有奋斗'让我印象尤为深刻。今年我64岁，有人说我可以休息了。但我觉得自己还能坚持。我还要继续奋斗，勇往直前，把华坪女高做大、做强，让更多山区女孩走出大山！"

（资料来源：http://www.moe.gov.cn/jyb_xwfb/s5147/202101/t20210104_508599.html，有删改）

对于进入本节内容、了解价值观如何推动日常行为，2020年全国优秀共产党员、"时代楷模"张桂梅的事迹或许是一个好的开头。张桂梅的价值观推动她采取行动，本能地赋予她教师的职业使命：将初心融进灵魂，把使命扛在肩上。我们所有人所拥有的价值观使我们根据这些价值观行事。这样做是我们人类本性的一部分。这将解释为什么我们对某些职业感兴趣而不是对其他的职业有兴趣。在现实生活中，我们可能会面临这样一组矛盾：

我们去应聘的时候，雇主更注重的是我们的能力；而我们在选择一份职业、选择一份工作时，更多地考虑的是这份工作能获得多少回报以及个人是否能得到满足。能力是我们投入到工作中的技能和才干，而价值则更多的是我们从这份工作中所获得的报酬和感到满意的程度，然而能力和价值并不是相互排斥的。例如，如果我们从这份工作中得到了满意的报酬或成就感与认同感，我们可能会更愿意投入到这份工作中，并且最大限度地发挥自己的才干。反之，我们会觉得度日如年。对于大三的学生而言，对于职业价值观的再探索、再澄清也将帮助其进一步明确自己到底想要什么，究竟该选择什么。

一、价值观与职业价值观

价值观是指一个人对周围的客观事物(包括人、事、物)的意义、重要性的总评价和总看法。价值观对人们自身行为的定向和调节起着非常重要的作用。价值观决定人的自我认识，直接影响和决定一个人的理想、信念、生活目标与追求。

一个人的人生目标和人生态度在职业选择方面的具体表现，也就是一个人对职业的认识和态度以及他对职业目标的追求和向往叫作职业价值观。理想、信念、世界观对于职业的影响集中体现在职业价值观上。俗话说"人各有志"，这个"志"表现在职业选择上就是职业价值观，它是一种具有明确的目的性、自觉性和坚定性的职业选择的态度和行为，对一个人的职业目标和择业动机起着决定性的作用。

每种职业都有其特性，不同的人对职业意义有不同的认识，对职业好坏有不同的评价和取向，这就是职业价值观。职业价值观决定了人们的职业期望，影响着人们对职业方向和职业目标的选择，决定着人们就业后的工作态度和劳动绩效水平，进而决定了人们的职业发展情况。哪个职业好？哪个岗位适合自己？从事某一项具体工作的目的是什么？这些问题都是职业价值观的具体表现。

二、不同时期的职业价值观

社会上的各种职业都有一定的价值，不同的职业体现着不同的价值内容。不同时期、不同社会环境，对职业的社会评价会有所不同。这影响着人们职业的选择。回顾不同时期的职业价值观，有助于青年把握一生的职业规划。

求稳定的"70后"对工作没有太多要求，只要适合的就愿意干，工资低一点、环境艰苦一点都没有关系，只要稳定就行。"80后"求职者开始关注薪资待遇与职业发展，对工作环境、工资待遇、工作发展前景的要求比较明确。"90后"求职者更加注重专业发展和个人兴趣，在择业标准上，他们把个人成长、自我发展排在首位，并在就业政策给予支持的条件下，愿意到基层去、到边疆去、到祖国最需要的地方去。"00后"求职者更加喜欢自由度高、个人感兴趣的工作。不得不说，每一阶段大学生的职业价值观的形成都与当时的社会有着密切的联系，这也影响着大学生的职业选择。

三、职业价值观的再澄清

对于大三的学生而言，随着对自我、对职业环境认识的不断加深，其职业价值观也在产生不同的变化。价值澄清学派提出了价值澄清的理论假设：人们处于充满相互冲突的价值观的社会中，这些价值观深刻影响着人们的身心发展，而现实社会中根本就没有一套公认的道德原则或价值观。因此，进行价值观的澄清十分有必要。

(一) 价值澄清方法论强调的关键因素

在运作过程中，价值澄清方法论强调四个关键因素：一是要以生活为中心，主要解决生活中的问题；二是要接受现实，即原原本本地接受他人，不必对他人的言行进行评价；三是要进一步思考、反省，并做出多种选择；四是要培养个人深思熟虑地进行自我指导的能力。

(二) 价值澄清方法论的三个阶段

除了要考虑以上四个因素外，还要按选择(choosing)、珍视(prizing)、行动(acting)三个阶段、七个准则(自由选择、从不同可能中选择、经过考虑后才选择、重视和珍惜自己的选择、公开表示自己的选择、根据自己的选择采取行动、重复实施)来进行操作(表 2-1)。

表2-1 职业价值观再澄清三阶段

阶段	准则
选择	1. 自由选择。 2. 从不同可能中选择。 3. 经过考虑后才选择
珍视	1. 重视和珍视自己的选择。 2. 公开表示自己的选择
行动	1. 根据自己的选择采取行动。 2. 重复实施

三个阶段说明如下。
(1) 选择：经过深思熟虑后，从各种可能中自由选择。
(2) 珍视：重视并珍惜所做的选择，并公开表达自己的选择。
(3) 行动：根据自己的选择采取行动，并重复实施。

(三) 价值澄清方法论的准则

(1) 自由选择：经过自由选择后所产生的价值观念，无论有无权威势力的监视，都具有引导个人言行的效力。换言之，个人越经过积极而自由选择后所得的价值，越能觉得此价值是其思想的中心。

(2) 从不同可能中选择：价值的定义基于个人所做选择的结果，当个人发觉没有选择余地时，价值范畴所包含的内容就会失去意义。开放越多的选择可能，我们就越能发现真正的价值所在。

(3) 经过考虑后才选择：个人对各种不同选择可能的后果深思熟虑，并予以衡量比较后，所做的选择才是理智的选择。

(4) 重视与珍惜自己的选择：对于我们乐意选择、决定的价值，以它为荣，并珍惜和重视，将其作为我们生活的准绳。

(5) 公开表示自己的选择：向他人表示和说明自己的选择，以起到一定的监督作用。

(6) 根据自己的选择采取行动：要重视自己的选择，并以自己的选择为指引，做出与选择相适应的行为。

(7) 重复实施：对于所采取的行动采取持之以恒的态度，不断强化自身行为，以此接近自己的选择。

第三节 职业决策概述

📖 【案例2-4】

∽ 升学或就业，我们的决策适合自己吗 ∽

在求职用户调查问卷中和2022年求职就业问答处，收到很多关于决策方面的提问，如：

看到身边同学都准备考研，觉得自己前两阶段的复习不尽如人意，疲惫且低效，提不起劲头学了，我还要不要考研？

校园招聘和地区就业服务季都在进行中，自己全力扑在考研上，如果结果不尽如人意，又错过了现在的机会，那毕业时又要怎么办？

国考即将开始报名，一直在考研和国考之间摇摆不定，是选择考公务员，还是考研后再准备公务员考试？

……

在这些情境中，我们常常会经历"高涨的情绪准备做最终决定——'这几个选择都可以'，犯难——'再想想'，再想想下次再说——'到了决策截止期限，算了，就这样吧'……"的循环过程。做一个理想决策，为什么这么困难？

(资料来源：https://mp.weixin.qq.com/s/-vax9KTWMtvy7zrMsgP8tg，有删改)

作为一个人，总是要不断地做出决策。职业决策是职业生涯规划中的前导部分，决策可行与否，直接决定着职业生涯规划能否成功。希望获得最理想的职业发展目标，就需要认真地对自己进行完全剖析，知道自己希望得到什么，自己应该在社会里获得什么，这就需要认真制定职业决策了。

决策是为了达到一定的目的，从两个或两个以上的可行方案中选择一个合理方案的分析判断过程，是个人对将要进行的重要问题或将要从事的重要工作做出慎重的最后决定。

一、职业决策的概念

职业决策就是个人在多项选择之间权衡利弊以实现最大价值的历程。这一理念是由美国经济学家凯恩斯提出的，他认为个体在面临选择时，往往会选择使自身获得最高报酬，并将损失降到最低的选择项。

对于每一个即将走向社会的大学生来说，下面几项是影响职业生涯发展的主要内容：

(1) 选择从事何种行业。

(2) 选择行业中的哪一个工种。

(3) 选择所适用的策略，以获得某一特定的工作机会。

(4) 从数个工作机会中选择其一。

(5) 选择工作地点。

(6) 选择个人的工作作风。

(7) 选择生涯目标或者一系列升迁目标。

二、影响职业决策的主要因素

能够影响一个人做出职业决策的因素是多方面的，包括个体的受教育程度、个人条件(身体、教育、性格、性别、价值取向等)、家庭环境、社会环境、机遇、朋友、同龄群体等。其中最常见的因素是个人条件、家庭环境和社会环境，对这些因素或问题的意识和觉察，能帮助决策者采取必要的行动，促使成功决策。

(一) 个人条件

(1) 身体。身体健康与否对于职业选择特别重要，几乎所有职业都需要有一个健康的身体。有的职业要求视力、身高、体重合格；有的职业要求反应敏捷；等等。

(2) 教育。教育赋予一个人才能，塑造一个人的人格，是促进个人发展的社会实践活动。受教育程度不同，对个人职业选择或被选择起到的作用也不同。一般来讲，接受过较高水平教育的人，在就业后会有较大的发展，即使职业不如意，在重新进行职业选择时的能力和竞争力也较强。此外，人们所学的专业对职业生涯也有较大影响。因此，教育程度是事业成功不可或缺的因素。

(3) 性格。一个人的性格与职业生涯密切相关。一般情况下，一个人从事与自己性格相适应的工作，才能充分施展自己的才华，全身心地投入工作，取得良好的业绩。如果性格与职业或岗位不适应，再强的能力也难以得到充分发挥。

(4) 性别。虽然男女平等的观念已普遍被现代社会接受，但性别因素在职业生涯中仍然起着重要的作用。男性与女性在生理条件上有差别，在择业和适应职业上会形成自然差别，在择业价值观上也会形成差别。

(5) 价值取向。毋庸置疑，个人的价值观、行为方式、工作动机、需求等因素会直接影响职业生涯的进展。同样的工作对不同的人有着不同的价值，同一个人对不同的工作会有不同的态度和抉择。在就业时，人们会根据自己的价值取向和对不同职业的评价进行选择。

(二) 家庭环境

家庭是人的第一所学校，一个人的家庭是造就其素质甚至影响其生涯决策的主要因素之一。

(1) 家庭的经济水平。家庭经济水平的高低会对生涯决策产生重大影响。生活在贫困家庭的大学生，物质匮乏，成长环境差，这会影响其生涯决策；生活在经济水平较高家庭的大学生，获得信息渠道较多，物质需求能够得到满足，但由于条件优越，可能形成对父母的依赖。

(2) 家庭社会关系。有的大学生的家庭社会关系十分广泛，能提供给大学生许多针对性很强的就业信息，并能对其进行推荐，这些大学生的职业决策成功率高。

(三) 社会环境

社会的政治经济形势、社会文化与习俗、职业的社会评价及流行趋势等因素决定着社会职业岗位的数量和结构，也决定着人们对不同职业的认定和步入职业生涯后调整职业生涯的决策。

一个人的职业空间多来自组织。组织中的人力资源观念、管理措施及管理者的水平也是影响个人职业生涯决策的主要因素。

机遇是影响职业生涯决策的偶然因素，对个人的职业生涯有时起决定性作用。机遇是随机出现的，具有偶然性，它包括社会各种职业对一个人展示的随机性的岗位，或者说是一个人能够就业和流动的各种职业岗位，也包括社会能够给个人提供发展的职业机遇。机遇本身是客观存在的，但机遇只垂青那些有准备的人。个人的能动性有助于寻找新的发展机会或自己创造机会。许多事业上成功的人，不靠家庭、亲友的帮助，也不依赖社会给予的现成机会，而是靠自己的努力奋斗和开拓进取。

阻碍一个人成功的并不是没有机会，而是缺乏让机会发现自己的那份胆量。无论自己从事什么工作，无论自己是胸有成竹还是心无足虑，当机会来临时，与其等它逝去后再抱怨，不如大胆地让机会发现自己、让机会接近自己，从而给自己一次拥抱成功的机会。

三、职业决策的主要类型

决策需要随时随地不断做出。根据 Robert D. Lock 在《把握你的职业发展方向》一书中的观点，做出职业决策主要需要具备以下八个要素。

(1) 意识和投入：要意识到有关职业选择的问题并设法解决该问题。

(2) 研究自己所处的环境：研究自己所处的社会、经济、政治、地理环境。

(3) 了解自己：分析自身兴趣、动机、能力和工作价值观等个人情况。

(4) 找出各种选择：在职业决策过程中找出多种职业前景，从中进行挑选。

(5) 收集信息：收集有关自己所列出的备选职业的信息。

(6) 决策：根据对自身特征及职业选择的了解做出判断，确定自己的职业目标。

(7) 实施：通过获取必要的教育、利用求职技巧寻找职位空缺、写简历、面试等来落实自己的职业决策。

(8) 获取反馈：评估职业决策的实际效果。当存在过多负面反馈时，职业决策过程需重新开始。

📖 【资料链接2-3】

通过表2-2的决策风格类型测试表，看看你的决策风格是怎样的。

表2-2　决策风格类型测试表

情境陈述	符合/不符合		类型
1. 我常仓促做草率的判断	□	□	★
2. 我做事情时不喜欢自己出主意	□	□	●
3. 碰到难做的事情，我就把它放到一边	□	□	▲
4. 我会多方收集做决定所必需的一些个人及环境材料	□	□	■
5. 我常凭一时冲动行事	□	□	★
6. 做事时我喜欢有人在身旁，以便随时商量	□	□	●
7. 需要做决定时，我就紧张不安	□	□	▲
8. 我会将收集到的材料加以比较分析，列出选择的方案	□	□	■
9. 我经常改变我所做出的决定	□	□	★

(续表)

情境陈述	符合/不符合	类型
10. 发现别人的看法与我的不同，我就不知怎么办	☐ ☐	●
11. 我做事总是东想西想，下不了决心	☐ ☐	▲
12. 我会权衡各项可选择方案的利弊得失，判断出此时此地最好的选择	☐ ☐	■
13. 做决定之前，我从未做任何准备，也未分析可能的结果	☐ ☐	★
14. 我很容易受别人意见的影响	☐ ☐	●
15. 我觉得做决定是一件痛苦的事情	☐ ☐	▲
16. 我会参考其他人的意见，再斟酌自己的情况，做出最适合自己的决定	☐ ☐	■
17. 我常不经慎重思考就做决定	☐ ☐	★
18. 在父母、师长或亲友催促做决定之前，我并不打算做任何决定	☐ ☐	●
19. 为了避免做决定的痛苦，我现在并不想做决定	☐ ☐	▲
20. 经过深思熟虑之后，我会明确决定一项最佳的方案	☐ ☐	■
21. 我喜欢凭直觉做事	☐ ☐	★
22. 我常让父母、师长或亲友为我做决定	☐ ☐	●
23. 我处理事情经常犹豫不决	☐ ☐	▲
24. 当已经决定了所选择的方案时，我会展开必要的准备行动并全力以赴地做好它	☐ ☐	■

四、职业决策的主要方法

从 20 世纪 60 年代开始，人们对如何做出职业决策的过程和行为进行研究，希望在各种不同的因素作用下，能够进行理性的选择和决策。下面介绍两种常用的、易操作的职业决策方法。

(一) SWOT决策分析法

SWOT 决策分析法又称态势分析法，是 20 世纪 80 年代初由旧金山大学的管理学教授提出来的。这是市场营销管理中经常使用的功能强大的分析工具，利用它可以从中找出对自己有利的因素，以及对自己不利的、要避开的因素，发现存在的问题，找出解决方法，并明确今后的职业方向。其中，S 代表 strength(优势)，W 代表 weakness(弱势)，O 代表 opportunity(机会)，T 代表 threat(威胁)。通过表 2-3 的 SWOT 决策分析法，对照实际，进行具体分析。

表2-3　SWOT决策分析法

环境分析	对达成目标有帮助的	对达成目标无益的
内部环境分析	优势(strengths)	劣势(weakness)
外部环境分析	机会(opportunity)	威胁(threa)

(二) 职业生涯决策平衡单法

SWOT 分析法适合针对某个前景做单独的分析。将前景的各个选项进行 SWOT 分析后，有时候它们之间的优劣对比很明显，我们可以比较容易地做出决定。而有时候，它们之间的优劣势对比不是那么明显。例如，可能某个选项在某些方面很适合自己，但其短处也十分明显，而其他的选项有可取之处，但也不是十全十美。这个时候，我们就需要利用职业生涯决策平衡单法来帮助自己做出选择，这种方法更为量化。

职业生涯决策平衡单法经常被应用于问题解决模式和职业咨询中，用以协助咨询者系统地分析每一个可能的选项，判断分别执行各选项的利弊得失，然后依据其在利弊得失上的加权计分排定各个选项的优先顺序，以执行最优先或偏好的选项。其在职业咨询中实施的主要程序如下：

(1) 根据生涯前景建立"职业生涯决策平衡单"，列出可能的职业选项。咨询者首先需在平衡单中列出有待深入思考的潜在职业选项 3~5 个。

(2) 判断各个职业选项的利弊得失：平衡单中提供给咨询者思考的重要的事集中于四个方面，分别是自我物质方面的得失、他人物质方面的得失、自我赞许(精神方面)的得失、他人赞许(精神方面)的得失。考虑每个因素的得失程度，给予－5~5 的分值。

(3) 各项考虑因素的权重：咨询者在各个方面的利弊得失之间，会因身处不同情境而有不同的考量。因此，在详细列出各项考虑因素之后，还需进行加权计分。对每个考虑因素按照自己的情况设置权重，即 1~5 分，1 分表示不看重，5 分表示最看重。

(4) 计算各个职业选项的得分：把各因素的权重和利弊得失分数相乘后再累加，计算各个生涯选项的总分。

(5) 排定各个职业选项的优先顺序：依据各职业选项总分的高低排定优先次序。职业选项的优先次序即可作为咨询者职业生涯决策的依据。

当然，有时学生即使通过这两种科学方法进行决策，依然会存在很多困惑。这时，可以通过辅导员、职业规划师等专业人士，获取一些专业性的意见和指导。

问题思考

1. 根据你的实习经历，结合本节内容，谈谈你所了解的环境认识。

2. 对照表 2-4，列出在今后两年的职业生涯中，你认为最为重要的价值因素，并根据你的直觉来描述它们。测评后，思考一下你对自己的职业生涯有何新想法。

表2-4 一些常见的价值观因素

生涯环境	价值因素	生涯环境	价值因素
工作环境	灵活性 时间政策 最后期限 安全保障 薪资水平 升迁机会 工作地点 环境因素 工作进展速度	工作特性	能力 创造力 多样性 学习 知识 挑战 领导 细节导向的 控制 社会卷入程度
工作关系	文化的认同性 团队合作 信任程度 交流沟通 竞争性 协作性 人道主义/同情心 自主性 领导力 轻松愉快	内在价值	成就感 正直 尊重 影响力 认同 互帮互助 独立性 权力 身份

(资料来源:摘选自《全球职业规划师 GCDF 资格培训教程》,有删改)

3. 按照本章的概念阐述,在教师的指导下,认真完成一份生涯访谈。完成后,也请总结和梳理自我心得。

信息园

现在我们结合本章所学内容,尝试做一次职业决策练习。下面两个案例供你在使用中参考。

1. 小王的SWOT分析

基本情况:小王,女,浙江某高校大三学生。在校期间学习管理方面等理论知识,希望能结合所学专业及课程,从事物流、运输等相关领域的职业。她根据 SWOT 分析法,对照自己的实际进行了分析(表 2-5)。

表2-5　小王的SWOT分析表

环境分析	对达成目标有帮助的	对达成目标无益的
内部环境分析	优势(strength) 1. 做事比较认真、踏实，有较强的求知欲。 2. 生性乐观，与人为善。 3. 有责任心、爱心，并且喜欢做相关的工作。 4. 对一切问题有寻根究底的兴趣，有一定的分析能力。 5. 有较强的竞争意识，做事积极主动。 6. 学习成绩较好，学习能力较强	劣势(weakness) 1. 性格偏内向。 2. 办事不够细腻，有时考虑问题不够全面。 3. 做事不够果断，尤其事前做决定的时候会纠结。 4. 组织、协调经验相对欠缺
外部环境分析	机会(opportunity) 1. 改革开放以来，我国的经济飞速发展。特别是党的十八届三中全会以来，经济形势发展良好。 2. 我国加入世界贸易组织后，国际化进程越来越快，物流业发展迅速且迫切。 3. 各类网商和中小型企业快速崛起，网购逐渐成为人们的生活方式。这推动了物流行业的整体发展	威胁(threat) 1. 距离毕业还有不到一年的时间，就业时间紧迫。 2. 国际化的环境也意味着海外人才的不断涌入，与自己竞争的不仅有同龄人，还有海外高层次人才，竞争更加激烈。 3. 用人单位对毕业生的要求逐年提高

总体鉴定：通过以上分析可以看出，小王希望从事的工作，个人优势与机会大于劣势和威胁，建议她在今后的一年中寻找相关的实习机会，从中积累有用的经验，积极做好就业准备

2. 小刘的职业生涯决策平衡单

小刘，女，英语本科专业毕业。就该专业而言，结合自己的个体条件、家庭环境、社会环境等，她初步认为管理咨询顾问、教师、外语翻译这三个职业是比较适合她的。为了进一步确定职业方向，她用职业生涯决策平衡法做了一次细致的考量。其中，选择一表示翻译，选择二表示教师，选择三表示管理咨询顾问。权重表示每一项的分值。选择一的个人收入一栏中，最后得分为3×5=15(分)。通过每一选项的得分计算，从最后总分可以看出，目前小刘最适合的工作是选择一翻译，其次依次为教师和管理咨询顾问(表2-6)。

表2-6　小刘的职业生涯决策平衡单

职业决策		权重	选择一		选择二		选择三	
考虑因素		1~5	得(+)	失(-)	得(+)	失(-)	得(+)	失(-)
自我物质方面	个人收入	3	5(+15)		2(+6)		3(+9)	
	未来发展	4	5(+20)		2(+8)		2(+8)	
	休闲时间	2		-3(-6)	5(+10)			-2(-4)
	对健康的影响	1	2(+2)		2(+2)		1(+1)	
他人物质方面	家庭地位	3	4(+12)		2(+6)		1(+3)	
	家庭收入	2	5(+10)		3(+6)		4(+8)	

(续表)

职业决策考虑因素		权重 1~5	选择一		选择二		选择三	
			得(+)	失(-)	得(+)	失(-)	得(+)	失(-)
自我精神方面	创造性	5	4(+20)		0		0	
	多样性和变化性	5	4(+20)		2(+10)		3(+15)	
	影响和帮助他人	4	5(+20)		4(+16)		2(+8)	
	自由支配	4	3(+12)		3(+12)		2(+8)	
	适合兴趣	3	3(+9)		3(+9)		3(+9)	
	被认可	3	4(+12)		2(+6)		1(+5)	
	发挥认可	5	3(+15)		3(+15)		3(+12)	
他人精神方面	父亲	3		-4(12)	4(+12)			-2(-6)
	母亲	3	2(+6)		3(+9)			-3(-9)
	恋人	2	4(+8)		2(+4)		3(+6)	
	老师	1	5(+5)		1(+1)		2(+2)	
总分		—	188		140		84	

(资料来源：作者根据相关资料整理)

第三章

择业准备

各级党委和政府要高度重视高校毕业生就业问题，高校毕业生要转变择业就业观念，只要有志向就会有事业，只要有本事就会有舞台。希望大家找准定位，踏踏实实实现人生理想。

——2020年7月22日至24日，习近平在吉林考察时的讲话

📖 【案例3-1】

❧ 先就业后发展的"甜头" ❧

小薛是职校电子信息专业的应届毕业生，持有初级维修电工职业资格证。在职业介绍所求职登记后不久，一家小公司看中并准备录用小薛。小薛觉得这家公司给的待遇一般，而且发展空间有限。为了找到一份更好一点的工作，小薛参加了几次招聘会，但是，好单位基本上都要求具有一定的实践经验及普通高校本科学历。一次又一次无功而返，小薛感到很苦恼，于是，走进了我的职业指导室。

我首先肯定了他这种积极向上的态度，然后和他分析了劳动力市场中电工的供需现状：电子信息专业毕业的三校生数量很多，而有工作经验的电工也不少，因此电工岗位从总量上来说在劳动力市场上供远大于需。但是，高级电工却供不应求，即使高薪聘请，也不一定能找到合适人选。从小薛目前的情况看，他的专业特长并不突出，又欠缺实践能力，若一味急躁冒进，很可能事与愿违。

接下来，通过进一步的交谈，我发现了小薛身上的不少优点：对电工这一职业兴趣浓厚，职业理论扎实，个性开朗，反应敏捷，学习能力较强，这些都是他的就业优势。于是，我明确向他指出，应该考虑先就业后发展。现在就业竞争压力大，电工这类与日常生活息息相关的工种的竞争更加激烈，所以应珍惜现在这个工作机会，在丰富自己的实践操作能力的基础上努力学习，参加培训，争取拿到中级电工证或者更高的技术证书，再寻求更高的平台和职业岗位，做到厚积薄发。届时，既有技术证书，又有一定的工作经验，择业就游刃有余了。

这时，从小薛的眼神中，我看到他刚来时的苦恼似乎已烟消云散了，他心中也似乎有了答案。他心情愉悦地离开了我的指导室。

在取得中级电工证后，小薛又来到了指导室，告诉我，他已是一家电子企业的电工主管人员了；为了有更好的发展，他又准备报考高级电工。看着他踌躇满志的样子，我为他感到高兴

的同时，也为自己作为一名职业指导师而感到骄傲。小薛的话仍时时回响在我耳边激励和鞭策着我："真多亏了您的指导，我才会有今天的成绩。"

（资料来源：http://cettic.cn/h5/c/2018-08-29/47835.shtml，有删改）

📖【课前思考】

1. 毕业生应该先就业还是先择业？
2. 择业时应该做哪些准备工作？

第一节　就业流程

就业季来临，你是否在忙着投简历、面试？以下就业流程及注意事项你了解吗？

一、毕业生个人的就业流程

毕业生在求职过程中要对整个就业程序有一个整体了解，这有利于把握好求职的每一步，对最终的成功有着莫大的助益。许多学生由于平常并不重视就业程序，认为只是写好简历、面试时多做准备就万事大吉，到最后往往会出现这样或那样的问题。有的毕业生由于对求职缺乏思想准备，仓促应对，结果只能是陷入被动。须知机遇往往只钟情于有准备的人，在激烈的竞争环境下，错失良机等于被淘汰。由此可见，了解求职就业的一整套程序非常重要和必要。对于大学毕业生而言，一个完整的择业过程主要包括自我分析、收集信息、准备材料、联系单位、双向选择、签订协议、办理离校手续、报到和走上工作岗位等环节。

（一）自我分析

自我分析是指求职前对自己进行全面、客观的自我评估，从而了解自己的优势所在，同时清楚自己的缺点和不足，以期在求职过程中扬长避短，提高胜算。盲目求职不可取，理性分析是关键。我喜欢干什么？我能干什么？我能干好什么？这些问题，在决定求职之前应当仔细考虑，有了明确的个人定位和社会定位，才不会在找工作的时候患得患失。理性选择往往是正确的，至少大部分是如此。另外，俗话说"当局者迷，旁观者清"，在进行自我分析的时候不妨与父母、老师、同学、朋友多谈谈心，认识一下别人眼中的自己，有时候会有新的发现。

（二）收集信息

在任何时候要完成任何一项工作，信息的收集都是必不可少的。对于找工作而言，信息的收集是迈向成功的第一步，这是很简单的道理。倘若毕业生不知道近来在什么时间、什么地点、有什么企业参加招聘会，那堆厚厚的简历将投向哪里？倘若毕业生不了解当前的经济发展形势和各行业、各类企事业单位经营状况信息和用人需求，如何能找到理想工作？信息的重要性不言自明。需要注意的是，在收集信息的过程中，毕业生应该做到有的放矢，目的明确，收集的信息要准确、客观、全面，这对自己的求职有切实的帮助。

(三) 准备材料

不能总说"我很优秀"，要拿出有说服力的证据。一名毕业生说自己成绩很好，那么成绩单呢？说自己获过很多奖，作品和获奖证书在哪里？说自己是某某名师的学生，推荐信有吗？英语四、六级证书呢？公务员证书呢？……在求职过程中，材料的准备非常重要，毕业生如果不想在别人决定是否录用自己之前对自己失去信心，首先要对自己的诚信和资历进行评估；如果不想在面试的时候多费口舌进行诸多解释，那么请准备齐全所有能证明自己能力、经历的材料，越全面、越客观越好。当然，求职材料并不只是证明材料，要找工作，理所当然需要准备一份"上好"的简历、一篇热情洋溢的求职信等。

(四) 联系单位

对于没有太多社会经历的学生来说，主动联系用人单位无疑是一种很好的求职方法。那么和哪些单位联系？怎样进行联系？和谁联系？其实联系用人单位有多种途径和方式，毕业生可以通过自己的社会关系，如师长、同学、朋友等联系，也可以自己主动联系，如邮递简历、电话应聘、参加招聘会、网上发送电子简历或登门造访毛遂自荐等。总之，要和用人单位负责人力资源管理或者直接负责招聘的人联系。当然，如果有足够的把握，直接与该单位的领导联系也并无不可，这种行为往往会产生不俗的结果。

(五) 双向选择

双向选择是指毕业生与用人单位直接见面相互选择的就业方式，即以毕业生和用人单位为主体的市场就业方式。这种方式重在"双向"：毕业生有选择用人单位的权利；同样，用人单位也有选择毕业生的权利。应聘的成功是双方合意达成的结果，非单方面的行为。这个过程往往不是草率决策的过程，许多单位都会给应聘者安排面试、笔试等考核方式，一些大型企业和单位往往会安排数次形式不一的面试或者别的考核方式，以保证遴选到最适合企业的人才。正因为这个过程比较长，结果也是个未知数，大学生在求职时不可过于"专一"，要学会把握重点，"全面出击"，以免"吊死在一棵树上"。

(六) 签订协议

在进行了一番马拉松似的双向选择之后，终于可以松一口气了。如果单位对毕业生感觉不错，向毕业生抛出难产的"绣球"——接收函或录用通知书，而毕业生也对单位感觉尚可，就可以考虑"签约"的事情了。"约"是合同，下笔须慎重，如果毕业生没有做出留下的决定，千万不要轻易签订就业协议。在签订就业协议之前，毕业生应该对该单位进行全面的了解，咨询各方意见，同时要注意最后的决定一定是自己做出的，而不能人云亦云，失去主见。

(七) 办理离校手续、报到和走上工作岗位

签订了就业协议后，求职过程便告一段落了。几个月来的来回奔走终于有了回报，没有什么比这更高兴的事儿了。对校园生活的依恋、与同学校友的情谊，还有对新工作的憧憬，对未来生活的希望，是毕业生想的最多的问题了。此时毕业生可以自由享受这剩下不多的待在校园里日子，但别忘了还要办理离校手续。离校后，带齐所需材料去用人单位报到，从此大学生将步入一片新的天地，在一个崭新的环境里开始新的生活。

📖 【资料链接3-1】

∽ 毕业生就业程序 ∽

毕业生就业工作一般从毕业生在校的最后一学年开始。

(1) 由高校提供就业信息，并负责推荐。

(2) 毕业生与用人单位供需见面，双向选择。

(3) 用人单位向高校返回接收意见推荐表。

(4) 毕业生与用人单位、高校签订毕业生就业协议书。

(5) 到学校办理离校手续。

(6) 到接收单位报到。

(资料来源：作者根据相关资料整理)

二、用人单位的招聘流程

毕业生除了要了解个人的求职流程，也要熟悉用人单位的招聘流程，以便做到有的放矢，更有针对性地准备求职。用人单位的招聘流程大致如下。

(一) 筛选申请材料

申请材料一般有简历、应聘申请表等。人员选拔的第一步是对应聘者填写的各种申请表格进行审查，用人单位借此了解应聘者的基本信息(如学历、工作经验等)，淘汰不符合要求的应聘者(淘汰比例为 6 ∶ 1 左右)。

(二) 预备性面试

当应聘者填妥申请表之后就可以开始预备性面试了。预备性面试比较简短，通常是人力资源部门人员进行，目的是确定应聘者的能力、工作经历是否符合岗位要求。在预备性面试中，招聘人员一般会向应聘者解释拟聘任职位的具体要求，并回答应聘者关于公司、工作等的相关问题。

在预备性面试中，应聘者应该着重关注以下六个方面的问题：

(1) 对简历内容作简要的核对。

(2) 注意自己的仪表、气质特征是否符合职位要求。

(3) 在谈话中，招聘人员会留意面试者的概括化思维水平。

(4) 非言语行为(如目光接触、面部表情、手势、体势、空间距离等)是否恰当得体。

(5) 是否符合职位要求的硬性条件。

(6) 招聘人员有可能想了解应聘者的薪资要求及联系方式。

(三) 心理测试

很多公司在招聘时喜欢对求职者进行心理测试，其主要功能是劣汰，也就是淘汰求职者中不符合岗位基本要求的人。需要注意的是，在此之前的招聘工作主要是人力资源部进行，而从这一步开始，部门经理开始介入招聘过程。

(四) 笔试和面试

笔试：第一次考试通常为笔试。笔试通常考查候选人的能力、悟性、智商、专业知识，具体内容根据职位和公司文化而定。

面试：有些职位人员可能通过笔试判断，但是绝大多数职位还是需要借助面试来判断的。由于应届毕业生没有工作经验，用人单位对他们的面试重点在于考查其基本素质，即对其潜质进行考查。

(五) 评价中心技术

评价中心的主要功能是选优，主要用来考查应聘者的人际交往技能、领导技能和个人影响力等，测试方法有很多，如文件筐测试、无领导小组讨论、情境评价、公文写作、角色扮演、演讲、管理游戏等。

(六) 背景调查

背景调查是用人单位通过第三者对应聘者提供的简历上的情况进行验证的方法。这里的第三者主要是应聘者以前的雇主、同事以及其他了解应聘者的人员，或者是能够验证应聘者提供的资料的准确性的机构和个人。背景调查一般是对应聘者的受教育状况、工作经历、个人品质、工作能力等进行调查。调查的方法通常是打电话、访谈、要求提供推荐信等。

(七) 录用决策

录用决策就是在对选拔结果进行评价的基础上确定录用名单。用人单位的人员录用决策模式一般有两种：

(1) 多重淘汰模式。该模式是让求职者依次经历多种考查和测验项目，每一次淘汰若干个低分者。对于考查项目全部通过的求职者，用人单位根据随后测验或者面试的得分，排出名次，确定最终的录取名单。

(2) 综合补偿式。在这种模式中，求职者不同的考查或者测验项目的成绩可以互为补充，各占一定比重，用人单位最后根据求职者的总成绩决定录用人选。

三、就业关键词

(一) 生源地

简言之，生源地即考生的来源地，对于就业工作来说，毕业生生源地核对是一项不可或缺的工作内容。本科毕业生的生源地多指入学前户籍所在地。如学生入学后户籍所在地发生变更，需向学校出具相关证明。本科毕业后直接攻读研究生的毕业生，其生源地为本科入学前户籍所在地；研究生入学前有工作经历并已经在工作地落户的毕业生，以其工作单位户籍所在地为生源地。

(二) 毕业生就业推荐表

"毕业生就业推荐表"是高校向用人单位推荐毕业生的书面材料，表中所填内容反映了学生个人信息、学习成绩、奖惩情况、社会实践经历等方面的情况，是用人单位选择人才的重要依据，直接关系毕业生的切身利益。

(三) 就业协议

就业协议，即三方协议，是"全国普通高等学校毕业生就业协议书"的简称，它是明确毕业生、用人单位、学校三方在毕业生就业工作中的权利和义务的书面表现形式，能解决应届毕业生户籍、档案、保险、公积金等一系列相关问题。协议在毕业生到单位报到、用人单位正式接收后自行终止。

就业协议一旦签署，就意味着大学生毕业后第一份工作基本确定。因此，应届毕业生要特别注意签约事项。大学生签就业协议前要认真查看用人单位的隶属。国家机关、事业单位、国有企业一般都有人事接收权。民营企业、外资企业则需要经过人事局或人才交流中心的审批才能招收职工，协议书上要签署他们的意见才有效。应届毕业生还要对不同地方人事主管部门的特殊规定有所了解。

签就业协议要留心六个细节：

(1) 要看填写的用人单位名称是否与单位的有效印鉴名称一致，如不一致，协议无效；填写自己的专业名称时，要与学校教务处的专业名称一致，不能简写。

(2) 外企、合资企业、私企一般采用试用期，根据合同期的长度，1~3 个月不等，通常试用期为 3 个月，不得超过 6 个月。国家机关、高校、研究所一般采用见习期，通常为 1 年。

(3) 不少单位为了留住学生，以高额违约金约束学生。学生在协商中要力争将违约金降到最低，通常违约金不得超过 5000 元。但是，《劳动合同法》规定："对负有保密义务的劳动者，用人单位可以在劳动合同或者保密协议中与劳动者约定竞业限制条款，并约定在解除或者终止劳动合同后，在竞业限制期限内按月给予劳动者经济补偿。劳动者违反竞业限制约定的，应当按照约定向用人单位支付违约金。"除上述两种法律规定的情形外，用人单位不得与劳动者约定由劳动者承担违约金。所以，学生要力争取消违约金这条规定。

(4) 现行的毕业生就业协议属"格式合同"，但"备注"部分允许三方另行约定各自的权利义务。为了防止用人单位承诺一套、做一套，毕业生可将签约前达成的休假、住房、保险等福利待遇在备注栏中说明，如发生纠纷，可以此维护自己的合法权益。

(5) 当下许多高校为了提高自身就业率，强迫学生找熟人或亲属签订"虚假"协议，这对于毕业生来说是不利的，毕业生不应当屈服。

(6) 学生在签订协议时，要严格按照规定的步骤进行。等用人单位填写完毕盖章后再到学校就业指导中心签证盖章。切忌自己填写完毕后就直接到学校毕业生就业指导中心要求盖章。这样做带来的后果是，单位在填写时，工资待遇等与过去承诺的可能大相径庭，学生因为自己和学校都已经签字盖章，回天乏力，对此，或者逆来顺受，或者被迫违约，赔偿用人单位。

📖 【资料链接3-2】

❧ 三方协议≠劳动合同 ❧

(1) 内容不同。三方协议以书面形式明确毕业生、用人单位、学校三方在毕业生就业工作中的权利义务关系，不涉及毕业生到用人单位报到后应享有的权利义务。劳动合同的内容涉及劳动报酬、劳动合同、工作内容、劳动纪律等，劳动权利义务更为明确。

(2) 有效期不同。三方协议自签约日生效至毕业生到用人单位报到、用人单位正式接收后终止，劳动合同在用人单位正式接收后生效。

(3) 签订身份不同。毕业生签订三方协议时仍是学生，但签订劳动合同时是劳动者身份。劳动合同一旦签订，三方协议效力丧失。

（资料来源：https://mp.weixin.qq.com/s/ViOUR9hofY_SNs9pYIQO9g，有删改）

第二节　搜集信息

📖 【案例3-2】

∾ 如何助力毕业生找到好工作 ∾

智联招聘发布《2022年一季度高校毕业生就业市场景气报告》，数据显示，一季度以来，1月份就业市场供需基本持平；进入2月、3月后，企业招聘需求和毕业生投递人数均上升，3月的就业景气指数下降至0.58。记者了解到，就业景气指数波动既有毕业生人群基数大的原因，又有疫情导致线下求职活动受阻以及受出国留学人员回国求职等因素影响的原因。

同时，每年毕业生求职季都有周期性变化，一、二季度求职人数比较集中，8月份以后求职人数会逐渐下降。面对当前就业形势，毕业生求职心态有了哪些变化？智联招聘2022年高校毕业生就业力问卷调研显示，从就业去向来看，50.4%的2022届高校毕业生选择单位就业，比去年下降6个百分点，而自由职业(18.6%)、慢就业(15.9%)的比例均较去年提高3个百分点。在就业期待方面，本届毕业生更务实，57.1%、49.4%的毕业生对经济和就业市场面临的压力都有理性预期。数据显示，2022届毕业生的平均期望月薪为6295元，比2021年的6711元下降约6%。

针对大学生就业现状，西南财经大学经济与管理研究院教授董艳表示，政府部门、学校、企业等社会各界可以从多方入手，支持大学生就业。具体来说，一是加强信息联通，尤其是加强就业信息的发布和对接，采用网络信息发布、线上线下招聘会、专场招聘会、行业招聘会等方式，最大限度地解决信息不对称问题；二是各地政府部门可以稳定和开拓新的就业岗位，推进实施基层就业项目；三是高校与企业合作，做好高水平的前置就业指导；四是在大力支持年轻人创新创业的同时，引导他们正确认识创新创业的风险，推动高水平创新创业。

（资料来源：https://t.m.youth.cn/transfer/index/url/news.youth.cn/gn/202205/t20220505_13666893.htm，有删改）

当今时代是信息爆炸的时代，信息与人们的各种活动息息相关，一个人获取信息量的多少是其事业成功与否的关键。求职就业也不例外，真实、准确、针对性强的丰富的求职信息，是毕业生迅速就业的可靠保证。求职信息是毕业生求职择业的基础和必备条件。及时获得有效的求职信息，对于毕业生的就业至关重要，搜集求职信息是毕业生求职的第一要务。

对于独立院校毕业生来说，上有研究生、一本、二本毕业生，就业选择的余地不大，一条有效的求职信息就是一次就业机遇。随着全球金融风暴的演变，国内外经济发展形势不容乐观，企业效益直线下降，企业用工明显减少，有的企业甚至开始裁员。面对如此严峻的就业形势，毕业生获得的信息越广泛，求职就业的成功率就越高。同时，信息多，机会就多，毕业生可以针对自己的特长与技能选择合适的工作岗位，从而做到有的放矢。所以，毕业生掌握的求职信息越多，越能找到适合自己的工作岗位。

一、要搜集什么样的求职信息

在通信技术发达的今天，纷繁多样的就业信息唾手可得，而到底什么样的就业信息才是对毕业生有帮助的，值得耗费精力搜集的呢？其一般包括就业形势、就业市场、行业形势、用人单位等几个方面的信息。

（一）就业形势

国家宏观的就业形势关系到劳动力市场的供需关系，也关系到毕业生能否充分就业。了解就业形势，可以帮助毕业生根据社会的需要，有目的、有针对性地进行求职择业的相关准备活动。

（二）就业市场

了解就业市场的情况，既要了解有形市场，又要关注无形市场。

了解有形市场，就是要了解招聘会举办的时间、地点、参加单位、招聘人才的类型等，做到有的放矢。了解无形市场，就是要经常浏览就业方面的网站，了解检索方法，有效地检索信息。

（三）行业形势

行业形势包括以下几个方面：

(1) 行业的状况。了解行业的状况即了解行业是朝阳行业还是夕阳行业、发展的前景如何、行业的社会地位等。

(2) 行业的声望和待遇。行业不同，行业之间的声望和待遇存在着很大差异，所以，在就业活动的准备阶段，还要对行业的声望和待遇等信息进行收集。

(3) 行业的要求。各个行业有着自身的特殊性，对从业人员有一定的要求，因此，毕业生应该注意搜集不同行业的要求信息，看自己是否满足或通过什么途径来达到相关要求。

（四）用人单位

(1) 用人单位类型。不同类型的用人单位在待遇等方面有一定的差距，毕业生应该对这些信息做到心中有数。

(2) 用人单位的业务。用人单位的业务关系到毕业生未来从事的工作的内容和职业发展前景，毕业生应该了解用人单位主要涉足的领域、主要服务群体和影响地区等。

(3) 薪金待遇。薪金待遇也是毕业生要重点关注的方面，目标单位的薪酬和福利情况是择业的重要依据。

(4) 企业文化。每个单位都有自己的企业文化，充分了解单位的企业文化背景，对于毕业生的择业有重要意义，因为企业文化在一定程度上决定了员工的生存状态。

二、如何搜集求职信息

搜集求职信息不能只靠自己到处跑找单位或发求职信，一般说来这种办法的成功率并不高。毕业生要善于利用各种渠道、通过各种途径搜集信息。这些渠道和途径主要有以下几种。

(一) 通过学校就业主管部门获得信息

当前，就业形势日趋严峻，各高校都专门设立了为毕生就业提供服务的机构，如毕业生就业指导中心、就业工作处或就业工作办公室等。这类机构所提供的信息，无论是全国性的、地方性的还是行业性的，一般都来自政府部门或大型企业，主要是由用人单位根据高校学科专业设置提供的，该途径获得的信息的准确性、权威性、可信度非一般就业渠道可比，而且这些渠道提供信息专业对口性强、成功率高，是大学毕业生放心的就业信息渠道。通过学校毕业生就业办公室或毕业生就业指导中心获得的信息有以下几个特点：

(1) 针对性强。一般用人单位是在掌握了学校的专业设置、生源情况、教学质量等信息后，才向学校发出需求信息的，这些信息是完全针对应届毕业生、针对该校学生的，针对性强；而在人才市场和报纸杂志上获得的需求信息，是面向全社会人士的，针对性较弱。

(2) 可靠性高。为了对广大毕业生负责，在把用人单位给学校的需求信息公布给学生之前，学校就业主管部门会先对就业信息进行审核，保证信息的可靠性。

(3) 成功率高。一般毕业生只要符合条件并善于把握机会，供需双方面谈合适，签下协议书的成功率较高。

(二) 通过各级毕业生就业指导机构获得信息

教育部成立了全国高等学校学生信息咨询与就业指导中心，各地也陆续建立了毕业生就业指导机构，这些机构的一项重要任务就是与毕业生和用人单位交流信息，提供咨询服务。

(三) 通过社会各级人才市场获得信息

随着社会主义市场经济的发展，我国人才市场中介机构应运而生，这些中介机构不仅可以提供许多各类不同的机构和职位信息，而且为求职者提供了极好的锻炼面试技能和增强面试自信心的机会。

(四) 通过新闻媒体获得信息

每年大学生毕业之际，报纸杂志上一般都会刊登一些关于大学生就业的指导信息，信息从不同侧面和角度反映了当年大学生就业的需求情况。在传媒业高速发展的今天，广播、电视、报纸、杂志等新闻媒体受到了招聘机构和求职者的共同青睐，如《大学生就业》等每期都刊载数量不等的招聘信息，除此以外，还辟出《择业指导》和《政策咨询》等专栏，为毕业生就业提供指导。

(五) 通过社会关系网获得信息

毕业生在寻找就业信息的时候千万不要忘记周围的亲戚、朋友，以及朋友的朋友，也许他们会提供一些机会。实际上，大多数用人单位更愿意录用经人介绍和推荐进来的求职者，他们认为这样录用进来的人比较可靠，如果求职者有这种机会最好不要放过。另外，招聘单位每天会收到数百封求职信函，而且这些求职信函在内容上并无太大差别，所述的求职资格和工作能力也都相差无几，谁也不比谁更突出。那么招聘者面对如此众多的没有多大区别的陌生人，能有什么更好的方法分辨出究竟哪一个更强些、强多少？在求职过程中，要让用人单位更多地注意自己，就必须想些切实可行的办法。所以，在关键时候找个"关系"帮自己推荐一下，也许是最为有效的。当然，关系要靠自己去发掘，途径也应该正当，切不可不择手段。

通常来讲，可以通过以下几类人收集有效的求职信息：

(1) 家长亲友。他们都相当关心毕业生的就业问题，又来自社会的各个方向，与社会有多种联系，可以从不同渠道带来各种用人单位的需求信息。家长亲友提供的职业信息主要来源于其个人的社会关系，相对固定，也有相当大的局限性。一般不反映职业市场的实际供求状况，也往往不太适合那些专业比较特殊、学生本人就业个性比较强或具有某些竞争优势(如学习成绩优秀、学生干部、有一技之长等)的毕业生。但其信息的可靠性比较高，传递到毕业生本人的职业信息，一旦被接受，转变为就业岗位的可能性比较大。由家长亲友提供的职业信息的数量和质量有很大的个人差异。对有些毕业生来说，家长亲友提供的职业信息是其主要的选择，对有些毕业生而言，则可能只是聊胜于无。

(2) 学校的教师或导师。本专业的教师比一般人更了解本专业毕业生适合就业的方向和范围，并在与校外的研究所、企业、公司合作开发科研项目和教学活动中，对一些对口单位的人才需求信息了解得比较详细。毕业生可以通过专业教师获得这些企业的用人信息，从而不断补充自己的信息库，也可以直接找专业教师做自己的推荐人或引荐人。

(3) 自己的校友。校友提供的职业信息的最大特点是比较接近本校，尤其是本专业的毕业生在人才市场上的供求状况及其在具体行业中的实际工作、发展状况。近几年毕业的校友更有着对职业信息的获取、比较、选择、处理的经验和竞争择业的亲身体会，这比一般纯粹的职业信息更有参考、利用价值。

(六) 通过社会实践/实习获得信息

社会实践/实习是大学生自我开发职业信息的重要途径。在社会实践(或实习)的过程中，通过自己的努力赢得用人单位的好感、信任，获得职业信息甚至直接谋得职业的大学生不乏其人。因此，大学生在各种社会实践/实习活动中，在了解社会、提高思想觉悟、培养社会能力的同时，要做一个收集职业信息的有心人。另外，还有一个很重要的实践环节是毕业实习，实习单位一般比较对口，毕业生通过实习可以直接掌握就业信息，在实习过程中与用人单位达成就业协议也是一个很好的就业途径。

(七) 通过计算机网络获得信息

随着信息时代的到来，计算机网络的应用已经越来越普遍。通过网络求职是近年来才兴起的人才交流方式，对许多求职者特别是高校应届生来说，网络求职不再陌生。网络人才交流是通过先进的高科技手段，将求职信息及招聘信息上网公开，用人单位和求职者可以通过网络互相选择、直接交流。网络人才交流最大的优势在于即使求职者身在异地也能获得大量招聘信息及就业机会。网络人才交流突破了人才信息与招聘信息沟通的种种限制，实现了跨越时空界限、打破单向选择的传统人才交流格局。网络人才交流讲究的是规模效应，因此其信息容量之大是其他人才交流方式所不能比拟的。毕业生不仅可以自由地从互联网上取得各种职业信息，而且能利用互联网把自己的履历上传至招聘网站。

(八) 通过各种类型的人才交流会、供需见面会获得信息

这类活动有的是学校主办的，有的是当地毕业生就业主管部门组织的。因为是供需双方之间见面，不仅可以掌握许多用人信息，而且可以当场拍板，签订协议，比较简捷有效。

(九) 通过其他渠道获得信息

除了以上提到的几种获得信息的渠道外，还可以通过自己在有关专业报刊上刊登广告，或者直接向多个公司投递求职信件和个人简历，或者查阅电话簿后电话联系用人单位和亲自拜访等方法来获得有用的就业信息，但对大学毕业生来讲，一般不提倡这几种方法，因为要花费的精力太多，而且收效甚微。

这几种获得信息的方法各有特点。

从费用角度讲，关注校内信息和网上招聘信息所需的费用最少，而参加社会上的人才招聘活动除了需要门票开支外，还需要做必要的文字材料准备和衣着准备。求助亲友虽然有时并不需要花费什么，但是感情投资却是需要的。对学生而言，查看各类报纸上的招聘广告并不需要太大的花费，而在报纸上刊登个人求职广告的开支却与借助中介机构持平甚至高于想象。

从周期角度讲，不论何种途径都需要漫长的等待，但还是有所区别的。求助亲友花费的时间或许是最短的，而到刊登招聘广告的单位应聘，如果被选中，从通知参加面试到录用，还要等待。参加人才招聘会，尽管也有面试的成分，但是由于招聘活动的规模较大，竞争比较激烈，需要耐心等待。虽然说网络的发展缩短、缩小了人与人间交流的时间和空间，但是在决定一个人是否被录用的事情上，任何一家用人单位都不会草率行事，面试是必不可少的，因此等待的时间与参加人才招聘会时等待的时间基本上是一致的。同样，求职于中介机构，不论是登记本人信息还是查找单位信息，时效性都会打折扣。

对个人而言，花费力气最少的求职方式莫过于浏览网上信息，在网上不仅能迅速查阅到需求信息，而且能够了解到单位动态，掌握一个单位的发展前景，从而为就业决定奠定基础。虽然关注校内的就业信息是每个毕业生的本分，但还是有些毕业生过于迟钝，对那些重要信息视而不见、充耳不闻。参加人才招聘会与找一家中介机构相比，一个好的中介机构似乎更难找，而参加招聘会更耗费心力和体力。

三、求职信息的处理与利用

从以上各种渠道收集到的求职信息可能杂乱无章、虚实兼有，有些甚至真假难辨。因此，毕业生在广泛收集求职信息的基础上，应结合自己的实际情况，依据国家和当地的就业政策和法规，对求职信息进行去伪存真、去粗取精的整理筛选，使筛选后的信息具备准确性、全面性和有效性，从而使信息更好地为自己的求职服务。

(一) 求职信息的筛选

(1) 掌握重点信息。首先，尽量筛选和本专业有关的用人单位的信息，通常大学生的专业就是其优势；其次，筛选与个人特长相关的招聘信息，兴趣是成功的源头，与自己特长有关的岗位需重点留意。

(2) 类比同类信息。大学生一定要善于对比同类信息，学会换位思考：换作你是老板，你会招聘什么样的员工，发多少薪水？如果这些信息与实际差别太大，那很可能是不真实的，应主动摒弃。

(3) 科学分析和取舍。大学生要学会对所获得的就业信息进行分析鉴别，科学取舍，分析就业信息的可信度、有效度。

(4) 虚心求教以及避免盲从。大学生由于刚走向社会，没有太多的经验和阅历，对于招聘广告中一些不实或夸大的信息，不容易分辨。此时，可以向有经验的师长或朋友请教，多学习一些分辨能力。

(5) 避免盲目从众心理。每个人的特长、专业有差别，即使同样的专业，就业也因人而异。因此，在求职时，大学生千万不要有随大流的想法。寻找什么样的工作岗位，一定要结合自己的特长和兴趣爱好，切不可盲从。

(二) 求职信息的使用

在初步筛选求职信息的基础上，必须从以下两点来使用信息：

(1) 迅速地做出正确的选择。择业的成败在很大程度上取决于对求职信息的选择。求职信息有很强的时效性，毕业生必须在较短的时间内从已筛选的求职信息中迅速发现最有用、最重要的信息，做出正确的求职选择。

(2) 要善于开拓，迅速反馈。许多信息蕴含的价值往往不能直观体现，使用者只有深入思考、挖掘，才真正能发现它的重要价值，这就需要毕业生善于开拓信息渠道。同时，信息具有很强的时效性，及时用之是财富，过期用之是垃圾。一旦选定求职信息，就应不失时机地主动与用人单位联系应聘，及时询问应聘方式、时间、地点和要求，并准备好自己的应聘材料，及时递上，使求职信息尽早成为供需双方深入沟通的切入点。若不能及时利用求职信息做出反馈，就会错失良机。

第三节　求职材料制作

📖 **【案例3-3】**

✎ 抓人眼球的简历不必面面俱到 ✎

步入职场的新人都知道：缺乏相关工作经验则难找工作，但我们中国的太极中有一招叫作借力打力。充分展示你的优势，说明你具备相关的专业经验或者素质，工作经历上的劣势将被冲淡，聪明的雇主通过利弊权衡之后，很可能会对你网开一面，使你得到获取工作的机会。其实，你要做的只是下面几点：

(1) 突出经验。实际上，实习工作的性质或内容同许多工作相似，它们都需要自律以完成多项任务。你也有可能早已学习过许多与你应聘工作有直接关联的知识。这些知识必须在技术栏目中体现出来，就如你在工作经历栏目中体现出相关的工作经历。

(2) 突出社团。比如，在社团中曾经担任过社长(或是创立社团)有时就代表着领导能力，独立或经由团队合作安排跨校联谊、建教合作等活动，可能代表着协调力、谈判力、团队重视程度或是开发市场的能力。填写社团经验，可以有效帮助主管猜测你的个人特质与个性，也是另类彰显能力与评估发展性的指针。不过，在这里要注意的是，并不是每项社团经历都对求职者有帮助，也不是每一次的校内活动都有正面的意义，建议毕业生在处理这个部分的时候稍微做些整理和选择。

（3）学习至上。你应该强调你极强的学习能力能够有效地弥补你所欠缺的工作经验，同时辅以大量真实、详细的例子作为补充。你在简历中可以简单地陈述你熟悉最新的趋势与技术，并且能够马上运用到新工作中。而且，既然你有学习、研究新事物的能力，你就有能力更好更快地学习新工作所要求的技术，那么简历中你也可以有效地陈述那些你在其他行业中的工作技巧，尽管看上去与你应聘的工作没有直接的关系，但那些工作经验同样可以提供可适用、可转移运用的技术来支持你应聘的工作。

（4）勤能补拙。你应该在简历中的工作技能部分强调"勤奋苦干""可适应的技术来弥补你所欠缺的工作经验"等，这样就可以给你未来的雇主留下较深的印象。同时，你必须考虑表达接受困难条件的意愿以实现转行和增加工作经验的目的，如"愿意在周末和晚上加班"或"能够出差或外派"，也许这样就能为你获取工作的机会。

（资料来源：https://www.ncss.cn/ncss/zd/jl/202304/20230426/2279885520.html，有删改）

一、求职材料的内容

对即将面临就业的每个毕业生而言，当务之急恐怕就是制作一份个人求职材料了。因为在双向选择过程中，大部分用人单位安排面试的依据是反映毕业生情况的求职材料，用人单位通过这些求职材料来判断和评价毕业生的学习成绩、工作潜力。毕业生要让用人单位认识自己、了解自己、选择自己，从而实现自身就业愿望，就必须利用各种途径和方法正确地宣传自己和展示自己。大部分用人单位在多数情况下是通过自荐材料来了解求职者的，自荐在很大程度上决定了求职者是否能够获得进一步面试的机会，这就要求大学毕业生在选择求职信息、决定应聘之前准备好必要的自荐材料。

广义的求职材料应包括封面、求职信、个人简历、毕业生推荐表、成绩单和其他相关材料等。毕业生的求职材料应多侧面、多角度，准确全面地反映自己的专业水平、组织能力、领导能力和综合素质。通过准备的书面求职材料，用人单位可从中了解到毕业生的身份、能力、综合素质等基本情况，以判断和评价毕业生的学习成绩、工作潜力，从而确定能否给毕业生提供面试机会。

对于应届毕业生来说，求职材料通常包括封面、自荐信、毕业生推荐表、个人简历，还应有辅助材料(包括在校期间获得的各类证书，如获奖证书，英语、计算机、普通话等各种技能等级证书和已发表的文章、论文及取得的成果等。注意：如果单位没有特别说明，请不要加身份证复印件)。

很多公司就是根据应聘材料的内容来决定是否给求职者面试的机会的。虽然现在的应届毕业生的应聘材料越来越厚，但并不是都能让招聘单位满意。对一些经济承受能力较低的学生而言，制作应聘材料已经成为一种经济负担。实际上，应聘材料并不是越多越好。

从总体上讲，一份好的应聘材料应该达到准确、完整、诚实和美观四个要求。

(一) 准确

在应聘材料的首页不必费尽心思去做一些图片，但要准确地反映出应聘者的基本信息。这样有助于招聘单位对材料进行整理、分类。这些基本信息包括学校名称、所在学院名称、所在系名称、专业名称、学历、毕业类型(统招、委培等)、性别、姓名、出生年月日、生源所在地、应聘职位和联系方式(电话、电子邮箱等)。有些应聘者不注明专业名称、应聘职位或联系方式，以至于招聘单位无法安排面试。

(二) 完整

一份完整的材料应该包括以下内容：基本信息(在前面有详细描述)、个人简历、成绩单、资格证书复印件(英语等级证书、计算机等级证书等)、学校推荐信、其他课外活动或科技成果清单、个人特长介绍、其他希望说明的信息。其中，基本信息、成绩单、资格证书复印件是必需的材料。另外，对于在应聘材料中提供复印件的证件，在面试时要携带证件原件。另外，像自己有几本什么样的藏书、学校介绍等内容，就不必写在应聘材料中了。

(三) 诚实

不诚实是应聘材料中最大的问题。一些毕业生由于成绩不好或其他一些原因，在材料中提供虚假的信息，或采用一些含糊其词的写法希望蒙混过关，这些都是不可取的。例如，某些毕业生认为自己的专业不理想或其他一些原因，喜欢隐藏这些基本信息，这只会影响招聘单位安排面试，并且让招聘单位有该毕业生不诚实的感觉。

最常见的不诚实体现在对学习成绩的阐述上，有的毕业生擅自更改自己的学习成绩，或者只把成绩高的课程写到材料中。对于前者，只要招聘单位与学校进行核对，很快就会被发现。篡改成绩这种不诚实情况，即便已经签署了毕业生就业协议，招聘单位也可以随时将学生退回(这种事情在各个学校每年都有发生)。课程成绩不完整的毕业生，往往更能引起招聘单位的警惕。

不诚实还体现在社会实践和个人特长上。一些毕业生认为社会实践不好调查，自己可以随便写。实际上，在面试时，面试者只需要进行一些提问，就能知道应聘者是否诚实。有些软件开发专业的毕业生，为了证明自己在这方面的特长，会说自己曾经做过什么项目，甚至可以拿出开发的成品。在这些学生中，有一部分确实有真才实干，但有一部分是在夸大其词。实际上，一个人的真实水平，通过专业面试一般都可以判断出来。

(四) 美观

自荐材料无论是手写还是计算机打印，都要注重大方、整洁和美观。现在大多数用人单位在进行招聘时都比较重视应聘者自荐材料的美观性。如果非设计类专业的学生想使自荐材料更加美观，可考虑在网上下载比较符合自己特点的自荐材料模板，然后在模板的基础上进行修改。除了设计的美观性，自荐材料最重要的一点是要杜绝错误，无论是语法错误，还是错别字、标点符号错误或印刷错误，都应尽量避免。因为任何一个小小的错误都可能会给人留下不认真、不负责的印象。

二、求职的方式与技巧

毕业生要想让用人单位认识自己、了解自己、选择自己，通过自荐方法宣传自己、展示自己、推销自己是最有效和最直接的方法。如果毕业生在进行自荐时能巧妙运用相应的自荐技巧，一定可以成功叩开就业之门。

(一) 自荐的方式

自荐最常见的方式分为直接自荐和间接自荐两种。其中，直接自荐指由本人向用人单位做自我介绍、自我评价、自我推销；间接自荐指借助中介机构或相关材料推荐自己，即不必亲自出马，只需将自己的想法和条件告诉第三方或形成材料就能达到推荐自己的目的。综合起来，自荐的方式主要包括以下几种：

(1) 参加人才招聘会自荐。带上个人自荐材料到人才招聘会上推荐自己。

(2) 登门自荐。带上自荐材料亲自到用人单位推荐自己。

(3) 在实习或社会实践过程中自荐。通过各种实习和社会实践的机会推荐自己。

(4) 书面自荐。通过邮寄或递送自荐材料的方式推荐自己。此种方式扩大了推荐范围，不受时空限制，不受临场发挥和仪表效应等的影响，是毕业生求职择业过程中常用的自荐方式。

(5) 他人推荐。请老师、父母、亲友、同学推荐，以达到自我推荐的目的。

(6) 广告自荐。借助新闻传播媒介进行自荐，这种形式覆盖面广、时效性强。

(7) 学校推荐。这是一种间接的自荐方式。

(8) 网络推荐。这是近年来新出现的一种自荐方式，是借助互联网进行自荐，这种自荐方式时效性强、覆盖面广，今后会被越来越多的毕业生和企业招聘人员接受。

上述几种自荐方法并非独立存在，在现实的求职活动中，需要综合应用方能达到自我推荐的目的。一般来说，几种方法并用效果会更好，但因人而异，究竟采取哪种自荐方式，应从自身的实际需求出发。

(二) 自荐的技巧

求职洽谈过程中的每一个细节都将决定面试的成败。在毕业生招聘会上，我们常常会看到这样的现象：有的毕业生在规定时间里连自己的基本情况、就业意向都讲不清楚，有的不修边幅，有的讲话态度不礼貌，等等。这样的人，用人单位自然不会接受。归根结底，还是因为求职者缺乏起码的求职方法和技巧。

📖 【资料链接3-3】

∽ 突出个性，抢占优势 ∽

对企业来说，校招时间短、任务重，求职者要想在众多竞争者中脱颖而出，成功吸引招聘者的注意，并让其牢牢记住，其难度不亚于练习生挑战出道，因为漂亮、有才艺、肯努力的人太多，如果缺乏个性、没有辨识度，就很容易被忽视、被忘记。

比如，在设计简历的时候，尽可能不要使用那些网上最常见的、俗套的大直白模板。尤其当你应聘的是与设计、创意、美感、艺术相关的职位时，你的简历必须体现出你的创意与审美，否则很有可能招聘者看一眼就放弃了。再如，在面试的过程中，突出优点的着装、自然得体的妆容、明朗的笑容以及个性中最为阳光友善的一面，都会给招聘者留下好的印象。总之，在整个求职过程中，都需要有意识地展示你的光彩、凸显你的个性，在恰当的时机彰显你的价值。

在找工作时，还有一点需要知晓，就是找工作和找对象其实是一样的，机缘和运气一样都不能少，但这并不代表什么都不用做了，只坐等机缘和运气的到来。请永远相信一点，机缘和运气始终青睐那些努力且有准备的人。

(资料来源：罗鹏. 那些深受 HR 青睐的应届生们，有什么共性？[J].中国大学生就业，2021(18)：16-17. 有删改)

三、求职信

求职信是求职过程中很重要的一个内容。在你未与招聘者正式接触前，一封求职信就是你们之间沟通的桥梁。可见求职信是求职的一个很重要的部分。撰写求职信的目的就是推销自己，引起雇主的注意。一份能展示你的长处的求职信能使你获得面试的机会增加。那么，如何写好一封求职信呢？

(一) 称谓

称谓是对收信人的称呼，写在第一行，要顶格写收信者单位名称或个人姓名。单位名称后可加"负责同志"；个人姓名后可加"先生""女士"等。在称谓后写冒号。

求职信不同于一般私人书信，收信人未曾见过面，所以称谓要恰当，郑重其事。

(二) 主体部分

主体部分是求职信的重点，它是求职者的个人资料，包括以下内容：

(1) 写求职信的原因。首先简要介绍求职者的自然情况，如姓名、年龄、性别等。接着要直截了当地说明从何渠道得到有关信息以及写此信的目的。例如："我叫李民，现年 22 岁，男，是一名会计学专业的大学本科毕业生。从报上看到贵公司招聘一名专职会计人员的消息，不胜喜悦，以本人的水平和能力，我不揣冒昧地毛遂自荐，相信贵公司定会慧眼识人，会使我有幸成为贵公司的一名会计人员"。这段是正文的开端，也是求职的开始。介绍有关情况要简明扼要，对所求的职务，态度要明朗；而且要使收信者有兴趣将信读下去，因此开头要有吸引力。

(2) 对所谋求的职务的看法以及对自己的能力做出客观公允的评价，这是求职的关键。要着重介绍自己应聘的有利条件，要特别突出自己的优势和"闪光点"，以使对方信服。例如："我于 1996 年 7 月毕业于××财经学院会计学专业。毕业成绩优异，在省级会计大奖赛中获得'能手'嘉奖(见附件)，在××金融杂志上发表过多篇学术论文(见附件)。我在有关材料上看到过关于贵公司的情况介绍，我喜欢贵公司的工作环境，钦佩贵公司的敬业精神，又很赞赏贵公司在经营、管理上的一整套切实可行的规章制度。这些均体现了在当前改革开放的经济大潮中，贵公司的超前意识。我十分愿意到这样的环境中去艰苦拼搏，更愿为贵公司贡献我的学识和力量。我相信，经过努力，我会做好我的工作的。"写这段内容，语言要中肯，恰到好处；态度要谦虚诚恳，不卑不亢，达到见字如见其人的效果，要给收信者留下深刻印象，进而使收信者相信求职者有能力胜任此项工作。

(3) 向收信者提出希望和要求。例如："希望您能为我安排一个与您见面的机会"或"盼望您的答复"或"敬候佳音"之类的语言。这段属于信的内容的收尾阶段，要适可而止，不要啰唆，不要苛求对方。

(三) 结尾

结尾处要写表示敬祝的话，如"此致"之类的词，然后换行顶格写"敬礼"或祝"工作顺利"等相应词语。这两行均不点标点符号，不必过多寒暄，以免画蛇添足。

写信人的姓名和成文日期写在信的右下方。姓名写在上面，成文日期写在姓名下面。姓名前面不必加任何谦称的限定语，以免有阿谀之感或让对方轻看自己。成文日期要年、月、日俱全。

四、简历

简历是求职者对自己生活、学习、工作、经历、成绩的全面概括，是求职者获得面试机会的敲门砖。一份好的简历不仅可以让用人单位了解求职者，更能说明求职者的出类拔萃和与众不同，这样才能使求职者从众多应聘者中脱颖而出。

个人简历模板

求职意向：_____

个人概况：_____

姓名：_____ 性别：_____

出生年月：_____

毕业院校：_____ 专业：_____

电子邮箱：_____ 联系电话：_____

通信地址：_____ 邮编：_____

教育背景：(_____年—_____年_____大学_____专业学习)

主要课程：_____

英语水平：_____ 计算机水平：_____

论文情况：_____

获奖情况：_____

实践与实习：_____

个性特长：_____

(一) 基本信息

基本信息主要包括姓名、性别、出生年月、毕业院校、专业名称、政治面貌、籍贯、联系方式、电子邮箱等。

(二) 求职意向

求职意向是求职者期望的岗位，在填写求职意向时，需要注意以下事项：

(1) 求职意向不宜过多，一般 1~3 个比较合适。

(2) 一张简历上有多个求职意向时，要根据意愿程度的高低进行排序，换言之，越想获得的岗位就要排得越靠前。

(3) 当求职意向差异特别大时，最好针对不同的求职意向制作不同版本的简历，如"网页设计"和"销售专员"，如果把这两个求职意向放在同一张简历上，面试官就无法把握求职者的核心能力，也无法对求职者的职业发展方向做出判断。

(三) 教育背景

教育背景包括毕业院校、所学专业、毕业时间等。如果是应届毕业生，由于没有较多的工作经历吸引用人单位，可将与所应聘岗位相关的课程写在醒目位置，以引起注意。

(四) 实践经历

根据有关调查，用人单位最看重的是简历中的实践经历，因为实践经历代表着求职者是否真正从事过相同或者相似的工作，而这一点直接决定着求职者到岗后能否迅速上手。

应届毕业生缺乏工作经验，实践经历就是简历中最重要的环节。实践经历主要有企业实习经历、学校社团活动、项目实践经历、勤工俭学、兼职活动、社会调查等。

在填写这一部分内容时，要做到以下七点：

(1) 挑选与申请职位相关的实践经历。

(2) 按与应聘岗位相关度高低对实践经历进行排序，相关度越高位置越靠前。

(3) 逐条罗列具体工作内容。

(4) 用 5W1H(what、when、where、who、why、how)的模式撰写实践经历，注意条理清晰。

(5) 准确使用专业术语，语言精练。

(6) 用量化数字体现成绩。

(7) 总结实践经历的收获。

(五) 证明材料

证明材料在毕业生的求职过程中有两个作用：一是证明求职信或者简历的内容是真实的，二是证明大学生具备了某个方面的能力或素质。以下是大学生常用的几种证明材料：

(1) 英语等级证书。其包括大学英语四、六级，全国公共英语考试的证书以及托福和雅思考试的证书等。

(2) 计算机等级证书。其主要是全国计算机等级证书。

(3) 实习、兼职证明。其代表着学生对相应领域进行过实际的锻炼，可以看作一种浅显的工作经验。

(4) 学习成绩单。学习成绩的好坏不仅仅代表着学生的能力与水平，更代表着学生在校期间的学习态度。

(5) 各类获奖证书。其包括奖学金证书、评奖证书、各类竞赛获奖证书等。

第四节 评价中心技术介绍

📖 【案例3-4】

∽ 如何脱颖而出 ∽

某百货公司要聘请一位总经理，招聘方给三位候选者放了这样一段录像：上午9时30分，一家百货商场进来一位高个小伙子，他掏出100元买了一支3元钱的牙膏。上午10时整，又进来一位矮个小伙子买牙膏，他掏出10元钱递给售货员，找钱时，他却说自己给的是一张百元钞票，双方起了争执。商场总经理走来询问，小伙子提高嗓门说："我想起来了，我的纸币上有2888四个数字。"售货员在收银柜中寻找，果真找到了这样一张百元钞票。

录像结束，问题是：明知对方在欺诈，假如你是总经理，该如何应对？

这场情境面试旨在考查候选者的三层素质：洞察力——对事件本质的把握，全局观——对"顾客至上"理念的理解，道义感——对社会上反诚信现象的态度。

第一位候选者的答案是：首先向顾客道歉，然后当众批评女售货员，并如数找给小伙子97元。这位候选者的优点在于能够从公司大局出发，但其做法有向不法行为低头之嫌。

第二位候选者的答案是：他会在小伙子耳边说："哥儿们，我们有内部录像系统。"这位候选者犯了一个大忌，就是职业经理人应以诚信为本，因为商场内根本没有录像系统。

第三位候选者的答案是："既然您没有支付10元钱，那么，收银柜内今天收到的所有10元纸币上都不会有您的指纹。您能保证吗？"这位候选者敏锐地抓住了诈骗者逻辑上的盲区，并当场予以揭穿。最后，他成功胜出。

(资料来源：https://www.yjbys.com/qiuzhizhinan/show-410503.html，有删改)

评估中心(assessment center，AC)是一种包含多种测评方法和技术的综合测评系统。一般而言，它总是针对特定的岗位来设计、实施相应的测评方法与技术。它通过对目标岗位的工作分析作业，在了解岗位的工作内容与职务素质要求的基础上，事先创设一系列与工作高度相关的模拟情境，然后将求职者纳入该模拟情境，要求其完成该情境下多种典型的管理工作，如主持会议、处理公文、商务谈判、处理突发事件等。在求职者按照情境角色要求处理或解决问题的过程中，面试官按照各种方法或技术的要求，观察和分析求职者在模拟的各种情境压力下的心理、行为表现，并测量和评价他们的能力、性格等素质特征。

广义的评估中心包含了传统的心理测验(评价被试者的人格、能力、职业兴趣等特质)、面谈(主要是结构化面谈)、投射测验(评估被试者的深层次人格特质、职业动机、职业价值观等)和情景模拟等。对国内外大量研究文献进行分析发现，实际应用领域特别是研究领域中的评估中心主要是指以情景模拟为核心的系列测评技术，是狭义上的评估中心。

比较经典的情景模拟技术包括文件筐测验、无领导小组讨论、角色扮演、管理游戏、结构化面谈等，其他的技术如案例分析、演讲、事实搜寻、情境面谈等也常常结合具体的实际需求加以应用。下面简单介绍几种经典情景模拟技术的基本概念与操作思想。

一、文件筐测验

文件筐测验一般也称公文筐测验。测验时，面试官给求职者一些公文，这些公文是经理或高级管理人员日常工作中必须处理的，其中有电话记录、命令、备忘录、请示报告等各种函件，是根据每个经理经常会遇到的各种典型问题而设计的，要求求职者在一定时间内处理完毕。处理后还要通过文字或口头方式，回答这样处理的原则和理由。美国电报电话公司(美国国际电话电报公司)使用的文件筐测验，要求候选人在 3 小时以内以主管人身份处理 25 项事务——备忘录、订单和商业信件等。考官观察求职者的活动，看他们是否有系统性，是否能建立先后次序，是否能授权下级，等等。

二、无领导小组讨论

将求职者按一定人数编成小组(一般 6~8 人)，要求他们按照便于交流讨论的形式坐好(为了便于评价员观察评价，一般要求组员按照椭圆形就座)；主考官事先设计准备好讨论的背景材料，测评时通过清晰的指导语指示求职者以小组为单位就指定的主题进行小组内的自由讨论，要求小组在规定的时间内(一般 1 小时)达成解决问题的一致性意见。背景材料一般是与工作情境相关的(也可以是假设的，在避免由于求职者专业背景不同而影响测评成绩时往往采用假设的材料)，用于讨论的主题应该富于讨论空间，保证求职者能够在给定的时限内进行充分的交流讨论。在指导语中一般不确定讨论会的主持人，不指定发言的先后，也不提出积极主动、观点清晰之类的其他具体要求，只是强调指出要求求职者以小组为单位进行讨论，通过讨论来解决问题。在这个过程中，主考官及评价员按照事先拟定的测评因素及其评分标准对求职者的行为表现进行观察评价。

三、角色扮演

角色扮演是一种主要用于测评求职者人际关系处理能力的情景模拟活动。在这种活动中，主考官设置一系列尖锐的人际矛盾与人际冲突，要求求职者扮演某一角色并进入角色情境，去处理各种问题和矛盾。主考官通过对求职者在不同人员角色情境中表现出来的行为进行观察和记录，测评其相关素质。

在角色扮演中，主试对受测求职者的行为表现一般从以下几个方面进行评价：第一，角色适应性。求职者是否能迅速判断形势并进入角色情境，按照角色规范的要求采取相应的对策行为。第二，角色扮演的表现。其包括求职者在角色扮演过程中所表现出来的行为风格、人际交往技巧、对突发事件的应变能力、思维的敏捷性等。第三，其他。其包括求职者在扮演指定的角色处理问题的过程中所表现出来的决策、问题解决、指挥、控制、协调等管理能力。

四、管理游戏

管理游戏是一种以完成某项或某些"实际工作任务"为基础的标准化模拟活动，通过活动观察和测评被试实际的管理能力。模拟的活动大多要求求职者通过游戏的形式进行，并且侧重评价其管理潜质，管理游戏因此得名。

在管理游戏测评中，求职者置身于一个模拟的工作情境中，面临着管理中常常遇到的各种现实问题，要想方设法加以解决。同角色扮演类似，管理游戏中涉及的管理活动范围也相当广泛，可以是市场营销管理、财务管理，也可以是人事管理、生产管理等。在测评过程中，主考官常常会以各种角色身份参与游戏，给求职者施加工作压力和难度，使矛盾激化、冲突加剧，目的是全面评价受测试求职者的应变能力、人际交往能力等素质特征。

五、结构化面谈

结构化面谈是由多个有代表性的考官组成一个考官小组，按规定的程序，对应聘同一职位的求职者始终如一地使用相同的考题进行提问，并按相同的追问原则进行追问；这些试题必须是与工作相关的；对求职者的行为根据事先确定的标准进行评定；面试的结果采用规范的统计方法计分；面试合格的求职者按其分数由高到低进行考核。

结构化面谈有很多优点，如内容确定、形式固定、便于考官面谈时操作；面谈测评项目、参考话题、测评标准及实施程序等都是事先经过科学分析确定的，能保证整个面试有较高的效度和信度；对于有多个求职者竞争的场合，这种面试更易做到公平、统一；更主要的是这种面试要点突出，形式规范、紧凑、高效，能更加简洁地实现目标。在比较重要的面试场合，如录用公务员，选拔管理人员、领导人员等，常采用结构化面谈。

问题思考

1. 针对用人单位的招聘流程，求职者应该如何做？
2. 你准备通过哪些渠道搜集有效的就业信息？
3. 你预备对于择业做哪些准备？
4. 请制作一份完整的求职材料。

信息园

集体面试有技巧

大学生是建设我国社会主义事业的重要力量，求职应聘是他们职业生涯的关键一步，应提前调整心态，树立良好的形象。面试不单是对专业能力的考查，也是心理素质和个人形象的比拼。对大学生来说，掌握一定的面试技巧，对于求职应聘具有重要意义。

第一，树立自信心。自信心是做好任何事情，包括成功面试的前提。只要学业有成，应聘者就不用担心找不到工作，面试正是向招聘单位充分展示才华的大好时机。第二，注重外在形象。良好的个人外在形象往往比个人简历、文凭、证书等更直接地影响面试官的最终决定。第三，培养守时习惯。大学毕业生在面试时要守时并争取提前到达，以便有时间调整心态再去见面试官。第四，规范言谈举止。言谈举止能够展现应聘者的精神状态、文化涵养和交流诚意，所以大学毕业生在面试前要反思自己平时的言谈举止，直至达到面试要求。第五，拿捏好说话的时机。面试过程中切忌抢话、说话吞吞吐吐、说话时不懂得察言观色。

(资料来源：裴洪彬. 《论语》与大学毕业生面试技巧[J].就业与保障，2021(3):152-153. 有删改)

第四章

求职技巧

小事小节是一面镜子，能够反映人品，反映作风。小事小节中有党性，有原则，有人格。

——习近平《之江新语》

📖【案例4-1】

❧ 面试被刷掉的五大原因 ❧

原因一：应对不当

求职者：王某，男，某工业大学工科毕业生，面试岗位机械工程师。

求职故事：

王某参加了很多招聘会，大大小小加起来有10多场。在杭州市举办的招聘会上，面试官对他非常满意，于是开始谈薪资。王某觉得今年找工作的情况那么严峻，自己能找到一份工作就不错了，怎么还能讨价还价呢？于是他回答："无所谓，都可以!"面试官马上阴沉着脸，请他回去等通知，之后就再也没有了消息。

薪资是求职者对自己水平的一个衡量标准，也是对求职者工作满意程度的回报。一个连自己薪资都无所谓的人，还能期望他在以后的工作中有干劲儿吗？

原因二：缺乏自信

求职者：孙某，女，某工业大学法律专业毕业生，面试岗位招商顾问。

求职故事：

在招聘会上，我看上了一家外贸公司，特意重新打扮了一番来给自己增加自信。一排看似威严的人士簇拥着老板模样的人坐在会场上方，原来是老板亲自面试。一看这架势，我的心跳不由自主地加速起来。突然想起师哥师姐们以前的经验，心里开始暗自念着：要谦逊、谦逊……

面试官的第一个问题就把我呛住了。"我们招的是专科学历，你是本科，怎么会来应聘这个岗位？"我回答："我觉得你们公司挺好的，也比较适合我的专业。""我们公司好在哪里？这里工作压力很大，平时要经常加班，你可以适应吗？试用期只有基本工资2800元，其他什么福利也没有，能接受吗？"在等待是否进入复试的空当，我焦躁不安。终于等到了"宣判"结果的时刻，面试官面带微笑地告诉我："小姑娘，你的条件不错，不过以后再去面试要自信点……"

自信在面试中尤为重要，缺乏自信不仅会让自己紧张，不能很好地展现自己，而且会让面试官觉得你学习能力差、不敢担责任。这样的话，求职者肯定不受用人单位欢迎。

原因三：地区选择不当

求职者：郭某，男，某工业大学商学院毕业生，面试岗位经理。

求职故事：

我曾经想过去支援西部，但是周围几乎没有人支持我。目前班里30名同学不是回到了家乡，就是瞄准了北京、上海等大城市。虽然国家鼓励下基层的政策不少，然而我还是顾虑重重。因为下基层的条件比较艰苦，就算不担心收入少，也会被嘲笑"没本事"。尤其是对于我这个来自农村的大学生来说，如果不能留在大城市就觉得无颜面对家人。

去不去西部不仅仅是"面子"问题，基层特别是西部地区发展相对落后，收入水平与发达地区相比差别较大，城乡转换成本过高，不少大学生担心"下去容易上来难"。建议大学生在做选择的时候综合考虑各种因素，看看自己最重视的到底是什么，不要因为别人的评论而改变自己的想法。

原因四：学生气、孩子气

求职者：郑某，女，某工业大学外贸专业毕业生，面试岗位外事。

求职故事：

上周，我接到了自己心仪已久的那家知名高薪企业的面试通知时，心里既高兴又紧张。这家公司开出的各方面条件都很不错，为了能够在面试中有良好的表现，我做了很多专业上的准备，然后去面试。

除了我，其他进入面试的都是男生。考场是一个很小的会议室，中间是一张圆桌。面试官最后说："根据你的性格特点，我们想把你安排在外事部门，不过户口方面可能还要再争取一下。"我左思右想，拿不定主意，最后说："要不，我回家跟爸爸妈妈商量一下。"听到我这样的回答，面试官突然愣了一下，随即说："好吧。"

一周后，我被通知没有被录取，电话里这位面试官告诉我："以后你参加面试的时候，不要说'和爸爸妈妈商量'，因为这样会显得你没有主见。公司需要的是有责任感、能够独立完成工作的人。"

凡事依靠父母的是学生、孩子，而非职场中人。刚毕业的大学生一定要注意，在求职中千万不要表现得毫无主见，要坚决摒弃自己的学生气、孩子气，给用人单位展示一个独立负责的形象。

原因五：准备不充分

求职者：张某，男，某工业大学英语专业毕业生，求职岗位培训教师。

求职故事：

招聘单位打电话通知我去面试的时候，我正和好朋友在逛街。在无数次的招聘会上，我投了上百份简历，所以我早就回忆不起来什么时候投了这个简历。回到学校，我特地向别人打听了一下。原来，这是一个私人的英语培训学校。当时，我很自信地想，就凭我多次到大公司面试的经历和扎实的基本功，这种小场面应该不在话下。那天，我如约来到招聘单位，和人力资源部主任聊了一会儿。主任简单地问了我一些英语方面的问题，我自信地对答如流。心里暗想，这么简单的东西还来考我，凭我六级的英语水平，教高中生都不在话下。谈完话，主任把我带到一个教室，让我围绕"奥运"给学生上一堂课。走上讲台，我有模有样地上起课来。当我正自我陶醉在传道、授业、解惑的满足感中时，主任示意我可以结束讲课了。

回到刚才那个办公室,主任又开始了和我的"闲聊"。他问:"你对我们学校了解吗?"我说:"知道一点,你们是私人的外语培训学校。"他又问:"那你知道我们的学生都是什么人吗?你了解我们学校的特色和授课风格吗?"我事先没有准备这些,当然回答不上来,他最后不无惋惜地说:"你恐怕对我们不大了解,我觉得你没有完全做好做一个初中教员的准备。"这时的我早已经汗流浃背了,这次的面试就这样以失败而告终了。

知己知彼,百战不殆。只有在面试前做好充分的准备,才能在回答面试官问题的时候从容不迫,增加自己求职成功的砝码。

(资料来源:作者根据相关资料整理)

📖【课前思考】

1. 在面试中容易犯什么错误?
2. 在求职时应该注意哪些问题,你了解求职的技巧吗?

第一节 自荐艺术

所谓自荐,就是毕业生在求职过程中向用人单位展示自己、推销自己。自荐是自我宣传的一种有效方式,在很大程度上决定着求职者能否获得与用人单位进一步接触的机会。

一、自荐的主要方式

(一) 口头自荐

口头自荐是求职者直接面对招聘者,通过较强的口头表达能力来推销自己,在较短的时间内得到用人单位对自己的了解和赏识。目前,大学毕业生寻找工作的主要渠道之一就是参加各种各样的人才招聘会,投递求职材料。在这种场合,如果毕业生学会用口头自荐的方式推销自己,将会事半功倍。

(二) 书面自荐

书面自荐是采用书面形式来推销自己的一种自荐方式。对于路途比较远的用人单位,毕业生不便登门拜访进行口头自荐时,可通过邮寄个人求职材料的形式来实现自荐。其优势是不受时空限制,有利于展示自己严谨认真的工作态度。这种方法特别适合各方面成绩突出,又有较好文笔和写得一手好字的毕业生。

(三) 登门自荐

登门自荐要求求职者亲自到用人单位,直接面对用人单位进行自荐,展示个人综合素质。这种自荐方式经常和口头自荐、书面自荐方式结合使用,其优点是可直接在招聘者面前展露才华,给人留下深刻印象,甚至现场被录用;其缺点是涉及面有限,尤其是对路途遥远的单位更难实现。登门自荐需要求职者具有一定的勇气和自信。毕业生如果觉得自身条件不错,表达能力强,可以采取这种方法,但必须充分做好准备,如了解用人单位情况、选好自荐时间、修饰见面仪容、带好求职材料、掌握求职礼仪等。

(四) 网络自荐

目前，许多专业招聘网站、人事人才网、用人单位和学校都会利用互联网发布招聘信息，方便学生随时查阅选择。因此，越来越多的学生开始热衷于通过互联网求职应聘。他们要么针对招聘信息投递个人电子简历，要么直接在招聘网站上注册发布个人电子简历，等待用人单位相中自己。网络自荐对毕业生来说不但方便快捷，也有利于其和用人单位双方的双向选择，越来越受到学生的青睐。不过毕业生要注意，通过网络招聘的用人单位一般对求职者的工作经验要求比较高。

(五) 实习自荐

实习自荐是指毕业生通过各种实习、社会实践的机会，与实习、实践单位领导进行沟通交流，推荐自己。一般这种自荐方式的成功概率比较高，因为经过一段时间的实习实践，毕业生和用人单位彼此相互熟识、相互了解，如果毕业生符合用人单位的招聘要求，用人单位多数会欣然接受。

(六) 广告自荐

广告自荐是求职者借助新闻媒体进行自我宣传，如利用报刊刊登个人求职广告、利用广播插播个人求职信息。这种自荐方式覆盖面宽，可以扩大应聘范围，但广告词要写好，突出自己的特长，写明自己的条件和要求，语言要简明扼要、有吸引力。

(七) 电话自荐

电话自荐是指求职者通过电话这种快捷、方便的通信工具向用人单位推荐自己的一种求职应聘方式。

二、自荐的技巧

对于即将毕业的学生来说，自我推荐是一种说服手段，即让对方认可、接受、肯定自己的人格、知识、技能和理想，从而获得更多的机会。因此，在自荐过程中，注意一定的方法和技巧是必要的。

(一) 自荐要有自信、主动和有勇气

自信、主动和勇气是现代人成功必须具备的心理素质。自我推荐首先必须自己相信自己，清醒地知道自己具备达到目标所需的实力，并完全依靠自己的实力进行竞争，这是求职者成功自荐的奥秘之一。自荐是求职者的主动行为，任何消极等待的态度都是不可取的。

求职者在推荐自己时，必须积极主动。例如，不等对方索要材料，便主动呈送；不等对方提问，就主动向对方介绍；不消极等待对方回音，就主动询问。这样会给人一种态度积极、求职心切、胸有成竹的感觉，增加面试成功的概率。

成功的自荐还必须具有足够的勇气，不怕失败。求职者要在别人面前介绍自己、证明自己，

如果没有"初生牛犊不怕虎"的勇气,就会畏缩不前、犹豫不决,就会紧张、拘谨甚至自卑。有的学生去用人单位之前,脑子里已准备好了对各种问题的回答,甚至连语调、礼貌语言、动作都想好了,可等到用的时候全忘光了,聪明才智不见了,剩下的只是呆板、不知所措。这样的情况如果形成恶性循环,学生就会越发紧张和拘谨,给人一种缩手缩脚、没有魄力、无所作为的印象。还有一些学生在洽谈会上,由家长和老师陪着东转西看,出谋划策,很令招聘单位费解。其实,这正好反映出这些学生对自荐既缺乏自信,又缺乏勇气的被动应付心理和态度。

(二) 自荐要诚恳、谦虚,有礼貌

诚恳、谦虚、有礼貌是为人处世的基本要素,是赢得用人单位好感的应有态度,对应聘十分重要。诚恳,即做到言而有信。自荐应以信为本,在介绍自己时,要讲真话、有诚意,不吹牛撒谎,不虚情假意,给对方以信任感。在自己对某问题不明白时,可以直接告诉招聘人:"对不起,我不知道这个问题。"这恰恰能反映求职者直率诚实的性格。谦虚,是一种美好的品德,是尊重对方的一种态度。在任何时候,谦虚都是用人单位最为喜欢的态度。礼貌,是道德的一种外在表现形式,它在人际关系调节中具有不可忽视的作用。自荐时,无论是一个表情,还是一句称呼、一声感谢、一个小动作,都能反映一个人的内在修养和素质,都会被招聘单位看在眼里,作为评价的内容。因此,自荐时要以礼待人,不能认为这都是小节,不能说明什么问题。即使对方当场回绝或不太理睬,求职者也要冷静,给自己找个台阶下,给对方留下明理的印象。

(三) 自荐要注意对方的需要和感受

自荐应注意对方的需要和感受,根据对方的需要和感受说服对方,让对方接受自己,做到自己所告诉的正好是对方想知道的,自己所问的正好是对方要告诉的。因此,求职者要事先有所准备,分析用人单位需要什么,他们会提出什么问题,对什么最感兴趣;要学会察言观色,把握对方心理,随机应变。

(四) 自荐要善于展示自己

现在已经不再是"酒香不怕巷子深"的年代,即将走上社会的年轻人要善于展示自己,适时、适度地把自己的优点展示在用人单位面前。热门的用人单位往往门庭若市,要想在强手如林的竞争中引人注意、脱颖而出,求职者就必须做到以下几点:

(1) 要学会介绍自己。"良好的开端就是成功的一半。"自荐时,要单刀直入,一开始就简明扼要,说明来意。在介绍自己时要有理有据,言简意赅。

(2) 要善于提出问题。英国著名哲学家弗朗西斯·培根说过:"如果你从肯定开始,必将以问题告终;如果你从问题开始,必将以肯定结束。"提出问题往往比解决问题更重要。因为提问中就蕴含着你的思考和创新。提问题要能够为自己服务,除了掌握情况之外,还要借助提问题更好地展示自己。必要时,也可率先开口,主动出击,不要等对方提问。

(3) 要巧妙回答问题。回答问题是为了说明情况,展示自己。因此,要学会正确运用闪避、转移、引申、模糊应答等方法,四两拨千斤。

(4) 要表现自己的特色。自荐必须从引起别人注意开始,如果别人不在意自己的存在,那就谈不上推荐自己。引起别人注意的关键是扬长避短,要有自己的特色,让对方对自己产生兴趣。

(5) 要善于包装自己。在竞争激烈的今天，良好的包装能弥补个人的不足，提高个人价值，发挥促销作用。外在包装是通过一些非语言媒介对自荐发挥作用的，如衣着、发式、动作、行为举止、体态、气质等要得体、适度，给人以大方、潇洒、端庄、有知识、有涵养、有信心、符合学生身份的感觉。外表有吸引力者，一般会被认为聪明能干，办事认真可靠，使人另眼相待。内在包装是建立在真才实学的基础上，将多种能力和水平综合起来进行自我推销的一种有效方法，包括个人积累的知识、出色的口才、流利的外语、熟练的操作、扎实的专业技能等。

(五) 选择恰当的自荐方式

毕业生采用何种自荐方式，应从自己的实际情况出发。如果具有较强的口头和文字表达能力，可采用口头自荐和书面自荐方式。过去是书写，现在绝大多数是打印。近年来，有的求职者干脆把自己的有关信息刻录成光盘，其携带方便、包含的信息量大，还可以将自己的技能操作加入其中。自荐材料的递送方式也应注意。邮寄的自荐材料可能不易引起用人单位的注意和重视，当面呈递自荐材料，易于加深用人单位对自己的印象，提高求职成功的可能。

此外，自荐时还要注意一些小窍门，如求职的最佳时机是用人单位将要但还未向社会公布招聘信息，大多数求职者还不知道用人单位需要招聘的时候。这时，如果毕业生主动联系用人单位，进行自荐，将会减少竞争压力，可能被事先录用。另外，毕业生在招聘会现场投递求职材料进行自荐时，尽量不要和自己同校同专业同班级的同学同时进行。因为一方面，熟人在场不利于毕业生的现场发挥；另一方面，容易让招聘者拿其他同学的优势和其劣势进行比较，当场剔除其求职材料。

📖【资料链接4-1】

❧ 毛遂自荐的故事 ❧

大敌当前，赵国形势万分危急。平原君赵胜奉赵王之命去楚国求兵解围。平原君把门客召集起来，想挑选20个文武全才一起去。他挑了又挑，选了又选，最后还缺一个人。这时，门客毛遂自我推荐，说："我算一个吧！"平原君见毛遂再三要求，才勉强同意了。

到了楚国，楚王只接见平原君一个人。两人坐在殿上，从早晨谈到中午，还没有结果。毛遂大步跨上台阶，远远地大声叫起来："出兵的事，非利即害，非害即利，简单而又明白，为何议而不决？"楚王非常恼火，问平原君："此人是谁？"平原君答道："此人名叫毛遂，乃是我的门客！"楚王喝道："赶快下！我和你主人说话，你来干吗？"毛遂见楚王发怒，不但不退下，反而又走上几个台阶。他手按宝剑，说："如今十步之内，大王性命在我手中！"楚王见毛遂那么勇敢，没有再呵斥他，就听毛遂讲话。毛遂把出兵援赵有利楚国的道理做了非常精辟的分析。毛遂的一番话说得楚王心悦诚服，答应马上出兵。没几天，楚、魏等国联合出兵援赵。秦军撤退了。平原君回赵后，待毛遂为上宾。他很感叹地说："毛先生一至楚，楚王就不敢小看赵国。"

(资料来源：作者根据相关资料整理)

第二节　面试技巧

📖【案例4-2】

❧ 小王的面试技巧 ❧

小王是某商学院的一名应届毕业生,从刚开始上大学起,她就希望自己以后成为一名公关。但是很多人对她都不看好,因为小王只是一个长相普普通通的女孩子。但小王自己毫不在意,她说:"既然上天没有给我美丽的容貌,那么我就从其他地方补回来。"虽然她没有让人惊艳的容貌,但是与她聊天开心无比,一种暖意融入心中。怪不得她能成为一名合格的公关。

让她说说当初面试成功的心得,她直言:"当初我们那一组面试人中,我并不是最漂亮的。可老师考完后对我说,是我笑容里的真诚打动了他,公关最重要的标准之一就是"将你完美的微笑留给每一位受众"。

真的,微笑很重要。微笑是一种令人感觉愉快的面部表情,它可以缩短人与人之间的心理距离,为深入沟通与交往创造温馨和谐的气氛。随着小王的娓娓道来,我们了解到,她把微笑看作发自内心的爱,比作人际交往的润滑剂。由此展现的微笑最自然大方、最真实友善。她说,在面试中,保持微笑,就会增加成功的可能。

总结自己的微笑"经验",小王认为微笑有四大优点:

(1) 表现真诚友善。微笑反映自己的心底坦荡,善良友好,待人真心实意,而非虚情假意,使人在与其交往中自然轻松,不知不觉地缩短心理距离。

(2) 表现乐业敬业。面试官会认为求职者热爱本工作,会恪尽职守。微笑能够创造和谐融洽的气氛,让受众备感愉快和温馨。

(3) 表现个人性格。面露平和欢愉的微笑,说明心里愉快,充实满足,乐观向上,善待人生,这样的人才会产生吸引别人的魅力。

(4) 充满自信。面带微笑,表明对自己的能力有充分的信心,以不卑不亢的态度与人交往,使人产生信任感,容易被人接受。

微笑可以改变一个人的容貌,微笑能够给予人力量和自信;微笑使人阳光,微笑不但表现在眼角、嘴角等处,更重要的是眼神,发自内心的微笑更打动人。总之,真正的微笑是发自内心的、表里如一的。笑容是所有身体的语言中最直接的一种,求职者应该好好利用。

(资料来源:作者根据相关资料整理)

一、面试的基本形式

面试忽视不得,是整个求职过程中的主要环节。面试时,最要紧的是有效地回答面试官提出的尖锐问题。要想在面试中表现得尽可能出色,必须为此做好准备,对一大堆问题做出精彩回答。通常,面试的基本形式有以下几种。

(一) 个人面试与集体面试

根据求职者人数的不同，可以将面试分为个人面试和集体面试。

1. 个人面试

个人面试又称单独面试，指面试官与应聘者单独面谈，是面试中最常见的一种形式。单独面试又有两种情况：一是只有一个面试官负责整个面试的过程。这种面试大多在较小规模的单位录用较低职位人员时采用。二是由多位面试官参加整个面试过程，但每次均只与一位应聘者交谈。公务员选拔面试大多采用这种形式。个人面试的优点是能够提供一个面对面交流的机会，让面试双方可以较深入地交流。

单独面试一旦通过，一般可以参加小组面试。经过小组面试和小组讨论，用人单位即可从中筛选出参加最终面试的应聘者。最终面试会再次出现个人面试的情况。这时，可能会有五六位面试官，也许还会有更多的面试官坐在应聘者面前，他们中的任何人都可能提出各种各样的问题让应聘者来回答。然而，无论哪种场合，个人面试所要谋求的都是尽可能地挖掘应聘者的真实内涵，通过交谈，相互了解。应聘者要牢记自己的目的是要让对方接纳自己，这是回答问题的出发点。

2. 集体面试

集体面试主要用于考查应聘者的人际沟通能力、洞察与把握环境的能力、组织领导能力等。在集体面试中，通常要求应聘者分小组讨论，相互协作解决某一问题，或者让应聘者轮流担任领导主持会议、发表演说等。

无领导小组讨论是最常见的一种集体面试法。众面试官坐于离应聘者一定距离的地方，不参加提问或讨论，通过观察、倾听，为应聘者评分，应聘者自由讨论主面试官给定的讨论题目，这一题目一般取自拟任岗位的职务需要，或是现实生活中的热点问题，具有很强的岗位特殊性、情境逼真性、典型性及可操作性。

(二) 一次性面试与分阶段面试

根据面试的进程不同，可以将面试分为一次性面试与分阶段面试。

1. 一次性面试

一次性面试指用人单位将应聘者的面试集中于一次进行。在一次性面试中，面试官的阵容一般都比较"强大"，通常由用人单位人事部门负责人、业务部门负责人及人事测评专家组成。在一次面试的情况下，应聘者是否能面试过关，甚至是否被最终录用，取决于这一次面试表现。面对这类面试，应聘者必须集中所长，认真准备，全力以赴。

2. 分阶段面试

分阶段面试又可分为按序面试和分步面试两种。按序面试一般分为初试、复试与综合评定三步。初试一般由用人单位的人事部门主持，将明显不合格者淘汰。初试合格者则进入复试。复试一般由用人部门主管主持，以考查应聘者的专业知识和业务技能为主，衡量应聘者对拟任岗位是否合适。复试结束后，再由人事部门会同用人部门综合评定每位应聘者的成绩，最终确定合格人选。

分步面试一般是由用人单位的主管领导以及一般工作人员组成面试小组，按照小组成员的层次，以由低到高的顺序依次对应聘者进行面试。面试的内容依层次各有侧重，低层一般以考查专业及业务知识为主，中层以考查能力为主，高层则实施全面考查与最终把关。分步面试实行逐层淘汰筛选，越来越严。

(三) 常规面试与情境面试

根据面试的形式不同，可以将面试分为常规面试与情境面试。

1. 常规面试

常规面试就是我们日常见到的面试官和应聘者面对面以问答形式为主的面试。在这种面试条件下，面试官处于积极主动的位置，应聘者一般是被动应答的姿态。面试官根据应聘者对问题的回答以及应聘者的仪表仪态、身体语言，在面试过程中的情绪反应等对应聘者的综合素质状况做出评价。

2. 情境面试

情境面试是面试形式发展的新趋势。情境面试突破了常规面试即面试官和应聘者一问一答的模式，引入了无领导小组讨论、公文处理、角色扮演、演讲、答辩、案例分析等人员甄选中的情境模拟方法。在这种面试形式下，面试的具体方法灵活多样，面试的模拟性、逼真性强，应聘者的才华能得到更充分、更全面的展现，面试官对应聘者的素质也能做出更全面、更深入、更准确的评价。

(四) 视频面试与电话面试

1. 视频面试

(1) 环境的准备。选择一个网络信号强、安静、没人打扰的房间。网络远程面试时，透过摄像头，展现出一个整齐洁净的背景关系到面试官对应聘者的第一印象。应聘者若面试教育类岗位，可以选择摆放整齐的书架作为展示的背景；应聘者若应聘设计类、技术类岗位，可以选择摆放着艺术作品，特别是自己设计的作品的展示柜作为背景。此外，可选择干净的白墙为背景。总之，选择可以为面试加分的背景为佳，切不可选择卧室中的床幔等松软的背景或以堆放零乱的杂物柜为背景。

(2) 设备的准备。一是事先了解面试的平台(QQ、钉钉、微信、企业微信等)，下载好相应的 App 并熟练运用；二是网络信号要好，有线网络比无线网络好，千万不可出现网络卡顿；三是谨防断电导致没信号，从实践反馈来看，首选笔记本电脑，其次是台式电脑(带摄像头)、手机、平板电脑；四是在面试视频接通前，调整好摄像头的位置，找准能展现美感的最佳角度；五是耳机的准备，最好戴上耳机，不放扩音。

所有设备提前测试是否流畅，提前 3~5 分钟准备好。为避免出现技术上的问题，在面试一开始的时候马上礼貌性询问面试官是否能清楚地看到自己、听到自己的声音。如果出现技术问题建议面试暂停，否则面试官将会因为听不清问题而难以回复，导致面试失败。

(3) 个人形象的准备。任何一个公司在面试的时候都不会透过应聘者邋遢的外表和不合理的言语行为来看清应聘者内在的才华，因此个人形象礼仪极其重要。

一修仪容，干净整洁有型的头发对形象影响极大，女生要略施粉黛，男生要剃须，男生、女生均要呈现出健康、活力的状况。

二修仪表，尽量选择与单位文化相符的服饰，如果实在拿捏不准，就选正装，即西装、套装，体现自己对这次面试的重视，万万不可上面西装、下面睡裤，万一摄像头一转，"露馅"，就尴尬了，职场着装穿的是"战袍"。

(4) 材料及问答的准备。除了要准备好笔、纸、个人设计作品、荣誉证书、身份证件等外，还要准备一些可能要被问到的问题。

① 自我介绍。

② 专业学习情况、核心技术技能、在校成绩、担任学生干部情况、实习工作情况等。

③ 关于求职单位方面的信息：通过公司官网、官微，搜索公司相关的新闻和介绍，了解行业趋势；通过职位的岗位描述和岗位要求，思考公司为什么要招这个岗位，从而做匹配性准备。

④ 关于职业方面的问题(职业价值观)：能否适应出差，为什么要选择这家单位，个人职业规划 (毕业生在求职前一定要对这样的问题有所考虑，并不仅仅是因为面试时可能被问到，对这些问题的思考也有助于个人树立目标)。

⑤ 准备询问面试官的问题：晋升路径、培训安排等。

2. 电话面试

(1) 环境准备。保持通话环境的安静，最好找一间安静的办公室。

(2) 硬件准备。准备好所需要的设备，提前做好测试。保证设备有电，随时有信号，话费充足。

(3) 材料准备。了解岗位描述和所应聘的公司，提前预测可能会遇到的问题，准备好应对典型的面试题目，如能否马上上岗或对薪资的预期值。电话面试时，最好有简历或网申材料，以保证自己的回答与人力资源主管手里的资料一致。同时，第一时间拿出笔和纸做记录，提前约定面试时间、询问联系方式和联系人。

(4) 保持微笑，注意身体姿势。身体坐直，面带微笑回答问题。不要以为是电话面试，就可以斜坐在沙发上跷着腿回答问题，一定要以重视、严谨的态度来对待电话面试。也不能一边使用电脑上网，一边回答问题。

(5) 注意礼貌用语。礼貌用语也是职业化的一种表现。接听电话时要用"您好"等礼貌用语，绝不能说"喂"，这样印象分就会打折扣。要学会用"您好""谢谢"等礼貌用语。

电话面试结束时，要感谢对方来电，感谢对方的认可，表达进一步合作的愿望，如可以这样说："感谢您的来电，谢谢您对我的认可，我希望能有机会与您面谈，您有任何问题请随时来电。"(如果对方直接约定面试，一定要拿笔记下时间地点)

(6) 注意语速和音量。电话面试时的语速不必太快，无论对方在电话面试时语速很快，还是不紧不慢，应聘者的语速都不必太快，主要是口齿清晰，语调轻松自然。如果太紧张，可适当用深呼吸来进行情绪调节，使自己放松下来，冷静、自信是电话面试成功的关键之一。

(7) 积极回答问题。电话面试的双方是对等的，面试官在问了应聘者问题后，也会反问应聘者是否有什么需要了解的情况。应聘者不问问题不好，那样显得并不太关心这个职位。问得太广也不好，可以问下一步的招聘流程、面试时间、岗位期望的上岗时间等。此时，最好不问薪酬，在双方合作的意向还没有进入实质性阶段时，问薪酬显得过于功利。如实回答问题，如果没有听清问题，可以再问一次，对问题要尽量如实回答，如果觉得说得不好，可以再重复总结一次。在总结的时候，加入①②③这样的要点。例如，对方让应聘者进行自我介绍，应聘者没有拿着简历，回答了之后觉得不大好，可以再总结：总之，我主要的优势是：①在相关行业同类岗位有 3 年工作经验；②在大学期间，我就一直关注这个专业领域；③我认为自己具备岗位要求的责任心与沟通能力。这个补充的总结会给面试官留下条理清楚、自信的印象。

二、面试的基本准则

(一) 了解招聘公司

面试前，应聘者要有意识地尽量通过网络或其他途径了解目标公司，了解其经营服务范围、经营理念、企业文化、存在的问题、发展前景和在行业中的地位等。

(二) 表现积极的态度

面试时，言辞上的谦虚是应该的，但这并不意味着自卑。应聘者要直接告诉面试官自己最近取得了哪些成绩、将来的职业生涯目标以及所具备的条件。尽量早些告诉他，不要等他来问自己，要时刻保持必胜的信心。

(三) 落落大方，面带微笑

在求职择业面试中，大方与微笑很重要。要牢记，任何一位面试官都喜欢落落大方的人。

(四) 专心倾听

(1) 当面试官讲话时，应聘者要直接看着他，使他知道自己对他所讲的感兴趣，用眼神告诉他：我在专心听您讲话；或者使用一些常用的"热词"，如"噢""好的""嗯""是吗"等，以示认真地听面试官讲话。

(2) 控制自己的思绪，使它不会超过面试官的讲话速度。如果面试官讲话不连贯，一下子找不到合适的词，千万不要插嘴或做补充说明。这种帮助一点也不会让他高兴，反而会使他感到难为情，因为这会反映出他的思维反应不够快。

(3) 倾听的时候，最好是在椅子上坐直，稍微向面试官那边倾身，但身体不要僵硬，也不要像在家里看电视时那样随意。

(4) 不要感情用事与面试官争辩，无论他说什么，都不要认为他无知和幼稚，因为自己不一定对。如果从心里产生对面试官的抵触情绪，就为专心听他说话制造了心理障碍。

(5) 摆脱视觉上的干扰，注意听讲，不要摆弄自己的眼镜、钢笔或其他任何与倾听无关的东西。面试中尽可能做点笔记，不要漫不经心地乱画，更不要去研究室内的装饰摆设或外面的风景等。

(6) 倾听要有精神，以显示出对面试官讲的东西有极大的兴趣。可以根据面试官讲话的内容适当地改变面部表情。可以偶尔点点头或者做出赞同的评论，这有助于沟通。

(五) 注意自己的外表形象

很多面试评估表格都有一条：此人外表形象如何？即使有些表格上没有具体这样写，但无论如何，应聘者的外表形象都将直接对其能否成功通过面试产生影响。很多应聘者意识不到自己没有被录用更深层次的原因是自己的形象不佳。

(六) 表现出激情

任何一家招聘单位都会考查应聘者是否对工作和生活充满激情。如果应聘者想达到自己的职业生涯目标，那么，求职时一定要表现出激情，并与面试官分享。人们对周围的一切，如生活，特别是职业充满激情是一件好事。应聘者可以自信自己是面试官遇到的最有价值的人。遇到自己这样既充满激情又符合工作的基本条件的人，面试官肯定会喜欢自己。

(七) 不要让面试官等待

约定的面试迟到了，应聘者可能会找出许多合情合理的理由来解释，但这一切都无济于事，办事不预留余地的缺点已经显露出来。不管什么原因迟到，见面时首先要道歉，不道歉就糟透了。如果没有赴约而又不打电话道歉，那是绝对不理智的。为了确保面试不至于迟到，预先要考虑各种意想不到的情况，时间安排上要留有余地。

(八) 谨慎谈及工资报酬与福利问题

面试时，不要对工资报酬与福利流露出太多关心。一般来讲，福利待遇用人单位早已根据自身的情况拟定。尽管应聘者比较优秀，但用人单位可能雇不起。因此，在谈及工资报酬及福利待遇时，一定要谨慎。涉及工资问题，面试官可能直接问："你要求多高的报酬?" 应聘者要回避这个问题，不要做正面回答，要让对方主动说出一个数目。

(九) 必须准备好对方想听的内容

面试官到底想听应聘者说些什么? 别忘了一条宗旨——他们是在选好员工。一个好员工是这样的一个人：不只为薪水工作的人；可靠的人；有头脑、有精力、有热情的人；严于律己、组织性强、目标明确、善于把握时间的人；工作认真负责、任务完成出色的人；守时、按时上班或提前上班，下班后仍继续工作甚至在办公室干到很晚的人；热爱学习，有培养前途的人；机智灵活，善于应对各种情况，对工作环境适应力强的人。

三、面试的方法和技巧

(一) 应聘者的基本礼仪

(1) 提前 5~10 分钟到达面试地点，以表达诚意，给对方以信任感。

(2) 进入面试场合时，不要紧张。如门关着，应先敲门，得到允许后再进去。开关门动作要轻，以从容、自然为好。见面时，要向面试官主动打招呼，问好致意，称呼应当得体。在面试官没有请自己坐下时，切勿急于落座。面试官请自己坐下时，应道"谢谢"。离去时，应询问"还有什么要问的吗?"得到允许后，应微笑起立，道谢并说"再见"。

(3) 对面试官的问题要逐一回答。对方向自己介绍情况时，要认真聆听。为了表示自己已听懂并感兴趣，可以在适当的时候点头或适当提问、答话。

(4) 在整个面试过程中，应保持举止文雅大方，谈吐谦虚谨慎，态度积极热情。如果面试官有两位以上，回答谁的问题，目光就应注视谁，并应适时环顾其他面试官以表示对他们的尊重。

(二) 应聘者语言运用的技巧

(1) 口齿清晰，语言流利，文雅大方。
(2) 语气平和，语调恰当，音量适中。
(3) 语言含蓄、机智、幽默。
(4) 注意听者的反应。

(三) 应聘者回答问题的原则

(1) 把握重点，简洁明了，条理清楚，有理有据。
(2) 讲清原委，避免抽象。
(3) 确认提问内容，切忌答非所问。
(4) 有个人见解，有个人特色。
(5) 知之为知之，不知为不知。

(四) 消除过度紧张的技巧

面试成功与否关系到应聘者的前途，所以，大学生面试时往往容易产生紧张情绪。有些学生可能由于过度紧张导致面试失败，因此必须设法消除过度紧张情绪。

(1) 面试前，可翻阅一本轻松活泼、有趣的杂志、图书。阅读书刊可以转移注意力，调节情绪，克服面试时的怯场心理。

(2) 面试过程中，注意控制谈话节奏。进入试场致礼落座后，若感到紧张，先不要急于讲话，而应集中精力听完提问，再从容应答。讲话速度过快往往容易出错，甚至张口结舌，进而强化自己的紧张情绪，导致思维混乱。为了避免这一点，一般开始谈话时，可以有意识地放慢讲话速度，等自己进入状态后再适当加强语气和加快语速。这样，既可以缓解自己的紧张情绪，又可以扭转面试的沉闷气氛。

(3) 回答问题时，目光可以对准提问者。有的应聘者在回答问题时眼睛不知道往哪里看。人们的经验证明，魂不守舍、目光不定的人使人感到不诚实；眼睛下垂的人给人一种缺乏自信的印象；两眼直盯着提问者会被误解为向他挑战，给人以桀骜不驯的感觉。如果面试时把目光集中在对方的额头上，既可以给对方以诚恳、自信的印象，也可以鼓起勇气，消除自己的紧张情绪。

(五) 面试中的提问技巧

面试是通过当面交谈问答对应聘者进行考核的一种方式。在面试即将结束时，通常主考官会问类似"我们的问题都问完了，请问你对我们有没有什么问题要问？"这样的问题，众多应聘者对此常常茫然不知所措。其实，用人单位此举一是给应聘者了解企业的机会，二是借此进一步考查应聘者。此时，毕业生应抓住机会，通过向用人单位提问获取自己所需的信息，也可进一步表现自己。应聘者在提问时，需注意以下几个方面：

(1) 提出的问题要视主试者的职务而定。面试前，应聘者最好弄清主试者的职务，要知道主试者是一般工作人员还是负责人，是哪一级的负责人。要视主试者的职务来提问题，不要不管主试者是什么人，什么问题都问，搞得主试者无法回答，引起主试者的反感。

(2) 一般情况下，应聘者可向主试者提出以下几个方面的问题：一是单位在同行业中的地位、发展前景、所需人员的专业及文化层次和素质要求，二是单位的用工方式、内部分配制度、管理状况、经济效益和社会效益等。不要问类似"请问你们在我们学校要招多少人？"这样的问题，大部分单位都会回答"不一定，要看毕业生的素质情况"。

（3）注意提问的时间。要把不同的问题安排在谈话进程的不同阶段提出。有的问题可以在谈话一开始提出，有的问题可以在谈话进程中提出，有的问题则要放在快结束时再提。不要毫无目的地乱提，更不可颠三倒四反反复复提那么几个问题。

（4）注意提问的方式、语气。有些问题，可以直截了当地提出来，如贵单位人员结构、贵单位岗位设置等。有些问题，则不可直截了当地提出，而要婉转、含蓄一点。例如，了解求职单位职工收入情况和自己入职以后每月有多少收入等问题不可直接问，而应该婉转地问"贵单位有什么奖惩条例、规定？""贵单位实行什么样的分配制度？"等。因为这些问题清楚了，自己对照一下可能就会知道有多少收入。另外，在询问时，一定要注意语气，要给人一种诚挚、谦逊的感觉。

（六）应聘者面试的禁忌话题

面试时，有些话题是不能提起的：

（1）内心的性别或种族偏见。

（2）政治话题。

（3）宗教话题。

（4）喜爱的明星球队或运动员。

（5）为面试官取得某物或某种特殊商品的提议。

（6）尽量少谈及私人问题。

（7）漫无焦点地阐述。

（8）开口就问薪资待遇。

（七）巧答尴尬提问

（1）你对薪酬的要求是多少？

一般来说，面试的单位和应聘者在这个问题上没有很大的谈判余地，除非应聘者是对方急需的人才。因此，只要说各单位都有自己的规矩，表示自己会入乡随俗，薪水要经过工作实践来确定。

（2）你如何看待你所应聘的岗位？

通常，各个岗位在责任、权力、利益、分工、合作、技能、技巧等方面都有明确的要求，不能说"我能干这，也能干那"，而应该明确哪些是自己力所能及的。

（3）你如何证明自己是最优秀的？

这时，最好回答："以我所受过的良好教育以及此前的经验，我能够胜任这项工作，为单位的发展尽力。"

（4）你有什么业余爱好？

在回答这类问题时，应该既要显示自己的情调与修养，又要展现自己的事业心，以此为原则说明实际情况。

（5）你的住处离单位距离如何？

这也许是在试探应聘者对上班时间和加班的想法。如果这真是自己理想中的单位，而自己的住处离此单位又较远，应该在回答中表示会遵守单位规定的作息时间，按时上下班，如果需要经常加班则可以想办法住得近些，不会影响工作，也不会给单位添麻烦。

(6) 你有什么缺点？

谈到自己的缺点，可以说一些虽然是缺点但也可以理解为优点的话，如我性格耿直，原则性强，容易得罪人；是个工作狂，不会调整自己的生活等。

(八) 面试中常见问题的回答技巧

(1) 请你自我介绍一下。

思路：①这是面试的必考题目。②介绍内容要与个人简历相一致。③表述方式上尽量口语化。④要切中要害，不谈无关、无用的内容。⑤条理要清晰，层次要分明。⑥事先最好以文字的形式写好背熟。

(2) 谈谈你的家庭情况。

思路：①这对于了解应聘者的性格、观念、心态等有一定的作用，这是面试官单位问该问题的主要原因。②不宜简单地罗列家庭人口。③宜强调温馨和睦的家庭氛围。④宜强调父母对自己教育的重视。⑤宜强调各位家庭成员的良好状况。⑥宜强调家庭成员对自己工作的支持。⑦宜强调自己对家庭的责任感。

(3) 你有什么业余爱好？

思路：①业余爱好能在一定程度上反映应聘者的性格、观念、心态，这是面试官问该问题的主要原因。②最好不要说自己没有业余爱好。③不要说自己有哪些庸俗的、令人感觉不好的爱好。④最好不要说自己仅限于读书、听音乐、上网，否则可能令面试官怀疑应聘者性格孤僻。⑤最好能有一些户外的业余爱好来"点缀"自己的形象。

(4) 你最崇拜谁？

思路：①最崇拜的人能在一定程度上反映应聘者的性格、观念、心态，这是面试官问该问题的主要原因。②不宜说自己谁都不崇拜。③不宜说崇拜自己。④不宜说崇拜一个虚幻的或是不知名的人。⑤不宜说崇拜一个明显具有负面形象的人。⑥所崇拜的人最好与自己所应聘的工作"搭"上关系。⑦最好说出自己所崇拜的人的哪些品质、哪些思想感染着自己、鼓舞着自己。

(5) 你的座右铭是什么？

思路：①座右铭能在一定程度上反映应聘者的性格、观念、心态，这是面试官问这个问题的主要原因。②不宜说那些易引起不好联想的座右铭。③不宜说那些太抽象的座右铭。④不宜说太长的座右铭。⑤座右铭最好能反映自己的某种优秀品质。⑥参考答案——"只为成功找方法，不为失败找借口"。

(6) 谈谈你的缺点。

思路：①不宜说自己没缺点。②不宜把那些明显的优点说成缺点。③不宜说出严重影响所应聘工作的缺点。④不宜说出令人不放心、不舒服的缺点。⑤可以说出一些对于所应聘工作"无关紧要"的缺点，甚至是一些表面上看是缺点，从工作的角度看却是优点的缺点。

(7) 谈一谈你的一次失败经历。

思路：①不宜说自己没有失败的经历。②不宜把那些明显的成功说成失败。③不宜说出严重影响所应聘工作的失败经历。④所谈经历的结果应是失败的。⑤宜说明失败之前自己曾信心百倍、尽心尽力。⑥说明仅仅是外在客观原因导致失败。⑦宜说明失败后自己很快振作起来，以更加饱满的热情面对以后的工作。

(8) 你为什么选择我们公司？

思路：①面试官试图从中了解应聘者求职的动机、愿望以及对此项工作的态度。②建议从行业、企业和岗位这三个角度来回答。③参考答案——"我十分看好贵公司所在的行业，我认为贵公司十分重视人才，而且这项工作很适合我，相信我一定能做好"。

(9) 对这项工作，你有哪些可预见的困难？

思路：①不宜直接说出具体的困难，否则可能令对方怀疑应聘者不能胜任。②可以尝试采用迂回战术，说出对困难所持有的态度——"工作中出现一些困难是正常的，也是难免的，但是只要有坚韧不拔的毅力、良好的合作精神以及事前周密而充分的准备，任何困难都是可以克服的"。

(10) 如果我录用你，你将怎样开展工作？

思路：①如果应聘者对于应聘的职位缺乏足够的了解，最好不要直接说出自己开展工作的具体办法。②可以尝试采用迂回战术来回答，首先听取领导的指示和要求，然后就有关情况进行了解和熟悉，接下来制订一份近期的工作计划并报领导批准，最后根据计划开展工作。

(11) 与上级意见不一致，你将怎么办？

思路：①一般可以这样回答："我会给上级以必要的解释和提醒，在这种情况下，我会服从上级的意见。"②如果面试自己的是总经理，而自己所应聘的职位另有一位经理，且这位经理当时不在场，可以这样回答："对于非原则性问题，我会服从上级的意见；对于涉及公司利益的重大问题，我希望能向更高层的领导反映。"

(12) 我们为什么要录用你？

思路：①应聘者最好站在招聘单位的角度来回答。②招聘单位一般会录用基本符合条件、对这份工作感兴趣、有足够的信心的人。③答案——"我符合贵公司的招聘条件，凭我目前掌握的技能、高度的责任感和良好的适应能力及学习能力，完全能胜任这份工作。我十分希望能为贵公司服务，如果贵公司给我这个机会，我一定能成为贵公司的栋梁！"

(13) 你能为我们做什么？

思路：①基本原则为"投其所好"。②回答这个问题前，应聘者最好能"先发制人"，了解招聘单位期待这个职位所能发挥的作用。③应聘者可以根据自己的了解，结合自己在专业领域的优势来回答这个问题。

(14) 你是应届毕业生，缺乏经验，如何胜任这项工作？

思路：①如果招聘单位对应届毕业的应聘者提出这个问题，说明招聘单位并不真正在乎经验，关键看应聘者怎样回答。②对这个问题的回答最好要体现出应聘者的诚恳、机智、果敢及敬业。③可以这样回答："作为应届毕业生，在工作经验方面的确会有所欠缺，因此，在读书期间，我一直利用各种机会在这个行业里做兼职。我也发现，实际工作远比书本知识丰富、复杂。但我有较强的责任心、适应能力和学习能力，而且比较勤奋，所以在兼职中均能圆满完成各项工作，从中获取的经验也令我受益匪浅。请贵公司放心，学校所学及兼职的工作经验使我有信心一定能胜任这个职位。"

(15) 你希望与什么样的上级共事？

思路：①通过应聘者对上级的"希望"可以判断出应聘者对自我要求的意识。②最好回避对上级具体的希望，多谈对自己的要求。③可以回答："作为刚步入社会的新人，我会要求自己尽快熟悉环境、适应环境，对于环境的要求是只要能发挥我的专长就可以了。"

第三节　求职礼仪

📖【案例4-3】

❧ 细节展示修养 ❧

(1) 一家公司招聘行政助理，几个应聘者在一楼大厅接待处办好手续，接待人员让他们一起到三楼人力资源部去面试。在上楼梯时，一位怀抱文件的工作人员急匆匆下来，与他们撞了个正着，文件散落一地，只有一个应聘者停下来帮着捡起地上的文件，而其余的人都毫不犹豫地直奔三楼。结果，这位帮着捡起文件的小伙子被录取了。

(2) 恰科，法国一个银行大亨。他年轻时，工作并不顺利，52次应聘均失败。第53次时，他直接来到最大的一家银行的董事长办公室，可是没谈上几句又被拒绝了。他虽很失意，但还是礼貌地说完再见，转身往外走。忽然，他看见一枚大头针横在门口，他知道这东西虽小，但弄不好也会对人造成伤害，就弯腰把它拾了起来。第二天，他出乎意料地接到了这家银行的录用通知。原来，他拾大头针的举动被董事长看见了。

(3) 一位涉外文秘专业毕业的女孩玲玲，在一家外资企业应聘总经理秘书，顺利通过了初试、复试，最后一关是总经理面试。玲玲凭借自己出色的专业知识和流利的英语口语赢得了总经理的赞许，当面试快结束时，总经理故意碰了一下桌子上的文件，一页文件掉在了地上。但玲玲似乎没有注意到这一动作，她仍在兴致勃勃地说话，总经理这时也似乎没了刚才的兴趣，对玲玲说："面试就到这里吧！"玲玲一脸茫然地出去等待结果。一会儿，人力资源部的经理来了，被录取的是另外一个人。经理遗憾地对玲玲说："我们本来很看好你的，但你连捡一张纸都不愿意，又怎么能当个好秘书呢？"

人们常说："一屋不扫，何以扫天下。"从一件小事、一个细节，就可以看出一个人的本性。小伙子弯腰捡文件，有助人为乐的精神；恰科拾起一枚大头针，显示了他细心、为他人着想的品格；而玲玲的失败也恰恰是因为她缺乏这种礼仪。"面试8秒钟第一印象，是考查应聘者是不是专业人员及能否胜任所应聘职位的重要因素。人生由3亿多个8秒钟组成，但应聘者的命运却决定于那为数不多的几个8秒钟。在仅仅8秒钟之后，应聘者就给主考官留下了印象：能力大小、有无团队意识、自信程度、符合征聘的要求或让人失望等。第一印象会直接决定应聘者的面试沟通是否成功。"

(资料来源：沈宏. 衣仪天下[M]. 北京：中信出版社，2010. 有删改)

一、服装饰品

服装饰品是求职者留给面试官的第一印象，良好的穿着装扮、发型设计能为求职加分不少。同时，得体的穿着装扮能增加自信，使求职者在接下来的面试中发挥得更好。

服装：选择服装的关键是看职位要求。应聘银行、政府部门、文秘，穿着偏向传统正规；应聘公关、时尚行业等，则可以适当在服装上加些流行元素，显示出自己对时尚信息的捕捉能力。仪表修饰最重要的是干净整洁，不要太标榜个性，除了应聘娱乐影视广告这类行业外，最好不要选择太过突兀的穿着。对于应届毕业生来说，应有一些学生气的装扮，即使面试名企，也可以穿休闲类套装。它相比正规套装面料、鞋子、色彩的搭配自由度更高。值得注意的是，应聘时不宜佩戴太多饰物，这轻易分散考官的注意力，有时也会给考官留下不成熟的印象。

化妆：女性切忌浓妆艳抹，男性最好不要有夸张文身。化妆要自然而不露痕迹，且弱化个性、强调共性。女性可以用薄而透明的粉底营造健康的肤色，用浅色口红增加女性的自然美感，用棕色眉笔调整眉形，用睫毛膏让眼睛更加有神。男性可以简单化妆，给人干净、阳光的感觉即可。在香水的使用上要格外谨慎，避免使用浓烈或者味道怪异的香水，淡淡的清香即可轻易让别人产生愉快的感觉。

发型：发型不仅要与脸形配合，还要和年龄、体形、个性、衣着、职业要求相配合，这样才能体现出整体美感。首先，求职忌颜色夸张怪异的染发，男性忌长发、光头。其次，发型要根据衣服正确搭配，如穿套装，最好将头发盘起来，这样才显精神。再次，要善于利用视觉错觉来改变脸形，如脸形过长的人，可留较长的前刘海，并且尽量使两侧头发蓬松，这样长脸看起来不太明显；脖颈过短的人，则可选择干净利落的短发来拉长脖子的视觉长度；脸形太圆或者太方的人，一般不适合留齐耳的发型，也不适合中分头型，应该适当增加头顶的发量，使额头部分显得饱满，在视觉上减弱下半部分脸形的视觉宽度。最后，根据应聘的不同职业，发型也应有所差异。比如应聘空姐，盘发更加适宜；而艺术类工作对发型的要求更宽泛一些，适当染一点色彩或者男生留略长一点的头发也可以接受。但不管设计什么发型，都应保持头发清洁。

二、面试语言

假如说外部形象是面试的第一张名片，那么语言就是第二张名片，它客观反映了一个人的文化素质和内涵修养。应聘者在主考官面前，往往容易由于胆怯和紧张发挥失常。心态决定状态，只有很好地驾驭心态，才能让自己的行为表现积极起来。面试语言要做到以下几点：

(1) 有明确的职业规划。面试中经常会碰到这几个问题：你如何看待这个职位？怎么理解工作内容？你的职业目标是什么？这些问题表明一个了解工作内容、有明确职业目标、有清楚职业规划的应聘者是受企业欢迎的。切忌"你看我适合干什么"或者"这几个职位我都可胜任"这样的回答。应聘者可以通过询问公司的培训制度、晋升制度、员工规则等，来代替直接询问"薪酬福利""是否加班"这些略带功利性的问题，以显示自己眼光长远。

(2) 显示出聪明。例如，考官提问说："我想请你担任某个差班的班主任，在你之前已有5个班主任离任了。" 应聘者该如何做？应聘者大多滔滔不绝地讲述了自己的授课方式和带班经验，只有一位回答说："我会和前5位班主任沟通，将他们的经验和教训一一总结。"如今的面试问题已不再局限于工作内容的阐述和专业性问答，凡是针对高层领导的面试，更多的是考核应聘者是否聪明和其应变能力，这时一个聪明的回答才能让应聘者脱颖而出。

(3) 避免五种语言。有五种不利于求职成功的语言：言过其实、自卑、自负、请求和恭维。"我从原单位辞职，决定破釜沉舟，干一番大事业"，这样自负的话会吓到面试官；"我父母下岗，家里全靠我支撑，请给我一次机会"，这样请求的话也不可取，因为企业挑选人是为了创造价值而不是施舍。过分谦虚自卑，会给人没有主张、懦弱胆怯的印象。相反，谦虚、诚恳、自然、亲和、自信的谈话态度会让应聘者在任何场合都受到欢迎。语言能力不是一蹴而就的，平时要注重积累，不断培养自己的倾听能力、思维能力、记忆能力和联想能力。

三、形体语言

应聘者在面试过程中不经意表现出的形体语言对面试成败非常重要，有时一个眼神或者手势都会影响整体评分。这里给出几条建议，应聘者可以对照着自己演练。

眼神：眼睛是心灵的窗户，恰当的眼神能体现出聪明、自信以及对公司的向往和热情。正确的眼神表达应该是：礼貌地正视对方，但应避免长时间注视对方，否则易给人咄咄逼人之感；目光可 3 秒钟移动一下，注视的部位最好是考官的鼻眼三角区(社交区)；目光平和而有神，专注而不呆板，眼神不要因紧张而飘忽不定；切忌斜视、下视、仰视，更不能有飘荡、心不在焉，甚至挑逗的眼神。

手势：有些应聘者由于紧张，双手不知道该放哪儿，而有些应聘者过于兴奋，在侃侃而谈时舞动双手，这些都不可取。不要有太多小动作，这是不成熟的表现，更忌抓耳挠腮、耸肩，为表示亲切而拍对方的肩膀等。

坐姿：良好的坐姿也是给面试官留下好印象的要素之一。可全身稍稍放松，否则会显得坐姿僵硬；坐椅子时最好只坐 2/3，不要靠着椅背；上身挺直，这样显得精神抖擞。女生最好两腿并拢，身体可稍稍倾斜，不可抖动双腿或将双手叉于胸前。

📖【资料链接4-2】

❧ 电话面试礼仪 ❧

1. 充分了解应聘公司的文化背景

俗话说，"知己知彼，百战不殆"。在面试之前要充分做好准备，收集应聘公司的相关资料思考电话中要说什么、对方可能会问些什么，理清说话的顺序，备齐与通话内容有关的材料。这样才能从容应对电话面试。

2. 注意通话方式方法

接通电话后，切忌脱口而出一个"喂"，应先向对方问声"您好"，如此会留给对方较好的第一印象。在明确对方的身份后，要主动自我介绍。要注意礼貌用语，经常使用"请讲""请问"等。

3. 控制语气语调，把握好语速

通话时，态度要谦虚，声调要温和并富有表现力，语言简洁，口齿清楚。要尽量保持与对方相同的语气、语调、语速。打电话的时间不宜过长，但要说清，同时让对方听清。通话结束要说"谢谢，再见"，切不可随意打声招呼就挂断电话。

4. 注意倾听，用心专注

打电话时要认真倾听对方讲话，重要内容要边听边记。如果对方说出他的名字或职务时，一定要用心记住。同时，要礼貌地呼应对方，适度附和、重复对方话中的要点，不要只是说"是"或"好"，要让对方感到自己在认真听他讲话，但切记不能轻易打断对方的谈话。

5. 精心自荐

要想在求职电话中充分展示自己的优势，尽可能地给对方留下深刻清晰的印象，除了使用打电话的技巧，最重要的是利用电话自荐的方法。当对方回应后，可以做简短的自我介绍，除了姓名、学历和所学专业外，要用简短的话语表达自己的经历。当对方表示出愿意与你做进一步的交流时，就说明介绍已经初见成效。对于接下来的询问，一定要注意捕捉对方最为关注的问题及兴趣所在，然后积极思考，运用恰当的语言和表达方式使回答达到最理想的效果。

接到电话面试，讲究技巧和礼仪，不仅有助于提升自己的形象，更有助于获得求职的成功。

(资料来源：作者根据相关资料整理)

问题思考

1. 你所了解的面试有哪几种形式？对于每一种形式你做过哪些了解？
2. 面试用语和肢体语言需要注意哪些方面？
3. 和你的同学组织一场模拟面试。

信息园

面试之后做什么

面试结束后，并不是只能坐等成功或坐以待毙了，还有一些事情可以去做，这是一种礼貌，更是提高求职成功率的好办法。在求职的过程中，许多求职者只留意面试时的礼仪，而忽略了面试后的善后工作。

1. 写封感谢信

为了加深招聘人员对自己的印象，增加求职成功的可能性，在面试后的两三天内，求职者最好给招聘人员写封信表示感谢。感谢信要简洁，最好不超过一页纸。感谢信的开头应提及自己的姓名、简单情况和面试的时间，并对招聘人员表示感谢。中间部分要重申对公司、应聘职位的兴趣。结尾部分表达对自己的信心，以及为公司的发展壮大做贡献的决心。

2. 耐心等待结果

一般情况下，每次面试结束后，招聘主管人员都要进行讨论和投票，然后送人事部门汇总，最后确定录用人选，这个阶段可能需要三五天时间。因此在这段时间内，一定要耐心等候消息，不要过早打听面试结果。

3. 收拾心情

如果同时向几家公司求职，在一次面试结束后，要注意调整自己的心情，全身心投入第二家单位的面试。

4. 查询结果

一般来说，在面试的两周之后或主考官许诺的时间到来时还没有收到对方的答复，就应该写信或打电话给招聘单位，询问面试结果。

5. 做好再冲刺准备

应聘中不可能个个都是成功者，万一在竞争中失败了，千万不要气馁，这一次失败了，还有下一次，就业机会不止一个，关键是必须总结经验和教训，找出失败的原因，并针对这些不足重新做准备。

(资料来源：作者根据相关资料整理)

第五章

求职心理

幸福生活是靠劳动创造的，大家要保持平实之心，客观看待个人条件和社会需求，从实际出发选择职业和工作岗位，热爱劳动，脚踏实地，在实践中一步步成长起来。

——2022年6月8日，习近平在四川考察时的讲话

📖【案例5-1】

∽ 刘某的困惑 ∾

刘某是某工业大学工商管理专业的大四学生，学习比较用功，成绩中等。她是一个非常乖的女生，但从小到大，家里总是对她不放心，很多事情都是直接帮她安排好的。初中、高中的时候，她的学习成绩一直都不太好，家里的长辈就更操心她的事情了，喜欢事事都帮她想好应对的法子。渐渐地，她也习惯很多事情都听从父母的决定。

同样，这次当她刚开始思考自己的实习去处的时候，父母已经帮她安排好了实习单位。他们认为，女孩子要找个安稳一些的、工作环境好一些的工作。所以他们通过关系，给刘某找了图书馆管理员的实习工作。对这份实习工作，其实刘某不怎么喜欢，她想从事的是专业相关的工作，但这又是父母花了心思帮忙找的工作，刘某说不出拒绝的话，只得打起精神，先去实习。

一个多月的实习之后，刘某开始熟悉图书馆管理员的工作，但是却始终对这份工作提不起热情。她把自己的想法告诉了父母。但是，父母并没有支持她。他们认为工作就是谋生手段，喜欢不喜欢不是最重要的；现在找工作那么不容易，家里帮忙搭好线有什么不好？刘某说服不了父母，只得继续实习下去，心里一直闷闷不乐。之后，她又和父母提过几次这样的想法，父母总是有理由去说服她。

看到周边的同学有些已经找到心仪的工作，刘某非常低落。看到刘某真的非常不喜欢这份实习工作，父母思索再三之后，又托人给刘某找了一份实习工作。这次去的是某知名银行，刘某觉得这个单位和自己的专业非常对口，实习的时候也特别用心。领导分配给她的工作任务是整理金融用户单据，她每天都要和各类单据打交道，非常单调，但从中也学到了一些东西。可惜的是，那家银行当年没有争取到招聘指标。所以，刘某只能再一次寻觅实习单位。在父母的帮助下，她去了一家招投标公司实习，专业还算对口。去的第一周，基本上没有什么事情可以做，刘某也不在意，认为刚开始过去总是要熟悉环境的。第二周开始，刘某接到了自己的工作

任务，负责部门内的发票报销。用刘某的话来说，这家单位的发票报销非常"变态"：所有的出租车票要剪成大小一样的，一张张贴好。每天刘某做得最多的事情就是剪发票和贴发票，专业相关的工作一点也没有接触到。更让她觉得无法忍受的是财务室的那些人总是鸡蛋里面挑骨头，报销的时候经常免不了被她们冷嘲热讽几句。所以，刘某兴高采烈地过去实习，结果又是大失所望。实习了2个月之后，公司提醒刘某可以签三方协议了，刘某很犹豫：这份工作和她设想的差别太大，可还有2个月就毕业了，班里面的大多数同学都已经找好工作，再不签约就晚了。

（资料来源：作者根据相关资料整理）

📖【课前思考】

1. 如果你是刘某，你会怎么做？
2. 你觉得积极的就业心态有哪些？

第一节　求职心态及误区

📖【资料链接5-1】

❧ "00后"走向职场 求职心态更多元 ❧

与"80后"积极就业相对的是"00"后的"佛系"心态。智联招聘发布的《2021大学生就业力报告》显示：2021届毕业生就业心态显"佛系"，单位就业比例不足六成。同时，随着"00后"步入职场，他们对诸如"996"工作制、职场PUA等让打工人有苦难言的问题"勇敢发言""不惯着"，被打上了"整顿职场"的标签。

山东就业大数据分析师吴强对20年来的职业形态之变有亲身经历。在他看来，"80后"到"00后"的就业观念发生了从生存到发展的转变，从关注当下养家赚钱到关注未来个人职业生涯前景，是20年逐渐演变的过程，没有"基因突变"的标志性时间点。"80后"至"90后"大学生就业的这10年，社会处于经济高速发展阶段，这带来非常多的就业和创业机会，而"90后"至"00后"这一代，物质极大丰富，"生存"显然不是大部分新生代面对的首要问题，他们相对更追求个人价值的体现，渴望被尊重，并提升生活的幸福感。

（资料来源：http://www.chinanews.com.cn/sh/2022/09-14/9851700.shtml，有删改）

一、什么是求职心态

一个人的心理素质是在先天素质的基础上，经过后天的环境与教育的影响而逐步形成的。通常所说的心理素质与心理健康是有区别的。心理素质包括人的认知、情绪情感、意志、气质和性格等诸多方面的品质。心理健康指的一个人积极适应环境的能力或状态。但是两者又是紧密相关的，良好的心理素质是保持心理健康的基础，而健康的心理状态又是培养良好心理素质的基本条件。

求职心态是指大学生对于自己的求职目标定位，对于求职过程中出现的负面情绪、困难与挫折等的一种心理状态，受个人心理素质的影响，其有积极和消极之分。其中，积极的求职心态能够帮助大学生直面就业时的困难和挫折，以乐观的心态分析问题、扬长避短，运用自己的智慧和行动来改变现实，为顺利毕业、成功就业做好准备，最终实现自己的求职目标。

二、常见求职心理误区

心理误区是指人在心理上特别是在认识和人格上陷入无出路而不能自拔的境地，且本人对此又缺乏意识的状态。面对择业，学生的心理往往是复杂而多变的，可能渴望却恐惧，可能喜悦却忧虑，这种复杂的心态往往使学生在就业过程中产生种种心理矛盾，甚至走入一定的心理误区。

(一) 自卑心理

自卑是一种缺乏自尊心、自信心的表现。大学生在求职择业的市场上或者在面试过程中，当看到和自己一起来应聘的有许多条件更为优秀的人时不免产生自卑心理，有的甚至不敢向用人单位展示自我，导致不战而败。有这种心理的大学生往往对自己的能力评价过低，看不到自己的长处和优势，觉得自己处处不如人，觉得自己性格内向，不善言谈，所学专业市场前景不好，自身专业知识、技能不如他人。他们在求职择业过程中不敢大胆地展示自己，在有限的机会面前畏缩退让，缺乏竞争的勇气，不敢主动参与就业竞争，即使对自己能胜任的工作也不敢说"我能行"，而总是说"试试看"，以致错失良机。

(二) 自负心理

自负也是大学生就业过程中非常常见的一种心理表现。与自卑心理相反，一些毕业生因为对自己不足和就业困难估计不足，觉得自己所学专业热门紧俏，或者因自身条件较为优秀等，觉得自己是"皇帝的女儿，不愁嫁"，不切实际地挑选用人单位。在这种自负心理的支配下，毕业生在求职择业时往往会好高骛远、眼高手低，给用人单位留下浮躁、不踏实的印象，不受用人单位的欢迎，也会因此失去很多就业机会。

(三) 焦虑心理

焦虑心理的一种特殊表现就是急躁，尤其是在工作未确定之前，这种心理表现得尤为明显。比如，埋怨用人单位优柔寡断，希望在应聘现场就能一锤定音、被用人单位录用并签约。急躁心理还表现为一些大学生在对用人单位的企业规模、发展前景、薪酬水平及用人机制等都不了解的情况下就草草签约，一旦发现不如意则追悔莫及，导致毁约现象的出现，给用人单位留下极差的印象，也使自己失去了找到理想工作的良机。

📖 【资料链接5-2】

❧ **"同辈比较"是受访求职者心理压力首要来源** ❧

近日，中国青年报社会调查中心联合问卷网(wenjuan.com)，对2000名求职者进行的一项调查显示，"同辈比较，担心落后于他人"是受访求职者求职心理压力的首要来源。67.9%的受访求职者期盼求职心理辅导，如何认识自我(55.9%)是受访求职者最期待的内容。

受访者中，男性占41.8%，女性占58.2%；应届生占52.8%，往届生占47.2%。

来自广东的陈欣玲(化名)去年本科毕业，她表示这几年随着硕博毕业生和归国留学生的不断增多，求职竞争越来越激烈。2021年秋招，陈欣玲没能顺利地实习转正，在几度面试无果后，她变得很焦虑。

在长沙工作的方子洁(化名)本硕都毕业于"双一流"高校，这位别人眼中的"高才生"在去年求职时也经历了十分焦灼的过程，"每天都在不断海投简历、找实习，不敢让自己闲下来"。

今年毕业的梅×寒是某师范大学发展心理学专业的硕士研究生，在她看来，在求职中感受到心理压力是很正常的现象，"我觉得负面情绪有它的存在价值，比如焦虑就是提醒你要做事了"。

梅×寒表示，每当感觉压力大时，她就会适时地停下来，睡一觉或出去走一走，找身边朋友吐槽一下，心情就会好很多。

调查显示，89.2%的受访求职者表示在求职过程中感受到心理压力。面对求职压力，54.0%的受访求职者可以很快调整好状态，但有24.7%的受访求职者表示不能很好地进行自我调节，还有21.3%的受访求职者表示不好说。

陈欣玲说，"同辈压力"是她在求职过程中的主要压力来源之一，"你会发现跟你竞争的人越来越优秀"。

调查中，47.9%的受访求职者认为求职压力的来源是"同辈比较，担心落后于他人"，其获选率在所有选项中位列第一。还有39.5%的受访求职者认为是"自我要求严格，时常感觉不自信"。

(资料来源：http://zqb.cyol.com/html/2023-04/12/nw.D110000zgqnb_20230412_2-07.htm，有删改)

(四) 嫉妒心理

嫉妒心理就是在就业过程中对他人的成就、特长或优越的地位等既羡慕又敌视的情绪。这种心理的主要特征是把别人的优势视为对自己的威胁，甚至因此感到心理不平衡。在择业问题上，嫉妒心理通常表现为因别人某些方面择业条件好或找到比较理想的工作，产生羡慕转而痛苦而又不甘心的心态，甚至采取背后拆台等不良手段，不让他人在择业方面超越自己。就业过程中产生的嫉妒心理往往会使人把朋友当对手，使彼此关系恶化，还会使人陷入内心的矛盾与痛苦，当然也会影响求职的顺利进行。

(五) 实惠心理

不少大学毕业生在求职过程中过分看重实惠和地位，一心只想进大城市、大公司，去沿海经济发达地区，到挣钱多、待遇好的单位。这类大学生选择职业时，往往会把"工作条件好、经济收入高、社会地位高"作为择业的目标，而不愿意去基层单位。当然，希望选择一份既能施展才能、实现人生价值，又能获取高收入、高地位的工作无可厚非，有其合理性，但若是不对这一心理加以引导，任其发展，会使大学生择业面变窄，甚至会直接导致大学生求职失败和困难。

(六) 攀比心理

攀比心理是指大学生在择业过程中不从自身实际出发，不考虑所选单位是否适合自己，盲目与他人攀比的心理。有攀比心理的大学生认为自己各方面条件都与其他同学差不多，那么所选择的工作也不应该有太大的差别。当看到与自己成绩、能力水平都差不多的同学找到薪水高、效益好的单位时，心里充满嫉妒和不满。事实上，每个人生活的环境、家庭背景以及能力和性格、机遇是不尽相同的，在就业目标和就业选择上往往也不具有可比性。有攀比心理的毕业生将注意力过多地集中在他人的就业取向上，而不是放在如何提高自己的就业竞争力上，这样很难找到适合自己的工作。

(七) 从众心理

从众心理是指个体在群体压力下，在认知、判断、信念与行为等方面与群体多数人保持一致的心理，通俗点讲就是"随大流""人云亦云"，表现为一味追求大多数人认可的工作，过于追求热门行业、职位，盲目考研、出国，却很少根据自己的实际情况做出切合实际的选择。大学生正处于人格逐渐完善和成熟的阶段，容易受社会潮流和社会观念的影响，缺乏主见，择业观念容易受到舆论的影响，过于追求热门单位、热门岗位，不从职业发展、个人前途、国家需要等方面去考虑。这种从众心理的存在会使大学生错过许多就业机会。

(八) 依赖心理

依赖心理即"等现成、靠别人"的心理。部分大学生在就业过程中有比较严重的依赖心理，缺少主见和主动性，没有明确的择业思路，又把就业的希望寄托在学校、老师、家长身上。这种依赖心理的一个重要表现是等的心理、靠的心理，即依靠关系就业的心理：等待学校给自己推荐，等待用人单位找上门，等待父母亲友给自己找工作。依赖心理的另一个表现是缺乏主见、缺乏独立意识，在选择职业时过于依赖父母、老师、亲友的意见，自身缺乏应有的分析能力和决策能力，这往往使他们在择业中处于被动状态、处于劣势。

对于大学生就业过程中出现的种种心理误区，要给予正确的认识，不可一概视为消极心理。只有处在心理矛盾之中时，他们才会寻求解决办法，寻找心理出路，也才能使他们的心理发展趋向成熟。为此，要积极引导学生挖掘择业心理中的积极因素，调整就业心态，合理择业。

第二节　求职心态调适

📖【资料链接5-3】

∾ 求职路上，这些困惑怎么解 ∾

1. 就业最应看重契合度

提问：找工作最应该看重什么？薪资是否是第一标准？

某大学教育学院讲师吴某说：衡量一份工作好不好，涉及两方面，既包括薪资等收益，也包括个人成长、精神需求、工作环境、职业稳定等因素。

当前，大学毕业生的年龄层普遍移至"95后""00后"，这一群体思想意识与行为方式愈发显露出"原子化"社会形态的特点，更加以自我为中心，更加注重教育与就业的匹配度、个人精神需求的满足度、亲密关系的融洽度等，而这些都不是一份简单的薪酬所能衡量的。

从现实情况来看，大学毕业生存在低薪酬预期与高舒适追求之间产生的就业期望分化状态。有报告显示，2022届毕业生的平均期望月薪比2021年下降6%，表明学生愿意降低薪资要求，从而适应就业市场。但毕业生对工作的稳定感、工作环境与人际关系的融洽、居住通勤的舒适要求比以往更高，更加希望工作能够符合个人的精神兴趣与舒适追求。从职场新生代"90后"的就业表现来看，其离职率高于平均水平5个百分点。在社会新闻中也多出现刚入职的年轻人主动离职的报道，体现了当前毕业生就业预期与现实工作间的突出矛盾。

因此，在大学生的就业选择中，薪资水平固然重要，但不应该也不再是择业的第一标准。吴某认为，当前大学生就业最应当看重工作与个人的契合度，这种契合不仅仅指专业对口、就业对口，更是从人生态度、发展预期、互动环境到生存需要的多维度契合。高契合度的工作能够给个人带来极大的获得感，使个人成为工作的"主人"；而低契合度的工作即使薪资待遇很高，也只会让人沦为工作的"机器"，直至支配占据个体的全部生活。当然，每个人对自身契合性的要求也存在差异，不可一概而论。

一是人生态度的契合，即个人的价值观与生活态度是否与工作要求、标准保持一致，特别是个人价值能否在工作中得到实现，个人能否在工作中有精神上的收获感与满足感。二是发展预期的契合，应从长远角度审视工作的意义，注重个人成长性，尤其是注重自己能否从初次就业中认识社会、积累经验、提升自我，从而真正实现成长。三是互动环境的契合，重点衡量自己的性格、处事方式能否适应所选择的行业、单位、平台、团队，良好的人际互动与环境将使工作事半功倍。四是生存需要的契合，也就是个人短期内看重哪些物质回报，究竟是争取更高的工资，还是注重职业的隐性福利，如住房、保险、假期等，关键还是要认清个人的潜在付出与工作的实际价值，列出优先级，切忌贪多，做好权衡取舍。

2. 专业不只是人才"加工厂"

提问：我应该找专业对口的工作吗？如果没从事专业对口的工作，总感觉浪费了这么多年的专业学习。

某外国语大学国际教育学院博士后、讲师寇某认为，谋得一份专业对口的工作不仅避免了"浪费"专业学习的问题，这份工作还能成为从校园到职场转型阶段的关键抓手。如能实现专业、职业同个人性情与价值目标的契合，更是今后漫长职业生涯和社会生活的一件幸事。一门专业不仅是凭借辛勤学习换来的工作技能，还是一条连接个人价值与社会需求的纽带，更是塑造自我的精神家园。

随着教育体系和劳动力市场越发健全，文凭和求职、专业和职业的相关性也越来越紧密。不知不觉中，"上大学""选专业"和"找工作"画上了等号，求职顺利与否、薪资体面与否成为衡量学科专业价值的标准。

但在用"成本收益"的眼光评判专业和职业价值的同时，我们不能忽视学习一门专业、从事某项职业的"人"。专业和职业的关键意义在于：在高度分工的现代社会，劳动者必须拥有一定的专业知识，从而在实践中发挥其心智活力，进而实现自身价值。一门合适的专业、一项有意义的事业，定能激励人专注踏实地把事做好，让人从一项项具体工作中获得成长和进步。只有这样，人、专业和工作三者方能实现契合。

因此，当年轻人纠结"应不应该找专业对口的工作"时，要思考的问题其实是：专业学得开不开心？有没有信心将所学的专业发展为未来事业？求学阶段，学校和家庭应为学生提供一片支持其自主探索专业兴趣的天地，使其尽可能学有所好、学有所成。选择工作岗位时，年轻人还需再度结合专业知识和工作内容进行斟酌：如果只把专业看作敲门砖，就要考虑好今后专业与工作不对口的可能挑战。如果把专业看作完成工作的基本技能，就还需在发挥专业能力的同时，运用工作岗位的平台继续探寻能力生长点，拓展事业空间。当然，如果有信心、有能力从专业领域出发建立一项值得长久耕耘的事业，就可以称得上找到了人生志业，这定会让人收获一幅充实、幸福而有意义的人生画卷。即便是用"成本收益"的思维来做选择，也要有更长远的眼光，将短期求职同长期发展结合起来、通盘考虑。

最后，专业说到底还是一种教育，它注定会在潜移默化中给年轻人的性情与思维带来长久影响。学科专业不只是面向社会分工培养专业人才的"加工厂"，学科的根基在于人类面向自然、社会和技术领域所形成的专门知识；学科学习也并不是把具有经济效益的知识"灌"进学生脑袋，而是将经过凝练的生活经验与智慧传承下去，带给学生看待世界的一套思维体系。专业学习还是一种日复一日的训练和熏陶，磨砺习惯性情，传递价值观念。面对漫长而难免坎坷的职业路途，好的专业教育所蕴含的思想智慧和心智历练将会在风浪中为年轻人送去披荆斩棘的精神动力。

（资料来源：https://epaper.gmw.cn/gmrb/html/2023-03/28/nw.D110000gmrb_20230328_1-14.htm，有删改）

一、影响求职心态的因素

大学生的择业过程受到个人素质、价值取向、人才供求、家庭情况等诸多因素的影响，由此产生的各种矛盾和冲突给大学生带来挫折感，导致大学毕业生在求职过程中产生心理失衡，甚至走入某些心理误区，影响了他们的职业选择和心理健康。影响求职心态的因素虽然是多样的，但归纳起来，可以概括为客观因素和主观因素两个方面。

（一）客观因素

1. 社会因素

虽然"双向选择、自主择业"的择业模式较好地解决了人才个体的合理使用问题，也进一步确定了大学生在择业过程中的主体地位，充分调动了当代大学生的积极性和主动性，但目前我国当代大学毕业生的择业市场机制尚不健全，存在不少问题，如户籍问题、供需信息不畅、就业制度改革不配套、择业市场与协议缺乏权威性、择业公平性不够等，加之大学生作为社会中独特的群体，要面临环境适应、学习、就业等诸多压力挑战，心理负担颇大。此外，社会保障体系不健全、不良的社会风气等也给大学毕业生的择业带来了一定的心理压力。

2. 高校因素

目前，国内高等学校地域分布不合理，高校专业设置和课程体系没有很好地紧贴地方或区域经济的发展需要，高校职业指导工作相对社会的快速发展滞后，高校职业指导工作在观念上存在问题，等等，都是造成人才培养与社会需要脱节的原因，也导致毕业生不适应市场需求，择业困难，这也必然会加大大学毕业生的择业心理压力。

3. 用人单位因素

偏重能力与学历双高标准、用人单位对人才的高消费也给大学生带来了就业心理压力。随着择业环境的不断变化，现代人力资源的管理理念不断被引入企业和其他各类组织，用人单位更加关注人力资源的高效率，注重实用型人才的选择和对大学生综合能力的考查，精心挑选成为大多数用人单位的必然选择。毕业生往往要过五关斩六将才能通过用人单位的精挑细选，实现自己的择业梦想。这在一定程度上给大学毕业生带来了巨大的就业心理压力。

4. 家庭因素

家庭作为个人社会化教育的第一所学校，其经济条件、父母职业等都会对大学生的就业目标产生影响。从目前国内的家庭状况来看，受传统思想和观念的支配，不考虑子女的主观愿望和个性特点的家庭不占少数。相当一部分家长喜欢给子女设计好择业蓝图，按照他们自己的想法给子女安排一切。当家长和子女就业想法不一致，甚至大相径庭的时候，大学毕业生所承受的择业心理压力不可言喻。

(二) 主观因素

1. 大学生特有的心理特点

处在这个时期的大学毕业生多幻想、好冲动，接受事物快，自我意识强。但是，大学生的心理发展尚不成熟、不稳定，生理与心理发展存在着明显的不同步，加上知识结构不完善、个体生活体验差别等因素，他们的个性心理特征有着较大差异，在求职择业中也会表现出心理活动的复杂性和矛盾性。

📖【案例5-2】

❧ 专业不对口不重要，延续梦想才最重要 ❧

"为了能做一个真正的舞蹈教师，我从高中就开始准备了。"李某说。

用李某的话来说，她从8岁开始学习舞蹈，梦想和热爱都献给了舞台。不过，由于脚踝的旧伤，李某不得不放弃职业舞者的道路，在报考大学时调剂进入了东部省份某师范大学的人力资源管理专业。

"在我看来，职业只是实现梦想或者是延续梦想的一种途径，虽然专业不对口，但这并不影响我选择做一名舞蹈教师。"目前，李某已经拿到了某家教育培训机构舞蹈教师岗位的Offer。

李某找的这份工作，虽然能延续其梦想，但在职业发展和养老保障方面却存在一定的局限性。"舞蹈是一碗'青春饭'，这是不争的事实。在薪资方面，尽管舞蹈教师的收入在行业内相对较高，但基础薪资偏低，五险一金的缴纳比例低，与其他较为稳定的工作相比，缺乏对未来的保障。"

不过，李某说，自己不可能跳一辈子舞，但一想到自己青春里会有这样一段熠熠发光的旅途，她就已经心满意足了。"等到什么时候自己跳不动了，就和朋友一起开个舞蹈工作室，看别人跳。如果不追逐自己的梦想，那一切又有什么意义呢！"

(资料来源：http://www.chinanews.com.cn/cj/2022/05-16/9755480.shtml，有删改)

2. 不恰当的自身期望值

一些大学毕业生缺乏社会实践经验，对社会了解不多，在分析就业困难和自我评价上缺少理性的眼光。面对激烈的就业竞争和一些不公平的择业现象，他们往往不能客观地认识社会、评价自我，从而引发现实自我与理想自我、自我期望与社会需要之间的矛盾，导致择业时期望值过高或过低。

3. 心理素质脆弱

心理发展不成熟、不稳定，阅历相对单一，社会实践经验缺乏，使得一些大学毕业生在面对复杂的社会环境以及种种就业压力时，不善于调整自己的心态，不能正确地认识问题和分析问题，容易产生焦虑、冲动、自卑、自负等不良情绪。特别是一旦遇到挫折便容易出现心理失衡，产生一系列心理问题。

二、大学生求职心态调适

(一) 客观评价自我，树立正确的职业观

正确的自我评价是当代大学生择业的基础，在就业过程中客观全面分析自己的实力，做出对自己实事求是的评价非常重要。大学生在求职过程中表现出来的自卑、自负、焦虑、依赖等不良心理很大程度上是因为他们对自我的认识不够全面和客观。大学生要清楚了解自己的优势和劣势，认真思考如何在面试时扬长避短，展现自己最好的一面，做到有备而来。

面对择业中的各种矛盾问题，毕业生需要进行思考和自我反省：我的职业发展方向是什么？我的性格气质是什么？我的优势和劣势是什么？等等。此外，还可以通过与自己条件、情况类似的人进行比较，通过他人的评价和态度，通过所参与的社会活动的结果等来客观认识自己，以避免孤立地认识和评价自己。大学生只有不害怕、不紧张、泰然自若、轻松自如，才能在求职过程中举止得体、思维敏捷，准确表达自己的所思所想。

(二) 有效的心理调节和控制

1. 合理宣泄

当处于焦虑、抑郁等负面情绪状态时，要及时宣泄，释放心理压力。可以向知心朋友、老师倾诉，把心中的不快说出来，甚至可以大哭一场；还可以去打球、爬山、唱歌、看电视、逛街、听音乐、玩游戏等，使紧张的情绪得到缓解或消除。当然，宣泄情绪时要注意场合、身份、气氛，不伤害他人、不伤害自己、不伤害物品，宣泄要没有破坏性。

2. 松弛练习

松弛练习是一种通过练习学会在心理和躯体上放松的方法，常用的有肌肉松弛训练、意念放松训练等。松弛练习可帮助人减轻和消除各种不良身心反应，如焦虑、恐惧、紧张、失眠等。在择业时如有此类心理反应，可在专业人员的指导下尝试进行松弛练习。

📖【资料链接5-4】

∽ 全套超觉静默法 ∽

简单来说，超觉静默就是端正姿势，调整呼吸，闭目养神，内视自己，控制感觉，把意识集中于一点，进入万念皆空的境界。超觉静默法是练习者体验到思想过程直到一种完全静止的精神状态，是专门用于健脑益智的一种极其简单、极短时间内便可奏效的放松身心的心理调适方法。

全套超觉静默法分三步骤，只需3分钟，时间短，但每个步骤需扎扎实实认真做才能保证效果。

1. 调身

基本姿势是静坐。可以采用椅坐: 端端正正坐在椅子上, 上身不靠椅背, 不偏不倚, 腰部下沉, 两腿自然分开, 小腿尽可能垂直地面, 两脚平行, 与肩同宽, 脚掌贴紧地面。

对身体各部位要求: ①头部, 头颈端正, 目视前方, 下颌微收, 舌舔上颚, 颈部不用力, 呈自然状态。②上身, 脊梁挺直, 腰固定不动。从侧面看, 身体沿直线稍向前倾。不要挺胸、端肩。③上肢, 沿体侧自然下垂, 双肘稍弯曲, 双手掌轻放于大腿上, 拇指指尖相对, 双手重叠, 手心朝上, 腋下空虚可放一鸡蛋。

2. 调息(共2分钟)

① 两眼微闭, 即"半眼秘诀"。

② 腹式呼吸: 深沉地吸气, 肚子慢慢鼓起, 到最大限度后把废气徐徐呼出。从一分钟十几次, 逐渐减少到一分钟5~6次为佳。

③ 数息法: 默记呼吸次数, 不必发出声音, 在心中默念。

3. 默念真言(共1分钟)

默念一句短语, 选择的短语要能代表自己的愿望、信念或有所激励, 如"做则成, 弃则废""坚持下去, 一定胜利"等。默念真言一分钟, 轻轻睁开眼睛。这时, 自然的心理、生理节律得到平衡, 心头万念俱空, 大脑像晴空一样清澈明快。

(资料来源: 作者根据相关资料整理)

3. 自我激励法

自我激励法主要是指用生活中的哲理、榜样的事迹或明智的思想观念来激励自己, 同各种不良情绪进行斗争, 坚信未来是美好的。因为失败和挫折已成为过去, 要勇敢地面对下一次, 尽可能把不可以预料的事当成预料之中的。即使遇到意外事件或择业受挫, 也要鼓励自己, 不要惊慌失措、冲动、急躁, 而要开动脑筋, 冷静思考, 寻找对策。大学毕业生在择业面试中常常出现胆怯、信心不足等现象, 可以通过积极的自我暗示、自我激励进行调节, 增强自信心, 走出自卑、消除怯懦。

4. 合理情绪疗法

合理情绪疗法(又称 ABC 理论)由美国著名心理学家埃利斯创立, 该理论认为: 激发事件A(activating event)只是引起情绪和行为后果 C(consequence)的间接原因, 个体对激发事件 A 的认知和评价而产生的信念 B(bellief)才是引起后果 C 的直接原因, 即引起人们情绪困扰的并不是外界发生的事件, 而是人们对事件的态度、看法、评价等认知内容。

举个简单的例子: 两个同事一起上街, 碰到他们的总经理, 但对方没有与他们打招呼, 径直过去了。这两个同事中的一个认为: "他可能正在想别的事情, 没有注意到我们。即使是看到我们而没理睬, 也可能有什么特殊的原因。"而另一个却可能有不同的想法: "是不是上次顶撞了老总一句, 他就故意不理我了, 下一步可能就要故意找我的碴儿了。"两种不同的想法就会导致两种不同的情绪和行为反应。前者可能觉得无所谓; 而后者可能忧心忡忡, 甚至无法平静下来干好自己的工作。

由这个简单的例子不难看出, 人的情绪及行为反应与人们对事物的想法、看法有直接的关系。在这些想法和看法背后, 是人们对一类事物的共同看法, 即信念。合理的信念会引起人们对事物适当、适度的情绪和行为反应; 不合理的信念则相反, 往往会导致不适当的情绪和行为反应。人们坚持某些不合理的信念，长期处于不良的情绪状态之中，最终将导致情绪障碍也就是 C 的产生。要改变情绪困扰不是致力于改变外界事件，而是应该改变认知，通过改变认知调整对诱发事件的认识和评价，领悟到理性观念，进而改变情绪。因此，大学生在就业过程中处于消极情绪状态时，要善于从中分析、抽取非理性的综合观念、概括出理性的看法，使自己走出非理性的误区。

5. 积极面对挫折

挫折，即个体有目的的行为受到阻碍而产生的紧张状态与情绪反应，包含挫折情境、挫折认知和挫折反应等三个因素。挫折情境指对人们有动机、有目的的活动造成的内外障碍或干扰的情境状态或条件。挫折既是客观的，又是主观的，如面试失败。挫折认知，指对挫折情境的知觉、认识和评价。挫折反应，指个体在挫折情境下所产生的烦恼、困惑、焦虑、愤怒等负面情绪交织而成的心理感受。

求职过程中难免会遇到一些挫折，大学毕业生要认识到挫折是通往胜利的必由之路，也是锻炼意志、增强能力的好机会。在就业中遇到挫折时，大学毕业生要用冷静的态度客观地分析自己失败的原因，进行正确的受挫归因，放下心理包袱。比如，应聘经验或个人修养不足导致的求职失败，平时要注意经验的积累和个人提升。此外，还要以乐观的心态对待挫折，冷静理智地分析失败的原因，积极思考对策，及时总结经验教训，充满信心、矢志不渝地战胜挫折。当然，一个人战胜挫折的能力不是一时的努力就能形成的，大学毕业生在平时的学习生活中也要有意识、有目的地加强挫折心理承受力的训练。

第三节　求职心理测量工具介绍

一、何谓心理测试

(一) 定义

心理测试，即通过心理科学方法和手段，对反映在人的行为活动中的心理特征，依据确定的原则进行推论和量化分析，并给予相应的科学指导。虽然心理测试是心理学研究的必要手段，其目前的应用越来越广泛。心理测试的结果仅仅提示个人在进行测试的那个时间点的状况特点，人是变化、发展、成长的，所以对测试结果进行解释的时候必须慎重，它只是提供一个专业的心理学方面的参考，并不能作为一个人终身的论断。

(二) 心理测试的类型

心理测试的类型很多，常见的心理测试按目的可以分为以下几种。

(1) 能力测验：包括智力测验和特殊能力测验。前者主要测量人的智力水平，后者多用于升学、职业指导服务(如测量人的绘画、音乐、手工技巧、文书才能、空间知觉能力等)。

(2) 人格测验：主要测量人的性格、气质、兴趣、态度等个性特征和各种病理个性特征。

(3) 记忆测验：包括短时间记忆测验和长时间记忆测验，主要用于外伤引起的记忆损害和老年人记忆减退检测。

(4) 适应行为评定：评估人们的社会适应技能，包括智慧、情感、动机、社交、运动等。

(5) 职业咨询测验：职业咨询测验是近年来发展迅速的心理测验，许多年轻人希望未来的职业既能发挥自己的潜能、气质，又符合自己的兴趣、爱好，因此在择业前往往求助于心理学家。

(三) 心理测试的优缺点

心理测试的优点主要有以下几个：

(1) 迅速。通过心理测试，人们可以在较短的时间内迅速了解一个人的心理素质、潜在能力和他的各种指标。

(2) 相对科学。世界上目前还没有一种完全科学的方法可以在短期内全面了解一个人的心理素质和潜在能力，而心理测试能比较科学地了解一个人的基本素质。

(3) 具有可比性。因为通过智力、性格、职业潜能等方面的心理测试，受试对象的测试结果可以比较，因为用同一种心理测试的方法得出的结果有可比性。这也是企业在员工招聘中引入心理测试的一个原因。通过测试，心理素质比较高的员工可以脱颖而出。

当然，心理测试也存在一定的缺点，心理测试最大的问题是理论基础不够坚实，有待在使用中发展和完善。因此，过分夸大心理测验的准确性，滥用、不正确使用心理测验都是不可取的。如今，人们越来越重视心理健康，网上心理测试的题目随处可见，但测试结果只能作为我们知晓事物的一个参考，千万不能夸大其作用、放大其效果。处于大学阶段的青年，对事物的判断还不够准确，一旦迷信心理测试结果，就容易受到心理暗示，反而容易导致不良结果。

二、求职心理测量工具

心理测量经过近百年的稳步发展，现已成为较有效、较客观的专业测评手段。本书所介绍的求职心理测量工具主要是一些心理健康量表、心理状态测量量表。

(一) 心理健康量表

本书介绍心理健康量表中的焦虑自评量表。

焦虑自评量表(self-rating anxiety scale，SAS)由华裔教授 W. K. Zung 编制，从量表构造的形式到具体评定的方法，都与抑郁自评量表(self-rating depression scale，SDS)十分相似。它适用于具有焦虑症状的成年人，具有广泛的应用性。SAS 能够较好地反映有焦虑倾向的精神病求助者的主观感受。而焦虑是心理咨询门诊中较常见的一种情绪障碍，所以近年来 SAS 成了咨询门诊中了解焦虑症状的自评工具。

SAS 采用 4 级评分，主要评定症状出现的频度，其标准为："1"表示没有或很少时间有，"2"表示有时有，"3"表示大部分时间有，"4"表示绝大部分或全部时间都有。20 个条目中有 15 项是用负性词陈述的，按上述1~4 顺序评分。其余 5 项(第 5，9，13，17，19 项)注*号者，是用正性词陈述的，按 4~1 顺序反向计分。

SAS 的主要统计指标为总分。将 20 个项目的各个得分相加，即得粗分；用粗分乘以 1.25 以后取整数部分，就得到标准分。SAS 标准分的分界值为 50 分，其中 50 分以下为健康，50~59 分为轻度焦虑，60~69 分为中度焦虑，70 分以上为重度焦虑。

请注意:

1. 请根据您一周来的实际感觉在适当的数字上画上"√",请不要漏评任何一个项目,也不要在相同的项目上重复评定。

2. 量表(表5-1)中有部分反向(从焦虑反向状态)评分的题,请注意保障在填分、算分评分时的理解。

表5-1　量表

序号	题目	没有或很少时间有(1分)	有时有(2分)	大部分时间有(3分)	绝大部分或全部时间都有(4分)	评分
1	我觉得比平常容易紧张和着急(焦虑)					
2	我无缘无故地感到害怕(害怕)					
3	我容易心里烦乱或觉得惊恐(惊恐)					
4	我觉得我可能将要发疯(发疯感)					
5	我觉得一切都很好,也不会发生什么不幸(不幸预感)					
6	我手脚发抖打战(手足颤抖)					
7	我因为头痛,颈痛和背痛而苦恼(躯体疼痛)					
8	我感觉容易衰弱和疲乏(乏力)					
9	我觉得心平气和,并且容易安静坐着(静坐)					
10	我觉得心跳很快(心慌)					
11	我因为一阵阵头晕而苦恼(头昏)					
12	我有晕倒发作或觉得要晕倒似的(晕厥感)					
13	我呼气吸气都感到很困难(呼吸困难)					
14	我手脚麻木和刺痛(手足刺痛)					
15	我因为胃痛和消化不良而苦恼(胃痛或消化不良)					
16	我常常要小便(尿意频繁)					
17	我的手常是温暖湿润的(多汗)					
18	我脸红发热(面部潮红)					
19	我容易入睡并且一夜睡得很好(睡眠无障碍)					
20	我容易做噩梦					
总分统计						

📖【资料链接5-5】

⌇ 可以缓解焦虑的放松训练 ⌇

放松训练对于应对紧张、焦虑不安、气愤的情绪非常有用，能帮助处于焦虑或者其他不良情绪状态的人振作精神、恢复体力、消除疲劳，有助于全身肌肉放松，平稳呼吸，增强个体应对紧张事件的能力，且简便易行。

放松训练程序：

找一个自己认为舒服的姿势，可以靠在椅子上或者躺在床上。要在安静环境中进行，光线不要太强，减少无关刺激的干扰。放松的顺序是手臂—头部—躯干部—腿部。

(1) 手臂的放松：伸出右手，用力握紧拳头，紧张右前臂，然后松开；伸出左手，用力握紧拳头，紧张左前臂，然后松开；双臂伸直，两手同时握紧拳头，紧张手和臂部，松开。

(2) 头部的放松：皱起前额部的肌肉，似老人额部一样皱起；皱起眉头；皱起鼻子和脸颊(可咬紧牙关，使嘴角尽量往两边咧，鼓起两腮，好像在痛苦状态下使劲一样)。

(3) 躯干部的放松：耸起双肩，紧张肩部肌肉；挺起胸部，紧张胸部肌肉；弓起背部，紧张背部肌肉；屏住呼吸，紧张腹部肌肉。

(4) 腿部的放松：伸出右腿，右脚向前用力，像在蹬一堵墙，紧张右腿；伸出左腿，左脚向前用力，像在蹬一堵墙，紧张左腿。

这套放松训练随时随地都可以做，用两三分钟即可。

(二) 心理状态测量量表

1. 生活事件量表

生活事件量表(life event scale，LES)有多个版本，这里使用的是由杨德森与张亚林1986年编制的版本，目前已在国内10多个省市推广应用。LES含有48条我国较常见的生活事件，包括三个方面的问题：家庭生活(28条)、工作学习(13条)、社交及其他方面(7条)。另设1条空白项目供填写。具体项目见表5-2。

表5-2 生活事件量表结构与内容

家庭中的有关问题	12. 配偶一方有外遇
1. 恋爱或订婚	13. 夫妻重归于好
2. 恋爱失败、破裂	14. 超指标生育
3. 结婚	15. 本人(爱人)做绝育手术
4. 自己(爱人)怀孕	16. 配偶死亡
5. 自己(爱人)流产	17. 离婚
6. 家庭增添新成员	18. 子女升学(就业)失败
7. 与爱人、父母不和	19. 子女管教困难
8. 夫妻感情不好	20. 子女长期离家
9. 夫妻分居(因不和)	21. 父母不和
10. 夫妻两地分居(工作需要)	22. 家庭经济困难
11. 性生活不满意或独身	23. 欠债500元以上

(续表)

24. 经济情况显著改善	37. 与上级关系紧张
25. 家庭成员重病、重伤	38. 与同事邻居不和
26. 家庭成员死亡	39. 第一次远走异国他乡
27. 本人重病或重伤	40. 生活规律重大变动(饮食睡眠规律改变)
28. 住房紧张	41. 本人退休离休或未安排具体工作，社交与其他问题
工作学习中的问题	**社交及其他方面的问题**
29. 待业、无业	42. 好友重病或重伤
30. 开始就业	43. 好友死亡
31. 高考失败	44. 被人误会、错怪、诬告、议论
32. 扣发奖金或罚款	45. 民事法律纠纷
33. 突出的个人成就	46. 被拘留、受审
34. 晋升、提级	47. 失窃、财产损失
35. 对现职工作不满意	48. 意外惊吓、发生事故、自然灾害
36. 工作学习中压力大(如成绩不好)	

注：若受测者认为有表中未列生活事件对其造成较大影响，可以自己填入所留的空栏，并做出相应评价。

LES 为自评量表，受测者须仔细阅读和领会指导语，然后逐条过目。根据调查者的要求，将某一时间范围内(通常为一年内)的事件记录下来。有的事件虽然发生在该时间范围之前，但如果影响深远并延续至今，可作为长期性事件记录。然后，由受测者根据自身的实际感受而不是按常理或伦理道德观念去判断那些经历过的事件对本人来说是好事或是坏事，影响程度如何，影响持续的时间有多久。对于表上已列出但并未经历的事件应一一注明"未经历"，不留空白，以防遗漏。一过性的事件如流产、失窃要记录发生次数，长期性事件如住房拥挤、夫妻分居等不到半年计为 1 次，超过半年计为 2 次。影响程度分为 5 级，从毫无影响到影响极重分别计 0 分、1 分、2 分、3 分、4 分。影响持续时间分三月内、半年内、一年内、一年以上共 4 个等级，分别计 1 分、2 分、3 分、4 分。

生活事件刺激量的计算方法：

(1) 某事件刺激量=该事件影响程度分×该事件持续时间分×该事件发生次数。

(2) 正性事件刺激量=全部好事刺激量之和。

(3) 负性事件刺激量=全部坏事刺激量之和。

(4) 生活事件总刺激量=正性事件刺激量+负性事件刺激量。

另外，还可以根据研究需要，按家庭问题、工作学习问题和社交问题进行分类统计。

该量表适用于 16 岁以上的正常人，神经症、心身疾病、各种躯体疾病患者以及自知力恢复的重性精神病患者。LES 可应用于确定心理因素在神经症、心身疾病、各种躯体疾病及重性精神疾病等发生、发展中的作用；用于指导心理治疗、医疗干预，使心理治疗和医疗干预更具针对性；甄别高危人群、预防精神障碍和心身疾病，对分值较高者加强预防工作；指导正常人了解自己的精神负荷，维护身心健康，提高生活质量。LES 总分越高，个体承受的精神压力越大。

2. 社会支持评定量表

在心理学中，所谓的社会支持指的是一个人从自己的社会关系(家人、朋友、同事等)中获得的客观支持以及个人对这种支持的主观感受。社会支持不仅指物质上的条件和资源，也包括情感上的支持。这里选用的社会支持评定量表(SSRS)是肖水源等心理卫生工作者在借鉴国外量表的基础上，根据我国的实际情况自行设计编制的。该量表适用于 14 岁以上各类人群(尤其是普通人群)的健康测量，本测验结果还可以作为影响因素引入心理障碍、疾病的成因研究。测验使用的是自测法，一般应根据受测者本人惯用的方式和情况进行评定。

该量表用于测量个体社会关系的 3 个维度，共 10 个条目，有客观支持(患者所接受的实际支持)、主观支持(患者所能体验到的或情感上的支持)和对支持的利用度(支持利用度反映个体对各种社会支持的主动利用，包括倾诉方式、求助方式和参加活动的情况)3 个分量表，总得分和各分量表得分越高，说明社会支持程度越好。

量表计分方法：第 1~4，8~10 条：每条只选一项，选择 1、2、3、4 项，分别计 1 分、2 分、3 分、4 分，第 5 条分 A、B、C、D 4 项计总分，每项从无到全力支持分别计 1~4 分，第 6、7 条如回答"无任何来源"则计 0 分，回答"下列来源"者，有几个来源就计几分。

社会支持评定量表分析方法如下。

(1) 总分：10 个条目计分之和。

(2) 维度分：

客观支持分：第 2、6、7 条评分之和。

主观支持分：第 1、3、4、5 条评分之和。

对支持的利用度：第 8、9、10 条评分之和。

社会支持评定量表

姓名：　　　　性别：　　　年龄：　　　　(岁)

文化程度：　　职业：　　婚姻状况：

住址或工作单位：

填表日期：　　年　月　日

指导语：下面的问题用于反映您在社会中所获得的支持，请按各个问题的具体要求，根据您的实际情况来回答。谢谢您的合作。

1. 您有多少关系密切，可以得到支持和帮助的朋友?(只选一项)

    (1) 一个也没有　　　(2) 1~2 个

    (3) 3~5 个　　　　　(4) 6 个或 6 个以上

2. 近一年来您(只选一项)：

    (1) 远离家人，且独居一室。

    (2) 住处经常变动，多数时间和陌生人住在一起。

    (3) 和同学、同事或朋友住在一起。

    (4) 和家人住在一起。

3. 您与邻居(只选一项)：

    (1) 相互之间从不关心，只是点头之交。

    (2) 遇到困难可能稍微关心。

    (3) 有些邻居都很关心您。

    (4) 大多数邻居都很关心您。

4. 您与同事(只选一项):

(1) 相互之间从不关心，只是点头之交。

(2) 遇到困难可能稍微关心。

(3) 有些同事很关心您。

(4) 大多数同事都很关心您。

5. 从家庭成员得到的支持和照顾(在合适的框内画"√")

□ 无　　□ 极少　　□ 一般　□ 全力支持

A. 夫妻(恋人)

B. 父母

C. 儿女

D. 兄弟姐妹

E. 其他成员(如嫂子)

6. 过去，在您遇到急难情况时，曾经得到的经济支持和解决实际问题的帮助的来源有:

(1) 无任何来源。

(2) 下列来源(可选多项):

A. 配偶　　B. 其他家人　C. 朋友　D. 亲戚　E. 同事　F. 工作单位　G. 党团工会等官方或半官方组织　H. 宗教、社会团体等非官方组织　I. 其他(请列出)

7. 过去，在您遇到急难情况时，曾经得到的安慰和关心的来源有:

(1) 无任何来源。

(2) 下列来源(可选多项):

A. 配偶　　B. 其他家人　　C. 朋友　　D. 亲戚　E. 同事　F. 工作单位　G. 党团工会等官方或半官方组织　　H. 宗教、社会团体等非官方组织　I. 其他(请列出)

8. 您遇到烦恼时的倾诉方式(只选一项):

(1) 从不向任何人倾诉。

(2) 只向关系极为密切的1~2个人倾诉。

(3) 如果朋友主动询问会说出来。

(4) 主动倾诉自己的烦恼，以获得支持和理解。

9. 您遇到烦恼时的求助方式(只选一项):

(1) 只靠自己，不接受别人帮助。

(2) 很少请求别人帮助。

(3) 有时请求别人帮助。

(4) 有困难时经常向家人、亲友、组织求援。

10. 对于团体(如党团组织、宗教组织、工会、学生会等)组织的活动，您(只选一项):

(1) 从不参加。

(2) 偶尔参加。

(3) 经常参加。

(4) 主动参加并积极活动。

三、如何看待求职面试中的心理测试

近年来，随着心理学日益受到人们的关注，与之相联系的一系列"人才测评""人员素质测评"等层出不穷。为了选到更合适的雇员，宝洁等全球知名的 500 强企业也纷纷将职业人格测试纳入网申、笔试，甚至面试环节，作为初选淘汰不符合"职业定位"人才的主要方法。这使得不少应届本科毕业生在求职过程中碰到心理测试时显得过于谨慎，答题时尽量呈现出外向、有能力、有上进心的形象，却不想连网申都没有通过。事实上，系统科学的心理测试都经过了严谨的设计：一套测验从编题开始，需经过取样、试测、修改、数据计算、制定常模等一系列程序，再按心理测量学原理和统计方法技术检验其信度、效度等指标，是一项很复杂的工作。在心理学测验量表中，有不少题目都是"测谎"题，为的就是检验被试者是否真实地将自身的情况反映在回答中。过于谨慎的态度反而会影响心理测试的真实性，会使求职者的诚信遭到怀疑。

所以对待求职面试中的心理测试，大学毕业生首先要做的就是以一颗平常心去对待，以自己最真实和即刻的想法去应对，展现出一个真实的自我。尽管企业招聘对心理测验的依赖程度不断提升，心理测试在企业招聘决策中的重要性日益增加，但目前它却远远未成为决定个人是否获得某个职位的最大因素。事实上，一般的人力资源经理在决定录取一个人的时候，多半会看一看这个人的心理测验的结果，但它只是一个参考标准而已。在公司的招聘流程中，一些心理测验更多地被他们用来分配职位，进而递交给相关部门的主管，作为上司更加了解求职者各方面兴趣、能力、性格的参照标准。

此外，大学毕业生还要正确看待心理测试的结果。正确看待心理测试结果，首先要理解心理测试的结果不可能是一成不变的。人的心境、心理素质等都会随着时间发生改变，人们会变得成熟或者因为经历不同的事情而有所发展。即使是内、外向这类基本的性格特征，也有可能发生改变。

正确看待心理测试结果的另一个要求就是不盲信。心理测试不是万能的，它只是提供一个专业的心理学方面的参考。每一个心理测试被设计出来，其实都有自己的目的。像焦虑问题的心理测试就有许多个，不同的焦虑测试用于衡量不同程度或是不同方面的焦虑感。使用者要了解心理测试的对象是针对正常群体的，还是针对精神病人的；是适合个体测验，还是用于群体分析。所以要合理解释测试结果首先要了解心理测试的结果。此外，每一个心理测验的结果都是有误差的，相同的心理测验，由不同的人使用，也具有不同的误差情况。对测验使用者而言，了解测验结果的误差情况要比了解测验的结果更加重要。很多时候，误差根本无法控制。比如，一个人测验分数很高，但是如果误差很大，那么这个测验分数以及对这个测验分数的解释就没有太大意义。在查看自己的测验结果的时候，一定要注意仔细看看测验结果的误差情况。

心理测试只是一个帮助人们更好地生活的工具，而不是来破坏或者干扰人们正常生活工作的东西。只有在人们需要它的时候，心理测验才能真正帮助人们发现自己的问题所在。当生活一切顺利的时候，大学毕业生可以做那些发展性的心理测验，帮助自己更好地生活，也可以为个人求职积累经验。

问题思考

1. 在即将到来的求职过程中，你会如何端正你的求职心态？
2. 你如何排解日常生活中的各种压力？
3. 你做过求职相关的心理测试吗？你是如何看待测试结果的？

信息园

求职心理操：想象成功

许多年前，一个小姑娘应聘到纽约市第五大街的一家裁缝店当打杂女工。正式上班以后，她经常看到女士们乘着豪华轿车来到店里试穿漂亮衣服。她们穿着讲究，举止得体。小姑娘想：这才是女人们应该过的生活。一股强烈的欲望自她的心中升起：我也要当老板，成为她们当中的一员。

于是，每天开始工作前，小姑娘都要对着那面试衣镜，很开心、很温柔、很自信地微笑。虽然穿着粗布衣裳，但她想象自己是身穿漂亮衣服的夫人，待人接物落落大方，彬彬有礼，深受那些女士喜爱。虽然只是一名打杂女工，但她想象自己已经是老板，工作积极投入，尽心尽力，仿佛裁缝店就是她自己的，因此深得老板信赖。

不久，就有许多客户开始对老板夸奖小姑娘："这位小姑娘是你店中最有头脑、最有气质的女孩。"女老板也说："她的确很出色。"又过了段时间，女老板就把裁缝店交给小姑娘管理了。

渐渐地，小姑娘有了一个响亮的名字——"安妮特"，继而成了"服装设计师安妮特"，最后终于成了"著名服装设计师安妮特夫人"。

安妮特的成功当然源于很多方面，但不容否认，敢于"想象成功"对她获得成功有极大的助力。

心理学家曾做过这样的实验，把一些身体状况基本相同的学生分成三组，进行不同方式的投篮技艺训练。第一组学生坚持在20天内练习投篮，并把第一天和最后一天的投篮成绩记录下来，中间练习时不提任何要求，顺其自然。第二组学生也记录第一天和第二十天练习投篮的成绩，但在此期间不再做任何投篮练习。第三组学生记录下第一天的投篮成绩，然后每天花20分钟做想象中的投篮，如果投篮不中，他们便在想象中对此做相应的纠正。

实验结果令人吃惊：第二组学生进球率没有丝毫长进，第一组学生进球率增加24%，第三组学生进球率增加了26%。也许你对"想象"的作用并不在意，认为安妮特的成功只是个特例。但是这个实验证明了"想象"的强大作用，也让我们看到了自己头脑的巨大潜能。

成功是蕴藏于心底的一份强烈渴望。但是，当我们在现实的物质世界里心灰意冷、举步维艰时，或者置身于失败的困境时，常常忘了这一条经由"想象"而抵达的成功之路。事实上，当一个人一无所有却胆敢"想象成功"时，他就拥有了严谨理性的思维方式和乐观自信的心态。这种理性的思维方式能使我们的心智不断提高，同时积极的心态能给人生带来质的飞跃。

(资料来源：作者根据相关资料整理)

第 六 章

职场适应

光荣属于劳动者，幸福属于劳动者。我国工人阶级和广大劳动群众要更加紧密地团结在党中央周围，勤于创造、勇于奋斗，努力在全面建设社会主义现代化国家新征程上创造新的时代辉煌、铸就新的历史伟业！

——2020年11月，习近平在全国劳动模范和先进工作者表彰大会上的讲话

📖【案例6-1】

∽ 小胡的故事 ∽

小胡，男，某高校机械工程专业毕业生，来自浙江沿海经济发达地区，成绩优秀，在校期间曾获多次优秀学生奖学金。机械工程被认为是他们学校的热门专业，学生毕业之后找的工作都很不错。小胡曾经向高年级的师兄师姐打听过，一般来说，当时毕业之后找个起薪2000元以上的工作不是什么难题。因为专业成绩优秀，小胡早早被一家有名的船舶制造企业录用了。他是班里第一个签约的，被不少同学美慕。毕业之后，小胡与这家船舶制造企业正式签订了合同。根据合同，小胡入职之后头三个月的工资是2000元。6个月之后，根据他的表现和工作积极性，工资上涨到2600元。

但是，小胡对此并不满意。2600元一个月的工资和小胡预想的有一定差别。原本他认为自己成绩优秀，找的单位又是大企业，收入总要比其他同学高一些。但事实上，他和其他同学一打听，发现别人的起薪都和他差不多。小胡所在的城市是省会城市，房价高，房租也不便宜。每个月光是租房子就花去半个月的工资了，加上吃饭、水电、交通等开销，每个月下来小胡都存不下钱。有时候陪女朋友去逛街，难免囊中羞涩。

再看看单位里面的老员工，干的活比他少，收入却比他高。一段时间下来后，小胡觉得心里越来越不平衡：脏活累活都是他在做，有些老员工只是大专毕业，会的东西也不比他多，但是因为工龄长，月收入却比他高了不止一倍。最让他"愤愤不平"的是，他们单位来了两个实习的研究生，由他带着干活，活做得一点都不熟练，可他们实习工资就有2000多元，都快赶上他这个正式员工了。于是，小胡坚决地从这家单位辞职了。

（资料来源：作者根据相关资料整理）

📖 **【课前思考】**

1. 面对第一份工作，你希望得到什么？你最看重什么？
2. 一切朝"钱"看和一切朝"前"看，哪个能让你走得更远？

第一节　职业素养修炼

一、什么是职业素养

职业素养是指职业内在的规范和要求，是个人在职业过程中表现出来的综合品质，包含职业道德、职业技能、职业行为、职业作风和职业意识等。人的职业素养是经过较长时间的教育培训，并在长期从业实践锻炼中逐渐形成和发展的。它一旦形成，就具有相对稳定性，就会存在并表现在个人的一切职业活动和行为中。这种稳定性是个人做好本职工作的基本条件和保证，也是决定一个人职业生涯成败的关键因素。我们通常所说的"职商"就是由此量化而成的。

很多企业界人士认为，职业素养至少包含两个重要因素：敬业精神及好的态度。敬业精神就是在工作中要将自己当作公司的一部分，不管做什么工作一定要做到最好，发挥出实力，对于一些细小的错误一定要及时更正。敬业不仅仅是吃苦耐劳，更重要的是用心去做好公司分配给自己的每一份工作。好的态度是职业素养的核心，如负责、积极、自信、乐于助人等态度是成功的关键因素。

📖 **【资料链接6-1】**

∽ 提升职业素养 在追寻职业理想中实现自我人生价值 ∽

近几年，我国大学毕业生的就业形势严峻，已经成为比较重要的社会问题，也可以说是一个难题。对于很多毕业生来说，先不说找到好工作，即便是找到一份工作就已经比较困难了。而从社会的角度来看，很多企业又在感叹"招不到合适的人才"。在这当中，已不仅仅是专业这个单方面因素的影响，更多地与学生的职业素养难以满足企业岗位的要求有关。

职业素养是个很大的概念，专业包含其中，应该占据第一位置。但是除了专业，敬业和道德更是必备的，体现到职场上就是职业素养。

哈佛大学的研究表明，成功因素中的85%取决于积极的职业态度，15%才是本人的职业技能。从这个角度看，我们认为社会人力资源的开发已为就业者的职业品质注入了新的内涵。用人单位对应聘者的职业品质需求从某种角度讲，对学生发展有着很好的导向作用，如积极的人生态度、开拓创新的精神、沉着应变的能力、团队合作精神、敬业精神等。《一生成就看职商》的作者吴甘霖回首自己从职场惨败者到走上成功之路的过程，再总结比尔·盖茨、牛根生等著名人物的成功历史，并进一步分析所看到的众多职场人士的成功与失败，得到了一个宝贵的理念：一个人，能力和专业知识固然重要，但是，要在职场上成功，最关键的并不在于他的能力与专业知识，而在于他所具有的职业素养。良好的职业素养是企业必需的，是个人事业成功的基础，是大学生进入企业的"金钥匙"。

"素质冰山"理论认为，个体的素质就像水中漂浮的一座冰山，水上部分的知识、技能仅仅代表表层的特征，不能区分绩效优劣；水下部分的动机、特质、态度、责任心才是决定人的行为的关键因素，可以鉴别绩效优秀者和一般者。也可以将大学生的职业素养看成一座冰山：冰山浮在水面以上的只有1/8，它代表大学生的形象、资质、知识、职业行为和职业技能等，是人们看得见的、显性的职业素养，这些可以通过各种学历证书、职业证书来证明，或者通过专业考试来验证。冰山隐藏在水面以下的部分占整体的7/8，它代表大学生的职业意识、职业道德、职业作风和职业态度等，是人们看不见的、隐性的职业素养。显性职业素养和隐性职业素养共同构成了一个职业人应具备的全部职业素养。由此可见，大部分的职业素养是人们看不见的，但正是这7/8的隐性职业素养决定、支撑着外在的显性职业素养，显性职业素养是隐性职业素养的外在表现。因此，大学生职业素养的培养应该着眼于整座"冰山"，并以培养显性职业素养为基础，重点培养隐性职业素养。

有这样一个案例：北京铁路局北京西工务段团委书记梁卫团，2009年从陕西铁路工程职业技术学院道路与桥梁工程专业毕业，进入北京铁路局工作。在参加完岗前培训后，他主动请求单位把自己分到最艰苦的珠窝线路车间工作。那里位于荒无人烟、一眼看不穿的大山深处，设备基础条件差，上下班要徒步走很远的山路，工作可以用"苦、累、差"来概括。在大山深处，每天的工作就是在铁路线上对伤损磨耗严重的钢轨、枕木进行维修更换。在山区，铁路养路机械笨重，不能发挥作用，更多的是靠人拉肩扛完成20多种作业项目。肩膀、手磨出血了，缠上毛巾减轻疼痛。每天带着一身的油味和汗味下班，吃饭时"饭香"混着机油味、柴油味的独特"风味"。2009年深秋夜晚一场大雨使路基塌方不能通行，线路扭曲难以调整，梁卫团接到通知后扛起抢修工具第一个冲到故障地点展开救援，大雨中他和同事们用身体拽拉每根重320千克的轨枕和长25米、重1500千克的钢轨，刨挖道渣展开救援抢险，20分钟后故障清除了。那一刻，他里里外外湿透了，身上已经分不清汗水和雨水了，鞋里全都是水，走起路来扑哧扑哧往外溅。作业完毕，他还需要在现场值守，直到大雨停了，列车全面恢复设计速度运行才能结束"战斗"。面对艰苦环境和复杂设备，一直有一个信念在支撑着梁卫团，那就是"吃苦奉献、拼搏争先"。他认为，遇到再大的困难，坚持下来，就会比别人做得更好！就这样，梁卫团逐渐适应了工务现场艰苦的生活条件和高强度的工作，开始慢慢进入角色，并且开始喜欢上了这份工作。经过5年的努力，梁卫团从铁路生产一线又来到了管理岗位，成为站段青年带头人。从熟悉的生产岗位转岗从事政工工作，对他来说是个新的挑战，但他没有丝毫胆怯。梁卫团结合段安全生产和团员青年队伍实际，积极组织开展保安全岗位立功竞赛、青年岗位提素等系列活动，大力提高了青年技能素质，建立了段大学生特色档案等创新性工作。他撰写的《浅谈新时期如何做好基层青年工作》的调研报告荣获北京铁路局团委工作调研成果三等奖。梁卫团认为，他在大学学习期间经过了职场素养的储备，使得自己具备了较强的沟通、学习和组织管理能力，为自己的职业梦想之路奠定了坚实的基础。梁卫团的出色表现也得到了单位上下的一致赞赏，多次被单位评为优秀团干部。

（资料来源：https://mp.weixin.qq.com/s/qCiryzWJPBF3CBWM6XGkrA，有删改）

二、职业素养的构成

职业素养是一个人从事职业活动的基础，并且总是同职业联系在一起，是一个人接受知识、技术、技能的教育和培养，并通过实践磨炼后的内化、积淀和升华的结果。职业素养可以分为职业道德、职业意识、职业行为习惯和职业态度等四个方面。

(一) 职业道德

职业道德是指人们在职业生活中应遵循的基本道德，即一般社会道德在职业生活中的具体体现，是一般社会道德的特殊形式，主要是从业人员在职业活动中的行为规范，又是行业对社会所负的道德责任和义务。其出现与社会分工的发展密切相关。不同的职业有着不同的作用、不同的业务内容、具体利益和应当履行的义务，从而形成了各种职业和特殊要求、道德传统。虽然不同的行业和职业有着不同的职业道德标准，但是各行各业的职业道德有相同之处。其中最重要是爱岗敬业、诚实守信、尽心尽责、团结合作。

1. 爱岗敬业

爱岗敬业，通俗地说就是"干一行爱一行"，它是最基本的职业道德规范，也是人类社会最为普遍的奉献精神。它要求从业者既热爱自己所从事的职业，又以恭敬的态度对待自己的工作岗位。从业者只有养成"干一行，爱一行"的职业精神，才能"干一行精一行"，实现敬业的深层次含义，在各自的工作岗位上有所贡献，甚至创造奇迹。反之，如果像案例中的小胡一样看不上自己的本职岗位，心浮气躁、好高骛远，不仅和职业道德规范相违背，也会失去自身发展的机会。

2. 诚实守信

诚实守信，即"言必信，行必果"。诚，就是真实不欺，也包括不自欺，它是个人内在的品质；信，就是真心实意地遵守诺言，它是处理人际关系的一个准则。诚实守信就是指真实无欺，遵守承诺和契约的品格，这一品格关乎任何一个社会组织和个人的发展前景。诚信的核心问题在于：谋求个人利益时，如何对待他人利益。市场经济从某种意义上来说就是信誉经济，信誉来之不易，它是职工集体职业道德的结晶，是长期努力的结果。需要用诚信的道德规范约束从业人员的动机，用法律规范约束从业人员的行为，用发展的眼光和创造性思维抓好诚信教育，使人们在职业活动中珍视信誉。

3. 尽心尽责

责任心是指个人对自己和他人、对家庭和集体、对国家和社会所负责任的认识、情感和信念，以及与之相应的遵守规范、承担责任和履行义务的自觉态度。工作责任心是指从事职业活动的人必须承担的职责和义务，它是职业道德的基石，是衡量员工职业道德素质高低的核心内容之一。尽心尽责就是要敬重自己的工作，把工作当成自己的事，全心全意，对于工作有一定的使命感和责任感。这是做好一切工作的前提，正如微软公司前总裁史蒂夫·鲍尔默所说：在如今群雄割据的年代，员工的责任心成为企业的稀缺资源，只要将那些具有极强责任心的员工纳入麾下，打败竞争对手也就指日可待了。对于个人而言，具有强烈工作责任心的人，必定能在个人职业发展过程中收获更多发展机遇。

4. 团结合作

合作是个人与个人、群体与群体之间为达到共同目的，相互配合的一种联合行动、方式。团队合作指的是一群有能力、有信念的人在特定的团队中，为了一个共同的目标相互支持、合作奋斗的过程。1994 年，斯蒂芬·P.罗宾斯首次提出了"团队"的概念，在随后的 10 年里，关于"团队合作"的理念风靡全球。团队合作可以调动团队成员的所有资源和才智，并且会自动地驱除所有不和谐和不公正现象，同时会给予那些诚心、大公无私的奉献者适当的回报。俗话说众人拾柴火焰高，如果团队合作是出于自觉自愿，它必将产生一股强大而且持久的力量。

(二) 职业意识

职业意识是从业者在特定的社会环境和职业环境下，在教育培训和职业实践中形成的与所从事的职业密切相关的思想和观念，包括人们对职业和对从事的工作的看法、理解、评价、满意度和愿望等。职业意识是人的主体意识的体现，是支配和调控全部职业行为与职业活动的调节器，既影响个人的就业和择业方向，又影响整个社会的就业状况。

职业意识的形成需要经过一个由模糊到清晰、由浅到深、由幻想到现实的过程，受家庭、社会等因素影响。个人的心理和生理特征、受教育程度、个人的生活状况、社会经历等也不同程度地影响人们的职业意识的形成。它具体表现为：

(1) 对职业的社会意义和地位的认识。人们希望自己所从事的职业能对社会有所贡献，也希望自己的工作能得到相应的尊重、声誉和地位。

(2) 对职业本身的科学技术水平和专业化程度的期望和要求。人们认为职业的知识性、技术性越强，所需要的文化技术水平就越高，也就越能发挥自己的才能。

(3) 要求职业与个人的兴趣、爱好相符。这种愿望和要求的实现能使人们心理上得到满足，从而在职业活动中发挥自己的特长。

(4) 对职业的劳动或工作条件的看法和要求。其包括职业的劳动强度、工作环境、地理位置等客观物质条件以及工作岗位上的人事关系、社会环境和职业的稳定性等。

(5) 对职业的经济收入和物质待遇的期望。其包括劳动报酬或经营收入以及住房、交通、医疗卫生等社会福利。

(三) 职业行为习惯

习惯是一种重复性的、通常为无意识的日常行为规律，它往往通过对某种行为的不断重复而获得。人们日常活动主要源自习惯和惯性，习惯一旦形成就难以改变。职业行为习惯是在长时间的学习、工作中自发形成并逐步固定下来的做法和惯例，是一种职场综合素质。随着技术内涵和认可度的增加，职业行为习惯可逐步演变为执业行为技术规范；而具有职业精神和道德内涵的职业行为习惯规范被社会认同并倡导时，则会形成职业行为道德规范。

良好的职业行为习惯是维持社会正常运转不可或缺的润滑剂。因此，养成良好的职业行为习惯，既是职业群体的职责，也是群体中每个人的职责。大学毕业生要在生活和学习中培养规范化的行为，这是未来职业行为习惯的直接来源之一。在这一过程中，尤其要注重时间管理能力的培养。时间管理是一个最基本的习惯，它是工作是否高效的基础，也决定了事业和生活的成败。

(四) 职业态度

职业态度是一个人对自己所从事职业的看法以及所表现的行为举止，包括选择方法、工作取向、独立决策能力与选择的观念。简而言之，职业态度就是指个人对职业选择所持的观念和态度，其本质就是一个人的劳动态度，它是从业人员对社会、对其他社会成员履行职业义务的基础，具有经济学和伦理学的双重意义。

一个人的职业态度受自我因素、职业因素、家庭因素和社会因素等的影响。

(1) 自我因素：包括个人的兴趣、能力、抱负、价值观、自我期望等。职业态度的自我因素与职业发展过程有相当密切的关系，因为个人因素的形成多与其成长背景相关，个人价值观是在成长过程中一点一滴慢慢养成的。个人若能对自我的各项因素有深入的了解，将能了解何种职业较适合自己，做出明确的职业选择。个人在选择职业时所表现出来的态度，也是个人兴趣、能力、抱负、价值观、自我期望的一种表现。但若只是依照自我因素来选择职业，有时难免会产生与社会格格不入的感觉，因此，在选择职业时仍必须考虑其他相关因素。

(2) 职业因素：包括职业市场的需求、职业的薪资待遇、工作环境、发展机会等。就理想而言，兴趣、期望、抱负，应该是个人选择职业的主要依据，但事实上必须同时兼顾自我能力，以及外在的社会环境、职业市场动态等。人们对职业世界有越深的认识，就越能够掌握正确的职业讯息，也可以获得比较切合实际的职业选择。相反，对职业认知有限的人，甚至连何处有适合自己需求的工作机会都不清楚，更何况做出明确的职业选择了。因此，个人对职业的认知会影响个人的职业态度。

(3) 家庭因素：包括家庭的社会经济地位、父母期望、家庭背景等因素。从国内外研究看来，家庭教育对个人发展影响的数据并不明显，但是，不论父母的学历高低、社会经济地位如何，大多数父母都希望自己的子女能拥有比自己高的学历，从事比自己有发展的工作。因此，在做职业选择时，家人的意见通常会影响个人的职业态度。

(4) 社会因素：包括社会地位、社会期望等因素。在职业发展的过程中，个人的最终目标是在其职业上有所表现，有更多的人希望自己成为社会中有身份、有地位的人。以目前的社会现象为例，一般人认为医生、律师、艺术家有较高的社会地位，清洁工好像是不入流的工作，虽然这并不是正确的观念，但或多或少影响了个人的职业态度。

很多时候，职业态度决定了一个人的发展前景。同样的工作环境，同一个起点，有些毕业生成为公司里的核心员工，受到老板的器重；有些毕业生却一直碌碌无为，不被人知晓；有些毕业生牢骚满腹，总认为自己与众不同，到头来仍一无是处。追根溯源，这些都是与个人的职业态度和努力有关。良好的工作态度是获得成功的前提，当一个人以积极、主动、勤奋、努力的态度对待工作时，工作就会给他同样珍贵的回报。很多事情我们无法选择也无法改变，但是我们却可以选择态度、改变态度。

📖【资料链接6-2】

∽ 责任心是事业成功的基石 ∽

"世界上没有卑微的工作，只有卑微的心态。"当希尔顿的前辈把马桶洗得干干净净，并盛了一碗水一饮而尽时，希尔顿深深地被震撼了，他发誓"即使一辈子洗马桶也要做个洗马桶最出色的人"。这是希尔顿当晚的日记，是他生命中的一个里程碑。他就是现在希尔顿五星级酒店的创始人——康拉德•N．希尔顿。

希尔顿的事例说明了一个道理：任何时候只要你敬重自己的工作，在工作中表现出忠于职守、尽心尽责的精神，你的工作就会受到别人的敬重，卑微的工作就变成了高尚的工作。工作意味着责任，每一个职位所规定的工作内容就是一份责任，一个人做了这份工作就应该担负起这份责任，我们每个人都应该对所担负的工作充满责任心。

当一个人对工作充满责任心时，就能从中学到更多的知识、积累更多的经验，就能在全身心投入工作的过程中不断成长，并在这一过程中找到自己的生存空间和乐趣。否则，当懒散敷衍成为一个人的一种习惯时，他的上司或同事就会轻视他的工作，从而轻视他的人品，最终他也难以在这个岗位上得到发展和提升。工作是人们生活的一部分，做着粗劣的工作，不但使工作的效能降低，而且会使人丧失做事的能力。工作上的懒散敷衍也许只是给公司带来一些缺陷或损失，但自己失去的也许是人生的全部。

有一位求职者到某大公司求职，经过交谈，老板觉得他其实并不适合他们公司的工作。因此，老板很客气地和那个人道别。那个人从椅子上站起来的时候，手指不小心被椅子上露出来的钉子划了一下。那人顺手拿起老板桌子上的镇纸，把露出来的钉子砸了进去，然后和老板道别。就在这一刻，老板突然改变了主意，他留下了这个人。事后，这位老板说："我知道在业务上他也许未必适合本公司，但他的责任心的确令我欣赏。把公司交给这样的人我会很放心。"

责任心是每一个职场人必须具备的品质，如果没有责任心，也就不可能对企业价值观产生认同感，很难取得同事的认可、团队的认同、上级的信任。那么，责任心如何体现呢？我认为：责任心要靠意识来维持，但要通过行动来体现；责任心要靠感情做支撑，但要通过事实来证明。

年轻的朋友，不要因为你眼前的职位卑微或者低下而感到气馁和沮丧。如果责任心已经深入你的心灵深处并成为你的生活习惯和工作习惯，实际上你已经跨入了成功殿堂的门槛，因为责任心是事业成功的基石。

(资料来源：邓功强.责任心是事业成功的基石[J].中国牧业通讯，2010(2):43. 有删改)

三、如何修炼职业素养

一个人职业素养的修炼，不是通过一堂课、一两年就能够完成的，它是在学业和专业的基础上的长期修炼。职业素养的高低决定了一个人事业的最终高度，大学毕业生可以从以下四个方面努力。

(一) 培养责任心

对于"责任心"这个词，每个人都可以轻松给出一个自己的定义，但是如果把这个定义付诸实践，却并非想象中那样轻松。在越来越激烈的职场竞争中，究竟什么样的人会成为最后的赢家？答案其实很简单，不是外表靓丽的人，不是有权势的人，也不是有财富的人，甚至不是有能力的人，而是具有责任心的人。对于任何一个人来说，想要获得一定的职位高度，就要有对这个职位负责的能力和责任心。

责任心像警钟，总能让我们清醒地意识到什么事情该做，什么事情不该做，以及什么事情坚决不能做。要培养良好的责任心，就要坚持做好以下四点：①多问自己"我做得好不好"；②变"要我做"为"我要做"；③把责任作为一种生存的法则，坚信没有做不好的工作，只有不负责任的人；④明确并坚持"真正的负责是对结果负责"。

(二) 提升时间管理能力

时间管理能力是工作是否高效的基础，也决定了一个人事业和生活的成败。要提升职业素养，就必须提升时间管理能力。

1. 克服拖延

要改变拖沓的习惯，可以尝试使用一个最简便的方法，就是在做某项工作时，为自己设定一个时间，如写一篇稿子或一篇汇报，为自己设定半个小时或一个小时，然后用倒计时的方式开始工作，你会发现比平时做同样的工作节省不少时间，原先写报告前的各种情绪预备工作等全部简化了，工作效率大大提高。要克服拖延，还要学会控制自己的情绪，对一些应该做的事情立即行动，快20秒。比如，周末是睡懒觉还是去参加论坛或讲座，这时候就要提前20秒，快速做出积极的决定，而不是躺在那儿考虑半天就是不行动。

2. 利用好零碎时间

每一次出现零碎时间时，你都如何运用呢？是去咖啡店坐坐，还是打电话跟朋友聊天？在生活中我们难免会碰到"会议时间延后20分钟""上班路上碰到堵车，无法按时回到公司"这些类似的情况，一年累计下来的时间也是非常可观的。美国的一项统计表明，能自觉运用碎片时间的人只有3%~5%，如果你能成为这3%~5%中的一分子，你的职业发展很可能比周围其他人快很多。

这些零碎时间可以做些"本来就决定在零碎时间完成的工作"。当然，你需要在平日就写下可在零碎时间处理的事情，列成一份清单，并将这份清单记在随身携带的记事本上。这些零碎时间，你还可以用于对当日的工作进行反省、学习、与客户(部属)联系，或者转化成适当的休息时间，等等。

(三) 挖掘自身优势，培养个人核心竞争力

核心竞争力是企业或个人所特有的、能够经得起时间考验的、具有延展性，并不易被竞争对手效仿、具有竞争优势、独特的知识和技能。在职业生涯中，挖掘和了解自己的优势，并以这些优势来形成核心竞争力，是一个人在职场中不可被替代的坚实后盾。核心竞争力如同一把锋利的刀，利用好它便可以轻易地切开一次次机遇的口子。大学毕业生要清楚地了解，自己到底有什么能让朋友、同事、上级领导及周边的人称道的东西，这些"东西"就是自己的比较优势。挖掘和用好自己的优势，就是打造自己的核心竞争力。

当然，在核心竞争力的培养上切忌贪多。一棵大树，如果旁枝过多很可能阻碍大树主干的生长，使大树失去足够的向上生长的能量。核心竞争力的培养也是如此，各种各样的兴趣、知识、证书过多，反而可能削弱一个人本来的核心竞争力，甚至让人产生"啥都想干，但没有特点，或没有一样能做到最好"的感觉。要在竞争激烈的职场上脱颖而出，最好的办法莫过于找到一个点，集中全部力量在这个点上，超越所有的竞争对手。

(四) 不断提升执行力

执行力，简单地说，就是按质按量、不折不扣地完成工作任务的能力。这是执行力最简单也最精辟的解释。个人执行力的强弱取决于两个要素——个人能力和工作态度，能力是基础，

态度是关键。因此，提升执行力一要通过学习和实践来提升个人能力，更要端正自身的工作态度：①要增强责任意识和进取精神。责任心强弱决定了执行力度的大小，进取心强弱决定执行效果的好坏。②要脚踏实地，从小事做起。从小事做起往往是一个人从呆坐胡思乱想到雷厉风行转变的第一步，更是一种正确的心态。个人成长在于不断积累，在"做小事"中历练自己，才能培养起做大事的能力。③要培养自觉的习惯，摒弃拖拉。 不少人在工作中常有这种状况：面对某项工作，想着反正也不着急要，先拖着再说，等到了非做不可甚至是领导追要的地步才去做。一旦习惯成了自然就变成了一种办事拖拉的工作风格，这其实是一种执行力差的表现。因此，执行力的提升需要把等待被动的心态转变为主动的心态，并使之形成习惯。④要加强过程控制和管理。提升执行力的一个行之有效的方法就是加强对工作的过程管理，对每项工作都制定进度安排，明确到哪天需要完成什么工作，在什么时间会有阶段性或突破性的工作成果，同时要自己检查计划实施的进度，久而久之，执行力也就会得到有效的提升。⑤提高执行力还需要团队精神。每个人都不是一座孤岛，在做工作时，需要相互协作、相互帮助、相互提醒，这样才能不断提升自己完成任务的能力。

第二节　角色转换与适应

📖【案例6-2】

∽ 小雅的故事 ∽

林小雅，女，某高校汉语言专业毕业生。毕业的时候，她进入一家网络公司，成了一名网站编辑。可正式上班第一天，她就觉得非常失落。为了给部门的同事留一个好印象，她精心打扮，挑选了衣柜里最贵、最正式的一套职业装，去单位报到。到单位人事部门办理好入职手续，人事部门的同事把林小雅带到了她所在的编辑部。编辑部的经理向部门同事简单介绍了她，给她安排好座位，让她先熟悉公司网站和操作后台。部门里面十几个同事除了最开始的时候鼓了几下掌欢迎她，就各忙各的，也没有人搭理她。再看看其他同事，穿的都是T恤、牛仔裤，非常休闲，自己一身职业装，似乎和他们更加格格不入了。就连中午吃饭的时候，也没有人问她要不要一起吃，结果她一个人在公司附近找了半天才找到用餐的地方。

第二天开始，林小雅就换下了职业装，学着其他同事穿T恤、牛仔裤去上班。一个星期下来，通过工作上的接触，林小雅开始和部门里的同事熟悉起来。对于工作，她是非常积极的。为了尽快熟悉工作，她从公司网站上找了大量资料，又从公司的书架上找了相关的参考书。她还经常向部门里的同事请教。可她发现，有些同事的态度特别冷淡，甚至连经理也总是说："有些问题，你自己先琢磨琢磨，不要一碰到问题就来问……"小雅觉得特别委屈，就是不会了才来问你们的呀，还不是想把工作做好？

最让小雅不适应的还是办公室的人际关系。以前在学校里面，同学都很单纯，即使遇到问题大家会争得面红耳赤，可过一会儿就好了。单位里面的同事完全不一样，有些非常冷淡，每天都板着脸；有些现实得让你躲避不及；最可怕的是，有些人看着和善，却会在你背后做一些小动作。有一次，小雅在办公室里面说公司的考勤制度不合理，全勤奖才100元，迟到一次却要扣掉50元。没想到，这些话第二天就传到经理耳朵里，自然免不了一顿批评。那之后，小雅上班的时候都不太敢说话，深怕自己不小心说错话又被人传出去了……几个月下来，小雅每天走进办公室，都觉得是一种折磨，一到下班时间就飞快地逃离办公室，不愿意在办公室多待一分钟……

对离开校园，走上工作岗位的大学毕业生来说，顺利地适应新工作和新环境，是他们必须首先面对的一个重要问题。这其中，最重要的莫过于怎样完成学生角色到工作角色的转变。本案例中的林小雅就是没有认识到这些差别，才在角色转化的过程中遇到了困难。上班的第一天，小雅觉得办公室的同事非常冷漠。没有人愿意搭理她。工作之后，遇到问题和困难，小雅经常向同事请教，没想到连经理都告诉她，不要动不动就问别人问题。办公室的人际关系更是让她望而却步……

对于刚刚走上工作岗位的大学毕业生，或多或少心里都留存着象牙塔的痕迹，对职场生活都会有不同程度的不适应，会产生一些"恋旧"心理，不自觉地把公司的同事和以前的同学相比，或者把公司的领导和大学的老师相比。但是，和学生生活相比，踏上工作岗位之后，社会各方对大学毕业生提出了更多的工作要求，如压力考验、主动性、面对工作问题的思考和解决能力、人际关系考验等。只有充分意识到学生角色和工作角色的不同，大学毕业生才能更好地适应职业生活。

(资料来源：作者根据相关资料整理)

一、角色转换和环境适应

对于即将离开校园、走上工作岗位的大学毕业生来说，第一次参加工作面临的最重要的一件事情就是角色转换。在这一转换中，如表 6-1 所述，新(职业角色)旧(学生角色)角色间存在着身份、物理环境、任务结构、经济状况、挑战性和自主性等各种差异。因此，要在新工作岗位上做出成绩，最需要的莫过于积极适应，尽快完成学生角色到职业角色的转换。

表6-1　学生角色与职业角色对比

内　容	学生角色	职业角色
思维角度	一般只关注是什么	主要关注做什么
思维方法	他人出问题，被动思考和回答	自己发现，主动思考问题
解决问题	强调独立思考并解决问题	团队沟通，协作解决问题
地位立场	主体地位，学校为学生服务，是获取主体，依赖家长和学校	客体地位，为职场和团队服务，是奉献主体，工作生活独立，参与竞争，独立承担责任
行事规则	处事交往与待人接物比较简单直接，不牵涉过多的利益纠纷	高效做事，以结果为导向，绩效为王
合作习惯	松散的，情感导向	义务性的，利益导向
承担责任	以学习、探索为主要任务，在校园内受校规校纪的约束	必须服从领导和管理、适应职场，犯错误要承担相应的成本、风险和责任
社会权利	接受教育权	行使职权，开展工作，获得报酬
社会规范	学生规范，学校规章制度	职业规范
生活环境	简单生活方式，生活环境单纯	必须适应不同环境和组织文化

（续表）

内　　容	学生角色	职业角色
人际关系	单纯、民主、平等、自由	复杂、明确等级关系、服从管理
活动方式	学习知识和培养能力，接受给予	运用自己的知识和能力，提供劳动

大学生大多处在 18~24 岁这一年龄阶段，这是人生中增长知识、发展智力、培养能力的重要阶段，其中心任务是努力学习以专业知识为主的多方面知识，培养以专业能力为主的各种能力。这一阶段，学生以学习为主，经济上要依靠家庭。所以，可以这样定义学生角色：在社会教育环境的保证下和家庭经济的资助下，学习知识，培养能力，全面提高自身素质，努力使自己成为社会的合格人才，属于消费者，基本不具备产出经济效益的能力。

职业角色的个性表现非常具体、千差万别，但是职业角色仍有一定的共性：职业角色扮演者具有自己的社会职位和一定的职权，有相应的职业规范，有一定的基础知识和业务能力，能履行一定的义务，经济上比较独立。因此，我们可以这样定义职业角色：在某一职位，以特定的身份，依靠自身知识和能力并按照一定的规范具体地开展工作，在行使职权、履行义务为社会做出贡献的同时取得相应的报酬，属于创造者、主动者和有责任者。

因此，学生角色与职业角色的不同在于：一个是受教育，掌握本领，接受经济供给和资助，逐步完善自己；一个是用自己掌握的本领，通过具体的工作为社会服务，以自己的行为承担责任，并取得相应的报酬。两者之间的发展目的、社会责任、面对的环境、社会规范和权利、方法技能均有所不相同。

二、职场常见适应问题

从校园进入职场，从学生转换为社会人，大学生在从学生角色向职业角色转换的过程中往往面临着新旧角色的冲突。加上职场环境和学校环境的明显差别，大学生初入职场的时候容易出现以下适应问题。

（一）心理适应问题

（1）恋旧心理：不少毕业生走上工作岗位后，会对学生角色产生强烈的依恋。10 多年的读书生涯使得大学毕业生在学习、生活和思维方式上养成了一种相对固定的习惯，学生角色的体验可谓印象深刻。因此，初入职场的大学毕业生常常会不自觉地把自己置身于学生角色之中，以学生角色的习惯方式来待人接物，观察和分析事物，对待工作。

（2）畏惧心理：面对新环境，一些毕业生在刚走进新的工作环境时，不知道工作应该从何入手、如何应对，在工作中缩手缩脚，怕担责任，怕出事故，怕闹笑话，怕造成不良影响，于是工作上放不开手脚，前怕狼后怕虎，缺乏年轻人的朝气和锐气。

（3）浮躁心理：有一些毕业生对人才的理解不够全面和准确，进入单位之后不愿意从小事做起，甚至认为一个堂堂的大学毕业生干一些琐碎的、不起眼的工作是大材小用。这一类毕业生往往轻视实践，眼高手低，一阵子想干这项工作，一阵子又想干那项工作，表现出不踏实的浮躁作风、不稳定的情绪情感。

（二）人际关系适应问题

人际关系是一门艺术，讲究的就是如何与别人和谐相处，但人际关系又是一道门槛，尤其对于初涉职场的大学生来说，先学会与同事相处或许比学习更重要。然而，职场人际关系往往错综复杂，大学毕业生初出茅庐，在人际关系的处理上往往会遇到一些小障碍：处理不好与领导、同事的关系，处理不好个人与集体的关系，处理不好工作和朋友、爱人的关系，等等。

（三）职业技能适应问题

职业技能适应问题是大学毕业生在职场适应阶段无法忽视的另外一大难题。刚踏入职场的大学毕业生也许文凭过硬，理论知识也学得不错，但是往往缺乏实践技能和实践经验，对岗位需求的知识技能储备不足，加上对岗位认识的不足，工作过程中难免出现硬伤。

（四）职业发展与职业稳定性

麦可思研究院发布的《就业蓝皮书：2022年中国本科生就业报告》显示，毕业生职场稳定性趋于平稳，2021届毕业生离职率为22%。医学毕业生职场忠诚度持续最高，艺术学毕业生职场流动性较强。就业稳定性与专业特点、就业所在用人单位类型等均有一定的关系。

追求薪资福利和发展空间是毕业生选择离职的主要因素。具体来看，2021届毕业生因薪资福利偏低、个人发展空间不够而离职的因素(分别为35%、35%)，比2020届(分别为39%、38%)、2019届(分别为43%、47%)明显下降。另外，值得注意的是，2021届毕业生因准备求学深造而离职的因素(21%)，比2020届(16%)上升了5个百分点，这也与用人单位对毕业生的岗位胜任能力需求提升有关。

📖 【资料链接6-3】

❧ 大学生"闪辞族"的是与非 ❧

毕业季渐渐远去，许多毕业生已经工作了一段时间，但有的毕业生又重新回到人才市场求职。这类大学生不在少数，还有一个新的名词来形容他们——"闪辞族"。钱太少、工作无聊、气氛差、没前途成了他们闪辞的主要原因。专家表示，现在一些"90后"大学生个性张扬、积极创新，但又太理想化，如此频繁地辞职，并不利于他们以后的发展。

近年来，大学生频繁跳槽的现象已不是什么新鲜事了，从"跳早族"到"闪辞族"，似乎有越演越烈的趋势。新一代大学生多是独生子女，家长对他们百依百顺，他们娇生惯养，在学校里一帆风顺、没受过任何挫折，因此，即使是很多来自农村家庭的大学生，也缺少吃苦耐劳的精神。

近日，一个出身农村、享受过助学金的女博士在微博上扬言"毕业后死都不下基层"，从她的身上就能看出当今大学生的特点和问题：他们大都自认为是天之骄子，带着理想和憧憬走出校门，但走向社会后才发现理想和现实差距很大，没有人对他们"高看一眼"，这造成了他们心理上的不平衡。另外，受社会不良风气的影响，一些大学生的人生观、价值观出现偏差，只追求享乐，却不愿吃苦、急于取得名利。这些都是导致一些大学生频繁跳槽的因素。

但频繁跳槽这一问题也不能完全归责于大学生，他们之所以选择跳槽，有的也是因为一些企业的发展、管理模式确实存在诸多问题。一些单位在用人上"论资排辈""任人唯亲",造成青年员工产生"不靠关系"难以发展的观念。在这样的环境下,大学生难以专心工作,对自己的前途没有信心,他们的跳槽也成了一种为了自身发展的无奈选择。

在当前严峻的就业形势下,出现频繁跳槽的"闪辞族",很是耐人寻味。这既给用人单位敲响了警钟,也给教育体系拉响了警笛。对于"闪辞族",我们不能完全谴责他们,也不能过于迁就他们,要多从教育体制、单位用人机制上查找问题。教育体系和育人方式要跟上社会的发展,在注重文化素质的同时加强精神引领和思想品德的培养;用人单位要为大学毕业生创造一个公平的用人环境,多为他们创造施展才华的舞台。"闪辞族"并不是大学生的个人问题,这是全社会需要共同面对的问题。

(资料来源:http://pinglun.youth.cn/zqsp/201208/t20120813_2352489.htm,有删改)

三、职场环境和角色适应

大学校园和职场是两个截然不同的场所,初涉职场的大学毕业生无法预测各自将进入什么样的环境,会接触什么样的上司和同事,能否顺利完成"学生"到"职业人"的角色转变,更没有人能在走入社会之前,较好地完成入职彩排和演练。对他们而言,仿佛只是一瞬间,他们就要完成学生到职场人士的角色转变。为了顺利度过这一角色转变过程,大学毕业生有很多功课要去做。

(一) 不断学习,积极提升专业技能

作为一名职场新人,毕业生在进入单位之后,首先要了解和熟悉自己的工作环境。在此基础上,才能弄清楚自己所承担的工作角色,以及该角色的工作要求和职责范围,弄清楚工作关系中上级赋予自己的职权和自己应承担的义务。因此,初到工作岗位,毕业生要以积极主动的态度搜集与自己工作岗位相关的一切信息。

此外,职场新人还要以学习的态度对待工作,不时给自己充电。要做好工作,必须有丰富的知识。这些知识与学校所学的内容又有所不同,更多是从实践经验中积累起来的。所以,作为职场新人,要有海绵一样的吸收力,虚心向同事学习、吸收各种经验、方法和知识,并逐步消化。

(二) 心理充电,增强心理适应能力

心理充电首先表现为正确定位、主动适应。很多毕业生在踏上工作岗位之后,发现理想与现实之间存在一定的距离,职场文化和校园文化之间有着非常大的差异。再加上刚刚毕业的大学生在单位中往往都是做着最基层、最琐碎的工作,心理上的落差是不可避免的。这个时候,毕业生需要根据现实环境,多角度审视自己,及时进行新的自我定位。接触一份工作,不仅要了解自己内心深处的追求、理念、个性、兴趣等,还要综合考虑工作的性质、自己的业务特长和其他方面的能力,对自己进行综合定位。在工作的过程中,更要根据具体情况的变化从多个角度更客观地评价自己、欣赏自己,认识自己的工作价值。

此外,学会自我放松,寻找好的解压方式,释放工作压力,学会休息和调节,同样非常重要。放松的方式非常多,如给自己放个假,出去旅游;利用业余时间参加一些娱乐活动;与家

人、朋友适时交流，缓解一下工作压力；等等。张弛有度的生活能让人重整旗鼓，再度投入工作。

(三) 树立良好的职场第一印象

对初入职场的新人来说，"给人留下一个良好的印象"就是成功的一半，努力给人良好的第一印象是非常重要的，因为良好的第一印象往往是良好职业形象的成功开端。反之，如果因为无心之失给领导、同事留下不甚理想的第一印象，可能会给自己的工作带来不少麻烦。

心理学上有个词语叫作"首因效应"，指的是人与人第一次交往中给人留下的印象，会在对方的头脑中形成并占据主导地位的效应，也叫作首次效应、优先效应或第一印象效应。换句话说，首因效应指人们根据最初获得的信息所形成的印象不易改变，甚至会左右对后来获得的新信息的解释。因此，首因效应在人们的交往中起着非常微妙的作用。

虽然很多人都明白不能仅靠第一印象来判断别人，但是不可否认，这个多数人都有所耳闻的心理现象仍然在人们的工作和生活中起着非常重要的作用。当不同的信息结合在一起的时候，即使后面获得的信息与前面的信息不一致，但因为先入为主，人们会下意识地跟着首因效应的感觉走，很少有人愿意花时间去进一步了解一个留给他不美好第一印象的人。因此，首因效应给了初入职场的毕业生一个很好的警示，那就是初入职场要仪表端庄、举止大方、诚实守信，努力给人留下美好的第一印象，赢得同事、领导的好感和支持，为顺利开展工作创造良好条件。

(四) 培养良好的人际交往能力

(1) 培养良好的人际交往能力，首先要增强个人的主动性。职场个人主动性主要是两个方面的主动：一是工作上的主动思考。初入职场，如果做事过于被动、缺乏主动，肯定不受欢迎。不经思考、过于好问也会惹人烦。在学校，教师的工作就是传道、授业、解惑，学生可以"揪着"教师不放；但是在单位，很多问题都需要在工作中边做边学，需要自己认真观察、独立思考、慢慢体会。因为每个人都有自己的工作，不可能总是充当别人的老师。要实现从学生角色到职业角色的转变，就要不被一些陈旧的思维习惯和行为习惯束缚，不要怨天尤人，努力改变自己习惯的思维模式和习惯行为。二是主动交流。要主动沟通，积极融入团队。职场的人际关系比大学复杂一些。工作中不可避免会遇到形形色色的人，如果觉得公司人际关系复杂，惹不起就躲，只会慢慢地将自己孤立起来。事实上，工作中的人际关系是一门大学问，只有主动去解决这门学问带来的难题，理顺工作关系并很快融进"圈子"，才能给自己带来更多进步的空间。

(2) 善于倾听，做一个有耐心的听众。倾听是人际交往中有效沟通的必要部分。倾听是一门艺术，不仅要用耳朵来听说话者的言辞，还要全身心地去感受说话者在谈话过程中表达的言语信息和非言语信息。在接纳的基础上，积极、认真、关注地倾听，并在倾听时适度参与，不仅是对说话人的尊重，而且对于大多数人来说，被听见满足了他们自我表达及与他人沟通联系的需要。从这点上来看，善于倾听的确是职场人士所必备的素质之一，它能让职场关系更融洽。而对于作为倾听者的大学毕业生来说，学会倾听不乏为一条学到东西的捷径。教育心理学家曾对人的一系列交往活动进行研究，结果发现，在人们的各种交往方式中，听占45%，说占30%，读占16%，写占9%。这一连串的数字告诉我们，人有近一半的时间在听，听是人们获取知识的主要途径之一。

此外，运用非语言形式来进行人际沟通也是提高人际交往技能的一种方式。有时候，一个眼神、一个手势、一个微笑就可以拉近人与人之间的距离。大学毕业生要多学习人际交往的各种技巧，为自己营造良好的职场人际关系，推动自身职业生涯的发展。

(五) 适时总结，不断调整个人职业发展规划

职业发展是无法一步到位的，职业规划更是如此，它是一个动态的过程，必须根据实施结果的情况以及变化进行及时评估与调整。对此，大学毕业生需要做好足够的心理准备，在工作过程中要对实际情况和目标的实现程度及时分析、适时总结，深入进行自我探索和职业探索，逐步找到适合自己的职业发展方向和人生定位。当然，这还需要毕业生客观评价自己的才能，对自己的职业倾向做出准确的判断。毕业生在进行职业发展规划调整和评估时要特别注意以下三点：

(1) 合理看待薪资问题。初入职场，因为工作经验和资历的限制，毕业生的收入相对较低。但如果将个人收入看得特别重要，反而会影响薪资持续提升的空间。毕业生尤其要理性看待薪资问题，合理平衡个人收入和个人成长。

(2) 不轻易否定自己和工作的公司，不要盲目跳槽。如果总是不断换公司，那么每次都是在起点上。跳槽之前，要看清大趋势，不要盲目追求高薪，要多考虑隐形成本，如时间、精力，经营良好的人际关系，未知的风险，以及由此可能带来的心理压力，等等。

(3) 注重积累，投入专注，扎扎实实从基础工作做起。专注是职场非常重要的品质之一，也是职场非常核心的竞争力之一。《心理科学进展》中的一项研究指出，对工作保持积极和认同的态度，能提高效率，让人富有激情，增加人的整体幸福感；相反，不断换工作，则容易使人对工作心生厌烦，甚至出现职业倦怠。与其这山望着那山高，不如尝试把工作当作对自身的一种培训，专注于行业，一步一个脚印，步步扎实。

📖【资料链接6-4】

∽ 职场红人八大特质 ∽

特质一：为人自信，处世低调

一个对自己充满自信的人，走在路上也会神采飞扬，看上去拥有无穷的活力和能量；在工作中，一举一动、待人接物都大方得体，给公司形象加分，给老板添光。有些人有着国外名校学历、海归背景，但在工作中从不恃宠而骄，也不张扬树敌，而是以处处成熟稳重的作风赢得老板的信任，有能力又不骄纵，自然能得人心，晋升为老板身边的红人。

特质二：忠于公司，忠于老板

忠诚于自己所服务的公司，获得管理者的信任，往往能获得更多的托付、承担更大的责任。特别是在遇到危机时，如果能站在老板的角度看问题，你会理解他的良苦用心，还会感激他大难临头时坚持不让公司倒下，那么你虽然解决不了他的燃眉之急，但让他感受到你的理解和支持，有助于帮他宣泄情绪、排解压力，他会从心底感激你。拥有很高的忠诚度是职场红人的显著特点。

特质三：积极主动，愿意付出

"努力不一定成功，但不努力就一定会失败。"不管你是前台接待，还是身负CEO(首席执行官)大任，在职场上取胜的黄金定律之一就是有责任心，任劳任怨，凡事尽力而为。在工作上，

永远不要试图去敷衍。也许你认为只要在办公室努力工作就行，但实际上你到底在工作上用了多少心思、花了多少精力，精明的老板心里一清二楚。所以，职场红人通常在工作中始终秉持"付出"的心态，积极主动地投入工作。

特质四：善于表达，勤于沟通

良好的语言表达和沟通能力是现代职场上必不可少的核心技能，任何工作都少不了。当上司需要物色管理人员时，他选择的通常会是那些善于与他人沟通的人，而不是那些"闷葫芦"。一般来说，善于沟通的人更能够领会上司的意图，更善于解决实际工作中的各种矛盾。大多数老板宁愿招一个能力平平但沟通能力出色的员工，也不愿招一个整日独来独往、我行我素的"英才"。可见，能够与同事、上司、客户顺畅地沟通越来越成为企业招聘时注重的核心技能。

特质五：与人为善，受人欢迎

"你怎么对待别人，别人就会怎么对待你。"《水知道答案》一书很好地诠释了这一理念。获得职业成功的人一定是建立在良好的人际关系基础上的，你不一定是处理人际关系的老手，但一定要建立良好的同事关系。融洽的人际关系也能帮助你在工作中保持良好的心态和情绪，有利于你表现出色，更好地融入集体。在职场上，尽可能做一个与人为善的好人。虽说职场如战场，但在别人遇到困境时，请热情地伸出援手。当你在工作上不小心出现纰漏，或当你面临加薪或升职的关键时刻，有着良好人际关系的你，会得到意想不到的帮助。如果你恰好还是办公室的开心果，善于制造愉悦气氛，经常鼓励同事，想不成为职场红人都难！

特质六：做老板眼中好用的人

随机应变，时刻准备，做老板眼中好用的人。其实，基本道理不过是句老话：机会总是垂青有所准备的人。职场危机或意外情况总是在最没有防备的时候发生，当大多数人感到无所适从时，那个挺身而出、化险为夷的你必然能赢得老板欢心。当下的职场，做红人的明显特质就是有着开放的态度，学习力强，可塑性强，敢于挑战，具有核心能力，除了技能专长外，"做好用的人"更重要的是态度上的转换。

特质七：有清晰可行的职业规划

成功的职业生涯需要尽早地确定合适的职业定位。分析职场中成功人士的一些职业经历，我们发现，他们在职业生涯的早期就有了准确的职业定位和完善的职业规划。因此，尽早确定自己适合的行业和职业是职业成功的关键。

不少职场红人在职业发展中始终保持着良好的心态，珍惜自己的工作机会，而不是频繁跳槽。因为对自己有着明确的职业规划，所以他们对"为什么而忙""为什么而工作"的问题有了新的认识。当自己职业目标清晰、职业规划明确后，就可能令工作满意度更高，生产力更大，学习更有针对性，工作持久性增强，个人职业竞争力也将充分提升，进而获得更高的报酬，掌控自己的职业生涯。一个对自己有着清晰职业规划的员工，更是老板值得培养和信赖的职场红人。

特质八：适度表现，秀出努力

想要证明你比其他人更值得挽留，首先要做好你的本职工作，但要注意，埋头苦干并不等于一定会有好的业绩，也不等于老板一定会认可你的工作。聪明的职场红人往往懂得适度表现，放大自己的努力和付出，这样往往会有事半功倍的效果。比如，以前习惯用MSN与客户沟通，现在改成电话联系或直接在办公室约见，让老板亲耳听到、亲眼见到，这是你努力工作的最好证据！

(资料来源：https://www.yjbys.com/qiuzhizhinan/show-153430.html，有删改)

问题思考

1. 有人说职业道德是从业人员取胜职场的立足之本，你如何看待这一观点？
2. 在日常的学习、生活中，你是如何修炼自己的职业素养的？
3. 你认为从学生角色向职业角色转换的过程中，需要注意哪些方面？
4. 如何通过首因效应顺利迈出你的职场第一步？

信息园

初入职场要懂三个生存法则

在职场打拼三年的季铭(化名)现在供职于某合资企业，当同龄人还在办公室里做些基础工作时，他却在组织一场会议或负责开展新的项目，他如何在短短几年时间内就成为一名"资深"员工呢？季铭说还是要感谢刚入职时的懵懂时期。"刚入职时我是职场菜鸟，每次开大会，听一些专业术语就像听外语一样。"季铭回忆着刚入职时的情况，继续说道，"每次遇到生僻的专业名词就向同事请教，如果还不明白就继续追问，并不觉得不好意思。三个月试用期后的专业考试我拿到当年的最高分。"

1. 敢于提问，不懂不装懂

懵懂期对于职场新人来讲是必经的过渡阶段，职场新人不要怕承认自己的"无知"，也不要刻意附和，假装明白，因为不懂装懂会给今后的工作带来更多麻烦。

"我曾带过一名刚毕业的学生，工作态度很主动，一次，交给她任务后告诉她还有哪里不明白可以提出来，她特别肯定地说没问题，但结果却是不能按时完成。后来才知道是她为找一些专业资料耽误了太多时间。"来自某地产企业的人力资源主管孙丽娜(化名)说，"很多刚入职的毕业生，为了尽快摆脱学生气，常常不懂装懂或附和他人，以显示自己'很专业'，也许这种做法当时能够蒙混过关，但却为事后工作埋下了隐患。"孙丽娜特别强调，初涉职场遇到不明白的问题是不可避免的，领导和同事也愿意去帮助新人度过这一时期，让新人尽快融入所在团队。作为新人，应该敢于提问，这样才能让领导和同事有针对性地去指导。

2. 掌握方法，赢得更多机会

在职场中，不仅要敢于提问，还要善于提问。在向他人发问前应当先厘清思路，问问自己是否处理过类似问题，而不是遇到问题就不经思考地直接向别人求助，只有那些含金量高的提问才能够在解决问题时为自己赢得更多的工作机会。

"我给职场新人的一点建议是，可以先了解问题的始末，再回去消化一下，上网查查资料，在整理的过程中一些问题就会迎刃而解，剩下的再统一提问，争取能够通过一次提问，对整件事有一个系统的了解和认知。"孙丽娜(化名)还说，"这样能给领导留下好学、思路清晰的好印象，有助于今后成长。"

最让领导和同事头疼的是那些毫无意义或重复性的提问。"之前一名实习生每次提问，要么是问一些重复过很多遍的资料数据需求，要么就问办公设施如何操作，而不去认真看上面的使用说明。"孙丽娜无奈地笑了笑说，"像这种提问没有思考，提问后也没及时记录汇总的问题，是最让领导和同事厌烦的。这种幼稚的问题带给职场新人的则是领导对其学习能力的怀疑。"

3. 积极主动，避免被动学习

职场新人踏入社会，没有了每天满满的课程和作业，也不需要再去为期末考试发愁，突然的"自由"却让其失去了方向感，仿佛不知道接下来该做什么，"迷茫"成为职场新人懵懂时期的形容词。

来自某大型国企的综合主管刘珊珊(化名)说："职场新人刚入职时应该还算是一名学生，学生存在被动接受的意识，学习的模式就是老师在台上讲，他们在台下听，并且以学期末的考试作为检验，即使成绩不合格还可以参加下一次补考；而在工作中，如果依旧被动学习、被动对待问题，出了差错将没有下一次机会，后果很难弥补。"刘珊珊认为，职场新人刚刚工作时还没有形成主动去要求、索取知识的习惯，也不知道下一个目标在哪里，所以才会产生懵懂期的迷茫。对于这种现象，只有积极主动地去发现问题、提出问题、解决问题才能提高自身学习能力。

(资料来源：https://mp.weixin.qq.com/s/ulPMthzCgaYsSdKKUPBnWA，有删改)

第〇七〇章

权益保障

健全劳动法律法规，完善劳动关系协商协调机制，完善劳动者权益保障制度，加强灵活就业和新就业形态劳动者权益保障。

——习近平，党的二十大报告

📖【案例7-1】

∽ 400余名大学生被骗上百万！求职注意…… ∾

近年来，大学生就业压力逐渐增大，风险点逐步增多。一些不法分子不断翻新作案手法，以"高收入、高回报、免费培训"为诱饵，有的骗取"服装费""体检费""中介费"；有的诱骗大学生"高息网贷"支付上述费用；有的以创业项目为名，引诱、强迫大学生参与传销、刷单、洗钱等非法活动，设下各种创业就业陷阱。

2023年2月6日，四川省公安厅公布的一起案例引发关注：2022年2月，犯罪嫌疑人胡某某成立四川某教育科技有限公司，伙同17人专门针对在校大学生、应届毕业生和有培训需求的应聘人员，在求职平台上发布虚假高薪招聘信息，通过一系列套路陷阱，诈骗400余名求职大学生，涉案金额达131万元。

2022年2月，小李(化名)临近大学毕业，为了增加自己简历的含金量，决定报考一个消防设施操作员职业技能鉴定证书，在网上浏览了大量网站信息之后，四川某教育科技有限公司(以下简称公司)主动联系上了他。对方给小李发了营业执照以及相关的考证过程，小李也没有过多怀疑。8月份，小李问公司能不能提前考试，对方给他发了一个考试网址，小李登进去才发现自己身份审核不通过，不符合考证资格。意识到自己可能被骗的小李再次尝试联系公司，才发现自己已经被拉黑了。当时小李培训的课程上了五分之三左右，但在培训之前对方根本没告诉他不符合考证资格。

该案中被骗大学生有400余名，涉案金额达131万元。小李想要报考的消防设施操作员职业技能鉴定证书需要在相关单位入职后才能报考，公司隐瞒了这一事实，诱导小李参加培训，以收取培训费。

案中，胡某某伙同17人，从各种渠道购买了一些假的营业执照，然后借此发布高薪招聘信息。当求职者应聘好相应的岗位之后，对方才告知该岗位需要求职者具备某种资格证，并诱导求职者参加公司的培训。实际上，这些高薪岗位根本不存在，当求职者缴纳培训费之后，或被告知岗位已招满，或被告知项目暂停，此时的求职者不仅没能得到想要的工作，还损失了一笔培训费。

(资料来源：https://www.ncss.cn/ncss/jyfxts/yjts/202303/20230331/2270550320.html，有删改)

📖【课前思考】

　　1. 大学生在就业求职中在哪些方面需提高防范意识？

　　2. 大学生应该如何保障自己的权益？

第一节　就业权益

📖【案例7-2】

◈ 先试用合格再签订劳动合同，违法！ ◈

　　2021年国庆节前，一家旅行社招用了10名应届高校毕业生。他们入职时，公司负责人发话："三个月试用期，做得好才签合同。"为保住"饭碗"，这些员工经常加班加点。谁料仅仅过了两个多月，公司负责人就以"试用期考核不合格"为由拒绝签订劳动合同并将他们全部解聘。

　　实践中，即将毕业的大学生在找工作时会遇到这种情况：在与用人单位签订合同之前，先要经历一个"试用期"，而在"试用期"即将结束时，他们就被用人单位打发了。对此，劳动者应加以警惕。

　　《中华人民共和国劳动合同法》(以下简称《劳动合同法》)第七条规定，用人单位自用工之日起即与劳动者建立劳动关系。该法第十九条第四款规定："试用期包含在劳动合同期限内。劳动合同仅约定试用期的，试用期不成立，该期限为劳动合同期限。"

　　从这些规定可以看出，不论劳动合同的期限如何约定，用人单位均应在劳动者开始为其工作时就签订劳动合同，并根据劳动合同期限约定试用期。也就是说，不存在单独的试用期。同时，《劳动合同法》还规定，劳动者在试用期的工资不得低于本单位相同岗位最低档工资或者劳动合同约定工资的80%，并不得低于用人单位所在地的最低工资标准。

(资料来源：https://24365.smartedu.cn/ncss/jyfxts/fpzn/202203/20220318/2174064599.html，有删改)

　　鉴于用人单位不与劳动者签订书面劳动合同的情况较为普遍，劳动者的权益极易受到侵害，《劳动合同法》更加强调，"建立劳动关系，应当订立书面劳动合同"。大学毕业生求职就业要特别注意这一环节。

一、大学生就业权益的主要内容

　　根据目前大学生就业政策和有关法律法规的规定，毕业生在求职过程中主要享有以下几方面的权益：

　　(1) 接受就业指导权。《中华人民共和国高等教育法》规定，"高等学校应为毕业生、结业生提供就业指导和服务"。由此可以看出，接受就业指导和服务是毕业生的一项重要权益。各高校应成立专门的大学生就业指导服务机构，配备专门人员对毕业生进行就业指导和服务。按照教育部的要求，所有高校从 2008 年起开设就业指导必修课或必选课，将此视作学生接受就业指导和服务的深入。

(2) 平等就业权。毕业生在参加就业求职过程中，应当享有平等就业权。平等就业，不仅包括就业机会的平等，也应包括就业帮扶的平等。具体而言，应当包括及时、全面、有效地获取就业信息，能够公平、公正、择优推荐，参加"双选"时与用人单位自主洽谈协商等；根据国家有关规定，在国家就业方针、政策指导下"双向选择，自主择业"。对于就业有困难的大学生群体，政府、社会、高校有提供就业帮扶的义务。

(3) 公平待遇权。用人单位在录用毕业生的过程中，应当公平、公正，一视同仁。公平受录用权是毕业生最为迫切需要得到维护的权益。除此之外，按照我国相关法律的规定，劳动者提供劳动，按照同工同酬的原则进行劳动报酬分配，也是公平待遇权在就业过程中的表现。

(4) 违约求偿权。毕业生就业协议一经签订，毕业生、用人单位、学校三方都应严格履行。任何一方提出变更或解除协议，均须得到另外两方的同意，并应承担违约责任。对于用人单位无故要求解除协议的，毕业生有权要求对方严格履行就业协议。给毕业生造成损失的，应该按照违约赔偿分配责任，承担相应的赔偿责任。

二、求职就业过程中个人权益的自我保护

毕业生求职就业过程中个人权益的自我保护一般体现在以下几个方面：

(1) 了解有关政策和法律规定，增强法律意识。毕业生应了解目前国家关于毕业生就业的有关方针、政策和规范以及它们之间的关系，明确在就业过程中的权利和义务。如果在就业过程中用人单位的单方面规定与国家政策、法律、法规相抵触，侵犯了自己的权益，毕业生应勇于并善于依法维护自己的合法权益。

(2) 预防侵害自身合法权益行为的发生。毕业生在就业求职过程中要有风险意识，认识到社会的复杂程度，学会自我保护的技巧和知识，对于有些用人单位招聘人员时，使用夸大待遇条件等欺骗手段的做法要有提防戒备心理，预防侵害自身合法权益的行为发生。

(3) 用法律手段维护自身合法权益。由于高校毕业生就业市场尚不成熟，受到社会风气和人们旧观念、旧思想的影响，在就业过程中不可避免会出现一些不公平现象，侵害毕业生的正当权益。随着我国劳动保护法律法规建设的不断完善，已经产生了一套比较完整的劳动纠纷解决机制。在自身权益受到侵害时，毕业生有权向用人单位上级主管部门申诉，也可提交当地劳动争议仲裁机构进行调解和仲裁，或者直接向人民法院提起诉讼。

📖【资料链接7-1】

∽ 如何保护试用期的个人权益 ∽

试用期是劳动者与用人单位协议约定的期限，到期后，由双方决定是否继续合作的一种权利期限。根据《劳动合同法》第十九、二十条规定，劳动者试用期最长期限为六个月，且在试用期，劳动者工资除了不得低于本单位相同岗位最低档工资或者劳动合同约定工资的80%，还不得低于用人单位所在地的最低工资标准。大学生一定要注意试用期的时间以及工资问题。另外，一些尚处于试用期且有辞职打算的大学生，根据《劳动合同法》第三十七条规定，需提前三日通知用人单位解除劳动合同。除此之外，试用期的劳动者也有权拒绝用人单位不合理的要

求，当遇到用人单位的违法行为时更要学会及时拒绝与制止。毕业生如果在就业过程中遇到此类问题，一定要善于维护自己的合法权益，避免引火烧身。

❧ 劳动合同有什么作用 ❧

劳动合同的订立是双方存在劳动关系的重要证明。《劳动合同法》第八十二条规定，用人单位自用工之日起超过一个月不满一年未与劳动者订立书面劳动合同的，应当向劳动者每月支付二倍的工资。用人单位违反本法规定不与劳动者订立无固定期限劳动合同的，自应当订立无固定期限劳动合同之日起向劳动者每月支付二倍的工资。需要注意的是，劳动关系的成立是从用工之日起算的，而不是签订劳动合同之日。

毕业生需要注意，在入职工作一个月内，单位还未主动与自己签订劳动合同或是在自己的要求下单位一直回避与自己签订劳动合同时，就要做好一定的防范，注意保留相应的证据，如平时的签到表、工服、号牌等能够证明劳动关系成立的证据，以备发生纠纷时能够很好地维护应有的合法权益。

❧ 用人单位已向毕业生发放"录用通知书"，可以以疫情为由取消录用吗 ❧

"录用通知书"是用人单位想要建立劳动关系的单方面意思表示，此时劳动关系尚未建立，但一旦被录用者对"录用通知书"做出接受的承诺，"录用通知书"即对用人单位产生约束力，若以疫情为由，违反"录用通知书"约定，未订立劳动合同则需要承担赔偿责任。《中华人民共和国合同法》(已废止)第四十二条规定，当事人在订立合同过程中有下列情形之一，给对方造成损失的，应当承担损害赔偿责任：有其他违背诚实信用原则的行为。

❧ 毕业生正式就职期间，因为疫情防控，无法按时返岗复工，能否按照旷工处理 ❧

(1) 具体要求详见就职所在地所属省份的政策规定。例如，河南省高级人民法院、河南省人力资源和社会保障厅联合印发的《关于做好涉新型冠状病毒肺炎疫情防控劳动争议处理工作的通知》规定，劳动者因疫情防控措施影响不能按时返岗，不应认定为旷工等。

(2) 《人力资源社会保障部办公厅关于妥善处理新型冠状病毒感染的肺炎疫情防控期间劳动关系问题的通知》(人社厅明电〔2020〕5号)：一、对新型冠状病毒感染的肺炎患者、疑似病人、密切接触者在其隔离治疗期间或医学观察期间以及因政府实施隔离措施或采取其他紧急措施导致不能提供正常劳动的企业职工，企业应当支付职工在此期间的工作报酬，并不得依据劳动合同法第四十条、四十一条与职工解除劳动合同。

❧ 灵活就业中不可忽略的法律要点 ❧

(1) 如果灵活就业企业(平台)在招聘、面试、签约、管理及解除等方面与传统公司在招聘流程、员工管理、薪酬制度、合同解除等方面无异，且企业(平台)要求大学生在合同履行过程中对平台具有高度的从属性、服从性的，应要求平台与自己签署劳动合同。反之，则可以与平台签署民事合同。

(2) 大学生灵活就业时与合同相对方如果不构成劳动关系，则属于普通的民事合同关系，在签署合同时应注意明确合同类型、审查主体资格、审核合同主要条款、违约条款和管辖条款等内容。

(3) 社会保险能为大学生及其家庭提供基础的风险保障，社会保险应缴尽缴。《中华人民共和国社会保险法》第二条明确规定社会保险制度包括基本养老保险、基本医疗保险、工伤保险、失业保险、生育保险等，各地政策对灵活就业人员缴纳社会保险等的规定也不同。

(资料来源：作者根据相关资料整理)

第二节 维权保障

📖【案例7-3】

∽ 大学生网络主播被索赔12万元，法院认定未违约驳回原告诉求 ∽

郑某某，在校大学生，2021年1月2日，为补贴自己的生活，与武汉某文化传媒公司签订《艺人演艺经纪合同》。双方约定，武汉某传媒公司向郑某某支付签约费10000元，由其在全球范围内独家担任郑某某的演艺经纪公司，合作期限自2021年1月2日起至2022年1月2日止。同时合同约定，如果郑某某在合作期限内存在与其他任何第三方有同业合作、提前解除合作关系或者未按照合同约定完成演艺任务的情形，则郑某某应当向武汉某文化传媒公司双倍返还签约费并承担违约责任；郑某某须达到武汉某文化传媒公司直播内容要求的直播时长，如果未达到，则不发放保底工资；自协议签订之日起，若未经武汉某文化传媒公司书面同意，郑某某单方解除本协议，则郑某某应向武汉某文化传媒公司支付100万元违约金。

合同签订后，武汉某文化传媒公司向郑某某支付了5000元的签约费，郑某某按照武汉某文化传媒公司的要求进行了互联网直播等演艺活动。在合同履行期间，武汉某文化传媒公司未向郑某某支付剩下的签约费5000元，郑某某于同年7月份自行离开后，再未进行演艺活动。武汉某文化传媒公司以郑某某未经其同意，无故停播，且存在私自直播的行为为由，诉至法院，要求郑某某向武汉某文化传媒公司支付违约金120000元。

法院经审理认为，武汉某文化传媒公司与郑某某签订的《艺人演艺经纪合同》系双方真实意思的表示，合法有效。双方在合同中约定的签约费是指艺人在公司工作，所有活动包括演艺事业的安排归公司规划，公司给付艺人签约费，给付之后，艺人即受到公司的约束，因此签约费具有证明合同成立或者担保合同履行的性质，属于签订合同一方的主要义务，该义务是合同另一方履行合同义务的前提和基础。

本案中，根据双方合同的约定，武汉某文化传媒公司应当在签订合同的第二个月末向郑某某支付剩余的签约费5000元，在武汉某文化传媒公司未向郑某某支付该笔签约费之前，郑某某享有先履行抗辩权，在武汉某文化传媒公司未向郑某某履行之前，郑某某可以拒绝履行自己的义务；且根据庭审查明的事实可以确认，郑某某在签约后的第一个月、第二个月都在按照合同的约定履行自己的义务，不存在违约的情形。

(资料来源：https://www.thepaper.cn/newsDetail_forward_22455854，有删改)

2008年被称为"劳动立法年"，一大批劳动就业相关法律法规颁布实施。大学生了解、学习这些法律知识，将有助于他们最大限度地保护自身合法权益。

新颁布实施的《劳动合同法》、《中华人民共和国就业促进法》(以下简称《就业促进法》)等劳动保护法律法规对毕业生就业有着十分重要的意义。结合相关法律法规，对就业劳动合同的签订，以及高校毕业生就业协议书的签订进行详尽的分析，是十分必要的。

一、劳动新法与大学生就业

我国的劳动保护法律自 2007 年以来得到了跨越式发展，一批劳动新法和地方性劳动法规在 2007 年颁布，并在 2008 年得以实施。其中最具有影响力的劳动保护法律是《劳动合同法》《就业促进法》以及《中华人民共和国劳动争议调解仲裁法》(以下简称《劳动争议调解仲裁法》)。

《劳动合同法》(2008 版)将许多新型的劳动关系纳入调整范围，填补了我国劳动法律制度的许多空白，逐渐成为劳动者维权的"利剑"。新的《劳动合同法》于 2018 年 12 月修订。自 2008 年 1 月 1 日起施行的《就业促进法》，虽然受关注度远不如《劳动合同法》，但重要性却并不亚于前者。《就业促进法》明确规定促进就业属于政府责任，正是因为这一点，这部法律被称为"民生之法、和谐之法"。而《劳动争议调解仲裁法》作为一部程序法，对《劳动合同法》以及相关劳动立法的实施产生关键影响。

以上三部法律都对大学生就业产生了积极的影响，大学生应该对以上三部法律在内容上有较为深入的把握。本章将结合《中华人民共和国劳动法》(以下简称《劳动法》)和《劳动合同法》的相关规定，对大学生就业劳动合同签订以及劳动权益的保障进行讲解，并结合《就业促进法》对大学生就业平等权的实施做出分析。《劳动争议调解仲裁法》是在劳动纠纷产生时适用的法律，本书中不予详细介绍。

二、劳动合同与高校毕业生就业协议

大学生面临就业时总要遇到与用人单位签订劳动合同的问题。而这时，学校也往往要求毕业生签订就业协议。那么，劳动合同与就业协议是什么？它们有什么样的作用？两者之间又有何种关系呢？

(一) 劳动合同

大学生经过努力落实了工作或与用人单位确定了工作意向，并不意味着完成就业。对于初涉职场的大学生来说，就业之前还有一个关键环节，就是与用人单位签订劳动合同，它是劳动者合法权益得到有力保障的重要举措之一。

1. 劳动合同概述

《劳动法》第十六条规定："劳动合同是劳动者与用人单位确立劳动关系、明确双方权利和义务的协议。"劳动合同按照标准可划分为不同的种类。以合同的目的为标准，可划分为聘用合同、录用合同、借调合同、停薪留职合同；按《劳动合同法》的相关规定，按照有效期限的不同，可划分为有固定期限的合同、无固定期限的合同和以完成一定的工作为期限的劳动合同；按照劳动者人数的不同，可划分为个人劳动合同和集体劳动合同。

2. 劳动合同的适用范围

　　大学毕业生有各种各样的求职愿望，有的希望进入公务员队伍，有的希望进入事业单位和社会团体，也有的想进入企业或者自己创业。在这种情况下，大学毕业生在学习和掌握《劳动合同法》时，首先要了解《劳动合同法》的适用范围。

　　与 1995 年实施的《劳动法》相比，《劳动合同法》适当扩大了适用范围。一是除了企业、个体经济组织以外，将民办非企业单位纳入《劳动合同法》的调整范围。所谓民办非企业单位是企业、事业单位，社会团体和其他社会力量以及公民个人利用非国有资产组建的，从事非营利性社会服务活动的社会组织，如民办学校、民办医院、民办图书馆、民办博物馆、民办科技馆等。二是对事业单位与实行聘用制的人员是否适用做了灵活规定，即法律、行政法规或者国务院另有规定的，依照其规定；未做规定的，依照《劳动合同法》的规定执行。三是规定国家机关、事业单位、社会团体和其建立劳动关系的劳动者，也就是除公务员和参照公务员法管理的人员，以及事业单位中实行聘用制的工作人员外，依照《劳动合同法》执行。四是对劳务派遣用工做了专门的规定。因此，如果大学毕业生选择了《劳动合同法》适用范围内的组织(用人单位)就业，就会受到《劳动合同法》的规范和保护。

3. 劳动合同的订立、履行、变更、解除和终止

　　(1) 劳动合同的订立。与《劳动法》相比，《劳动合同法》强调了用人单位在订立书面劳动合同方面的义务，并将这些义务具体化。

　　第一，劳动合同应当在建立劳动关系的一个月内订立；第二，用人单位自用工之日起超过一个月不满一年未与劳动者订立书面劳动合同的，应当向劳动者每月支付两倍的工资；第三，用人单位自用工之日起满一年不与劳动者订立书面劳动合同的，视为用人单位与劳动者已订立无固定期限劳动合同；第四，用人单位未在用工的同时订立书面劳动合同，与劳动者约定的劳动报酬不明确的，新招用的劳动者的劳动报酬按照集体合同规定的标准执行，没有集体合同或者集体合同未规定的，实行同工同酬；第五，劳动合同由用人单位与劳动者协商一致，并经用人单位与劳动者在劳动合同文本上签字或者盖章生效。

　　劳动合同文本由用人单位和劳动者各执一份。如果用人单位提供的劳动合同文本未载明必备条款，或者用人单位未将劳动合同文本交付劳动者的，由劳动行政部门责令改正；给劳动者造成损害的，应当承担赔偿责任。

　　(2) 劳动合同的订立原则。《劳动合同法》第三条规定："订立劳动合同，应当遵循合法、公平、平等自愿、协商一致、诚实信用的原则。"根据这一规定，订立劳动合同必须遵循下列原则：

　　① 合法性原则。劳动合同的订立必须遵守国家的宪法和法律法规，不得违反法律、行政法规的规定。

　　劳动合同作为合同的一种，首先应该是签约双方真实意思表示一致的协议。例如，求职者使用假文凭求职，致使用人单位对事实做出错误的理解，录用了该毕业生，公司的录用行为不是一种真实意思表示；求职者为了追求自己的利益，违背诚实信用的基本原则，侵犯了公司合法权益，其行为构成欺诈。求职者采取欺诈手段与公司订立的劳动合同，属于无效合同。

　　② 平等自愿、协商一致的原则。平等是指订立劳动合同的过程中，双方当事人的法律地位平等。毕业生和用人单位在自愿的基础上订立劳动合同，任何一方不得将自己的意志强加于对方，也不允许第三者非法干预。

　　(3) 劳动合同的必备条款。与 1995 年实施的《劳动法》相比较，《劳动合同法》对劳动合

同的必备条款加以细化，同时更加注重对劳动者权益的约定。根据《劳动合同法》的规定，劳动合同有必备条款和补充条款，下面就劳动合同的必备条款加以阐述。

① 合同双方的基本情况。一些用人单位故意隐瞒真实的工作信息，或者将工作条件和劳动报酬说得天花乱坠，到实际工作时却完全不是那么回事，这往往使毕业生大失所望，给其职业生涯带来负面影响；而毕业生对相关个人信息的隐瞒，乃至故意修改、篡改自己的基本情况，也将给用人单位造成损失。鉴于现实生活中的这种情况，《劳动合同法》规定在订立劳动合同时，双方应当如实告知对方相关基本信息，在落实到书面劳动合同时，用人单位的名称、住所和法定代表人或者主要负责人，劳动者的姓名、住址和居民身份证或者其他有效身份证件号码等基本信息都要有。

② 劳动合同的期限。劳动合同的期限是指所签订的是有固定期限的，无固定期限的是以完成一定工作为期限的劳动合同，如果是有固定期限的劳动合同，则应约定期限。应届毕业生所遇到的劳动合同绝大多数是有固定期限的劳动合同，所以应届毕业生一定要注意劳动合同中对期限的约定，以及关于期限违约责任的约定。

③ 工作内容和工作地点。工作内容是指用人单位安排劳动者从事什么工作，是劳动者在劳动合同中确定的应当履行的劳动义务的主要内容，包括劳动者从事劳动的岗位、工作性质、工作范围以及劳动生产任务所要达到的效果、质量指标等。工作地点则是指劳动者具体参加劳动的地点。

④ 劳动保护和劳动条件。劳动保护和劳动条件是指在劳动合同中约定的用人单位对劳动者所从事的劳动必须提供的生产、工作条件和劳动安全卫生保护措施，即用人单位保证劳动者完成劳动任务和劳动过程中安全健康保护的基本要求，包括劳动场所和设备、劳动安全卫生设施、劳动防护用品等。用人单位不仅必须为劳动者提供必需的劳动条件和劳动保护，而且必须提供符合国家规定的劳动安全卫生条件和劳动保护。

⑤ 劳动报酬。劳动报酬是指用人单位根据劳动者劳动岗位、技能及工作数量、质量，以货币形式支付给劳动者的工资,包括工资的数额、支付日期、支付地点以及其他社会保险(养老、失业、医疗、工伤、生育等)待遇。劳动报酬的内容和标准不得低于国家法律、行政法规的规定，也不得低于集体合同的规定。

除此之外，《劳动合同法》还规定了工作时间和休息休假、社会保险、法律法规规定应当纳入劳动合同的其他事项等。除前款规定的必备条款外，用人单位与劳动者可以约定试用期、培训、保守秘密、补充保险和福利待遇等其他事项。

(4) 劳动合同的履行。劳动合同的履行是指劳动合同的双方当事人按照合同规定，履行各自承担的义务的行为。依法订立的劳动合同具有法律约束力，当事人必须履行合同约定的义务，任何个人或第三方不得非法干涉劳动合同的履行。履行劳动合同一般应遵循以下原则：亲自履行原则、全面履行原则、协作履行原则。

(5) 劳动合同的变更。劳动合同的变更是指双方当事人对尚未履行或尚未完全履行的合同，依照法律规定的条件和程序，对原劳动合同进行修改或增删的法律行为。劳动合同变更应遵循平等自愿、协商一致的原则，不得违反法律、行政法规的规定。任何一方不得擅自变更劳动合同，否则要承担相应的法律责任。

劳动合同的变更一般是协议变更，双方当事人就变更的内容及条件进行协商，达成一致意见，应签订书面协议。劳动法规定，提出变更劳动合同的一方，给对方造成经济损失的，应当承担赔偿责任。

(6) 劳动合同的解除。劳动合同的解除是指劳动合同当事人在劳动合同期限届满之前依法提前终止劳动合同关系的法律行为。劳动合同的解除可分为协商解除、用人单位单方面解除、劳动者单方面解除以及自行解除等。在《劳动合同法》中，劳动者解除劳动合同的权利得到更大限度的保障。按照法律规定，劳动者解除劳动合同一般只需要提前 30 天通知用人单位即可，而用人单位解除劳动合同则受到了更严格的限制。

(7) 劳动合同的终止。劳动合同的终止是指符合法律规定或发生当事人约定的情形，劳动合同的效力即行终止。

4．劳动合同签订过程中的其他注意事项

签订劳动合同是毕业生就业后面临的第一个考验。除了上述内容之外，对没有什么社会经历的毕业生来说，签订劳动合同过程中有可能遇到"就业陷阱"，为避免遭受不必要的挫折和损失，毕业生在签订劳动合同过程中应注意以下事项：

(1) 个人隐私保护。为了保护劳动者的隐私权，《劳动合同法》第八条明确规定："用人单位招用劳动者时……用人单位有权了解劳动者与劳动合同直接相关的基本情况，劳动者应当如实说明。"换句话说，不属于"与劳动合同直接相关的基本情况"，用人单位无权过问，劳动者也有权拒绝作答。

(2) 求职财务担保。《劳动合同法》第九条规定："用人单位招用劳动者，不得扣押劳动者的居民身份证和其他证件，不得要求劳动者提供担保或者以其他名义向劳动者收取财物。"该法加大了对扣押劳动者的居民身份证和收取押金等行为的处罚力度。《劳动合同法》第八十四条规定："扣押劳动者居民身份证等证件的，由劳动行政部门责令限期退还劳动者本人，并依照有关法律规定给予处罚。用人单位违反本法规定，以担保或者其他名义向劳动者收取财物的，由劳动行政部门责令限期退还劳动者本人，并以每人五百元以上二千元以下的标准处以罚款；给劳动者造成损害的，应当承担赔偿责任。"

(3) 试用期权益。试用期是一个敏感的阶段，应聘的毕业生虽已踏进用人单位，但在成为正式员工前总惴惴不安，生怕失去眼前的工作，所以对用人单位总是百依百顺，答应一切要求。一些用人单位也摸透了毕业生的这种心理，借机牟取非法利益。用人单位的做法主要有以下几种：

一是试用期不签订劳动合同。试用期原本是用人单位与劳动者为相互了解对方而约定的考查期，然而却成了很多用人单位降低人工成本、使用廉价劳动力的一个堂而皇之的借口。部分用人单位在试用期不与毕业生签订劳动合同，在试用期满后以各种理由辞退应聘者。这使应聘的毕业生白白付出大量时间精力，也错过了最佳就业期，造成很大损失。

针对此现象，《劳动合同法》规定："建立劳动关系，应当订立书面劳动合同。""劳动合同期限三个月以上不满一年的，试用期不得超过一个月；劳动合同期限一年以上不满三年的，试用期不得超过二个月；三年以上固定期限和无固定期限的劳动合同，试用期不得超过六个月。同一用人单位与同一劳动者只能约定一次试用期。"这些规定可有效地约束用人单位滥用试用期的行为。

二是试用期内随意解除劳动合同。劳动者勤勤恳恳地在用人单位工作三个月，眼看试用期将满，没有收到转正通知，却得到因不符合录用条件而被辞退的消息。这种情况在毕业生就业时也十分多见，也是用人单位不合法的用工方式。

根据《劳动合同法》的规定，劳动者在试用期间被证明不符合录用条件的，用人单位可以

解除劳动合同，但这并不意味着用人单位可以在试用期内随意辞退劳动者。用人单位可解除劳动合同的条件是必须举证证明劳动者在试用期间不符合录用条件，如果用人单位没有证据证明劳动者在试用期间不符合录用条件，就不能解除劳动合同。否则，需承担违反解除劳动合同所带来的一切法律后果。

三是"试用期"等于"白用期"。以前很多毕业生对劳动法律法规不了解，以为试用期就应该拿低工资或者没有劳动报酬，这是一种误解。基于劳动关系的劳动应当得到相应的劳动报酬。《劳动合同法》第二十条对此有明确规定："劳动者在试用期的工资不得低于本单位相同岗位最低档工资或者劳动合同约定工资的百分之八十，并不得低于用人单位所在地的最低工资标准。"这意味着，用人单位不得让应届毕业生做廉价劳动力，而毕业生也可以依法维护自己在试用期应得的劳动报酬。而且根据《劳动合同法》的规定，用人单位应当为试用期的劳动者缴纳社会保险，劳动者有权享受相应的社会保险待遇。

(4) 违约金约定。

用人单位利用其优势地位，常常预先在劳动合同中设定高额违约金，限制劳动者在职业上的自由流动，也侵害了劳动者的择业自主权，并由此引发大量劳动争议。《劳动合同法》对违约金条款给予了严格的限制，明确规定只有两类劳动者可以在劳动合同中约定违约金。

一是用人单位为劳动者提供专项培训费用，对其进行专业技术培训的，可以与该劳动者订立协议，约定服务期。如果劳动者违反服务期约定，应当按照约定向用人单位支付违约金，但违约金的数额不得超过用人单位提供的培训费用。

二是对负有保守商业秘密和知识产权义务的高级管理人员、高级技术人员和其他负有保密义务的人员，用人单位可以与之约定竞业限制，如劳动者违反竞业限制的约定，应当按照约定支付违约金。

除这两类劳动者外，用人单位不得与劳动者约定由劳动者承担违约金。这也是《劳动合同法》明文规定的。

(二) 高校毕业生就业协议书

《全国普通高等院校毕业生就业协议书》(以下简称《就业协议书》)是明确毕业生、用人单位和学校三方在毕业生就业中的权利和义务的书面表现形式。《就业协议书》一般由教育部或各省、市、区就业主管部门统一制订。作为学校毕业生就业派遣计划依据的《就业协议书》由学校发放，毕业生签字，用人单位和学校盖章，毕业生将其作为办理报到、接转行政和户口关系的依据。《就业协议书》在毕业生顺利就业环节中占据重要的位置，每个毕业生都应给予足够的重视。

1. 《就业协议书》的主要内容

(1) 毕业生基本情况。毕业生应在协议书中向用人单位如实介绍自己的情况，如姓名、性别、民族、政治面貌、专业等，表明自己的就业意向。

(2) 用人单位情况。用人单位要如实介绍本单位的情况，如单位名称、隶属关系、性质、地址、联系人等。用人单位应明确对毕业生的要求及使用意图。

(3) 学校意见。学校要如实向用人单位介绍毕业生的情况，做好推荐工作，用人单位同意录用后，经学校审核，报主管部门批准，学校负责办理毕业生就业派遣手续。

(4) 对履约的要求。各方应严格履行协议，任何一方若违反协议，应承担违约责任。

(5) 其他补充协议。其他补充协议是毕业生容易忽略的内容。其实，《就业协议书》的条款往往是一些原则性规定，对于毕业生和用人单位之间的具体劳动关系是难以完全进行规范的。毕业生最好在与用人单位充分沟通的前提下，对就业协议的一些关键性细则在补充协议里加以标注，这样做是对自己和用人单位负责的表现。

2. 签订《就业协议书》的法律责任

按照规定，每个毕业生只能与一家用人单位签订《就业协议书》。《就业协议书》明确规定了学校、用人单位及毕业生三方的权利、义务与责任，一经签订即视为生效，不能随意更改。《就业协议书》是学校派遣毕业生的依据。毕业生如果没有签署《就业协议书》，那么其档案、户口等人事关系就无法直接从学校移到用人单位。所以，毕业生应按照学校的就业工作程序签署就业协议。

毕业生在签订就业协议及其补充条款时一般应着重注意以下方面：

(1) 查明用人单位的主体资格是否合法。毕业生签约前，一定要先审查用人单位的主体资格。不管用人单位是国家机关、事业单位还是企业，都应有用人自主权。如果其本身不具有用人自主权，则就业协议必须经其具有用人自主权的上级主管部门批准同意。

(2) 协议条款是否明确合法。协议书的内容是整个协议的关键部分，毕业生一定要认真检查。首先，要检查协议内容是否合法，是否符合国家相关法律和政策。其次，要检查双方权利和义务是否合理。最后，要检查除协议本身外是否有附件，即补充协议；如有，还应检查其内容。按照《劳动法》《劳动合同法》及相关法律的规定，协议内容至少应具备以下条款：服务期限、工作岗位、工资报酬、福利待遇、协议变更和终止、违约责任等。

(3) 签订就业协议的程序是否完备。签订就业协议的程序涉及三个方面：首先，毕业生要签名并写清签字时间；其次，用人单位及其上级主管部门必须加盖单位公章并注明时间，不能用个人签字代替单位公章；最后，毕业生和用人单位签字后需及时将协议书交给学校毕业生就业主管部门一份，以继续履行相关手续，从而保证毕业生顺利派遣。

(4) 违约责任的界定是否明确。追究违约责任是保证协议履行的有效手段。鉴于实践中毕业生及用人单位违约率有所增加的状况，协议书中违约条款的规定就显得更为重要。在协议内容中，应详细表述当事人双方的违约情形及违约后应负的责任，还应写明当事人违约后通过何种方式、途径来承担责任。这样才有利于当事人双方履行协议，有利于防止纠纷的发生，也有利于纠纷的解决。

(三) 就业协议与劳动合同的关系

1. 就业协议书具有合同的属性

合同法第二条明确规定："合同是平等主体的自然人、法人、其他组织之间设立、变更、终止民事权利义务关系的协议。"大学毕业生所签订的《就业协议书》从本质上讲属于广义上的合同。首先，《就业协议书》的主体是大学毕业生(自然人)和用人单位(法人或其他组织)。他们在签订就业协议时的法律地位是平等的；其次，《就业协议书》是双方意思表示一致后达成的，任何一方都不得将自己的意志强加给另一方；最后，《就业协议书》所涉及的权利义务均属于我国民事法律调整的范围，所以《就业协议书》具有合同的属性。就业协议作为确定劳动关系的依据，具有劳动合同的部分特征。这种特征的运用如下：

签署就业协议是毕业生、用人单位双方在平等互利的基础上进行的民事法律行为，其目的在于构建双方的劳动法律关系。其他任何人或单位、组织非依法定的事由不得对毕业生和用人单位的就业协议加以干涉。

劳动合同表明劳动者和用人单位间确立了劳动关系，而毕业生和用人单位确定就业劳动关系的依据是就业协议。

就业协议是一种双方承诺的毕业生就业意愿书面合同。由于就业协议是确立毕业生就业关系的一种协议，用人单位与毕业生之间的就业争议、纠纷解决应遵循就业协议中的有关规定。

2. 《就业协议书》不能取代劳动合同

虽然就业协议具有劳动合同的部分特征，但不能等同于劳动合同。《就业协议书》是一份简单的格式文本，工作岗位、工作条件等劳动合同必备条款并不在其中直接体现。因此，单凭就业协议，毕业生就业后的劳动权利无法得到全面具体的保障。

另外，《就业协议书》仅仅是毕业生与用人单位确定就业意向的依据，它只是双方下一步确立劳动关系的前提和准备。如果毕业生在报到后与用人单位始终未签订劳动合同，双方一旦发生纠纷，毕业生就会处于不利的局面。根据《中华人民共和国劳动合同实施条例》的有关规定，劳动合同是劳动者与用人单位确立劳动关系、明确双方权利和义务的协议，应当以书面形式订立。因此《就业协议书》做出了某些限定，即毕业生到用人单位报到后最长不超过一个月，双方应订立劳动合同。此时如果用人单位以种种借口不与毕业生订立劳动合同，毕业生应当拿起法律武器保护自己的合法权利。

三、《就业协议书》的签订

《就业协议书》在大学毕业生就业工作中具有十分重要的作用。它的签订和解除也有着比较严格的程序。

(一) 就业协议签订程序

为优化高校毕业生求职就业服务流程，方便用人单位与毕业生网上签约，教育部开通了全国高校毕业生就业去向登记与网上签约平台，签约流程全部线上完成。

签订《就业协议书》的基本程序如下：

(1) 登录网签平台，在线申请就业协议书。

(2) 毕业生所在学院、学校审核。

(3) 毕业生自行下载打印就业协议书。

(4) 毕业生与用人单位签约并盖章。

(5) 申请人社部门就业接收函(可选项)。

(6) 将协议书和接收函上传至网签平台，完成就业登记。

(7) 用人单位和学生本人可根据需要自行备份纸质版协议书。

(二) 就业协议的解除

就业协议的解除分为单方解除和三方解除。

1. 单方解除

单方解除包括单方擅自解除和单方依法或依协议解除。单方擅自解除协议属违约行为，解约方应对另外两方承担违约责任。单方依法或依协议解除是指一方解除就业协议有法律上或协议上的依据，如毕业生未取得毕业资格，用人单位有权单方解除就业协议；毕业生考取研究生后，依协议规定可解除就业协议；毕业生未通过用人单位所在地组织的公务员考试，用人单位有权解除协议。此类单方解除就业协议的情况，解除方无须对另外两方承担法律责任。

2. 三方解除

三方解除是指毕业生、用人单位、学校三方经协商一致，取消原签订的协议，使协议不发生法律效力。此类解除是三方当事人真实意思表示一致的体现，三方均不承担法律责任。三方解除应在就业计划上报主管部门之前进行。如就业派遣计划下达后三方解除，还须经主管部门批准办理改派。

（三）就业协议的违约及违约责任

《就业协议书》一经毕业生、用人单位、学校签署即具有法律效力，任何一方不得擅自解除，否则违约方应向权利受损方进行赔偿，如支付协议条款所规定的违约金。从实际情况来看，就业违约多为毕业生违约。毕业生违约，除本人应承担违约责任外，往往还会造成其他不良后果，主要表现在以下三个方面：

（1）对用人单位而言，其往往为录用一名毕业生付出大量的时间和经济成本，同时毕业生就业工作时间相对比较集中，一旦毕业生违约，势必使用人单位的这一录用岗位空缺，时间上不允许再聘用其他毕业生，从而给用人单位的工作带来困难。

（2）对学校而言，用人单位往往将毕业生违约行为认为是学校的行为，影响学校声誉，以及学校和用人单位的长期合作关系。从实际情况来看，一旦毕业生违约给用人单位造成损失，该用人单位会在几年之内不愿到该毕业生所在学校来挑选毕业生。同时，毕业生的盲目违约也会影响学校就业计划方案的制订和上报，影响学校的正常派遣工作。

（3）对其他毕业生而言，若被录用的毕业生违约，有些当初希望到该用人单位工作的毕业生由于录用时间等原因，也无法补缺，造成就业信息的浪费，也浪费了其他毕业生就业的机会。因此，毕业生在就业过程中应慎重选择，认真履约。

📖【资料链接7-2】

∽ 关于抵押金 ∽

《劳动合同法》中有禁止设定担保和收取抵押金的规定。就是说，用人单位招聘劳动者时，不得让劳动者提供担保，或者缴纳抵押金。但很多用人单位担心，由于不了解招进来的新员工，万一这个员工在工作当中犯错误，给本单位造成巨大损失，而这个员工又一走了之，不赔偿用人单位的损失，用人单位怎么办呢？所以，现在很多用人单位要求员工缴纳一定数额的抵押金，等员工离开本单位时再返还给他，甚至有的用人单位还支付抵押金的利息，只求降低风险。这种做法看似合情合理，但是仔细想想并不尽然。用人单位只求自保，却从来没有替员工考虑，因为员工也有类似的风险。从这个案例可以看出，风险时时都会有，不仅用人单位会有风险，员工也会有风险。用人单位收取抵押金，其实是降低了自己的风险，实质是提高了员工的风险。

那么，如果用人单位发给员工某些物品，收取相应的抵押金是否违反规定呢？比如，某企业发给员工工作服,并不是送给他们的,而是将来要收回的。企业怕员工弄坏了,就收取等值的押金。从理论上讲,这种行为是不违法的。但是,现实工作中,往往工作服只值50元,用人单位却收500元的抵押金,这就是变相给劳动者设抵押金,这种现象也是被禁止的。现实生活中,一些用人单位总是想打"擦边球",如在单位内部设立一只基金,让员工购买,说是买了以后可以分红,但实际上,用人单位就是想达到收取抵押金的目的。这种做法是不对的。只有个别特殊行业允许员工交抵押金,如一些出租车公司,政府允许他们向出租车司机收取一部分出租车的抵押金。

(资料来源:作者根据相关资料整理)

第三节 防范就业陷阱

📖【案例7-4】

❧ 常见的就业陷阱

"临门式毁约"的陷阱 ❧

2021年,大四的王同学通过校招途径获得了某公司提供的offer。2022年5月,公司人力资源称因为业务调整,不能提供就业岗位。王同学称,该公司为学生提供5000元补偿,和他一样被毁约的学生有20多名。但当时校招已基本结束,很多被毁约的同学都找不到工作。

警示:

(1) 主动提高风险防范意识,关注行业动态,留意企业信息,审慎求职和签署三方协议。

(2) 遭遇违约时,应积极找单位协调,合法争取被解约的损失赔偿;协商不成,要用法律武器进行诉讼,维护自己的权益。

❧ "滥用试用期"的陷阱 ❧

刘同学是应届大学毕业生,经过一番"海投"终于找到了工作,并和公司商议试用期3个月。"疫情期间工作不好找,公司说试用期没工资,我想着熬一熬就过去了,于是便答应了。"但让他无法接受的是,试用期结束公司却拒绝给他转正,也不支付任何工资。刘同学不愿再耗下去,选择了离职。

警示:

(1) 根据《劳动合同法》第三十九条的规定,在试用期被证明不符合录用条件的,用人单位可以解除劳动合同。但"不符合录用条件"对用人单位的举证责任有较高要求,如果用人单位没有充分举证,就不能解除劳动合同。

(2) 在试用期工作单位不仅要支付试用期工资,工资的支付标准也有法律最低限制。所以如在试用期遇到用人单位不支付工资的情况,可以申请仲裁。

❧ "花样培训贷"的陷阱 ❧

2022年3月，大学毕业生李杨(化名)在某App上看到某家机构提供线上培训视频制作课程并且包教包会。李杨心动地添加了该机构负责人的联系方式，对方为李杨介绍了全部课程，并称培训结束后机构会提供派单服务，学员可以接单赚钱。此外，还可办理机构提供的"助学贷款"，学成可靠接单还贷。李杨便下载了对方指定的一款消费金融App，并听从建议以"非学生、无业"条件办理了贷款。

培训期后，李杨却迟迟未接到机构派单，在追问下，负责人不承认之前的许诺，李杨便将该负责人此前承诺派单的截图发给对方，对方称未签订相关合同，无法提供派单服务，也拒绝退款。此后，李杨再也联系不上这位负责人。

警示：

(1) 毕业生求职就业要量力而行、适可而止，不要提前"透支"、随意贷款。

(2) 提高辨别和防范意识，参训前要看培训机构是否具备培训资质、经营范围是否包含培训内容、承诺薪资是否与社会同等岗位条件薪资水平大体一致等。

(3) 要注意保留足够的证据，一旦发现被骗，应立即向有关部门报案。

～ "付费内推服务"的陷阱 ～

来自四川成都的大学生刘敏(化名)通过社交平台得知某网络培训机构提供"考证+实习+工作"服务，便向客服人员咨询具体事宜。客服反复向刘敏兜售"考证课+付费内推"打包套餐，总计4万余元，并保证刘敏有无限次内推机会，至少一次被保送面试，并且实习机构涵盖市面上所有金融机构。为尽快找到工作，刘敏没多想便交了报名费。购买完课程后，该机构为其提供了几个内推实习的机会。可刘敏发现，这些实习单位根本不符合自己的职业规划，于是拒绝了这些实习安排。

对于原本的实习、内推承诺，该培训机构一再推脱，并让刘敏耐心等待。不久后，刘敏再次上门讨要说法时发现，线下授课点已人去楼空，对方再也联系不上了。

警示：

(1) 不轻信就业捷径，提高求职安全意识和防范能力，利用法律武器来维护自身权利。

(2) 通过正规渠道寻找实习机会，可以参加高校与企业合作的活动，如校招活动、招聘会、宣讲会，还可以投递简历等。

～ "新职业认证"的陷阱 ～

来自北京的小金(化名)大学毕业两年，去年曾想考取新媒体运营师证书，增强自己的职业竞争力。在社交媒体上搜索后，她加上了培训机构"老师"的微信。对方在介绍业务时直言不讳："我们直接收费，帮大家挂网课，不用考试，证书就办下来了。"当小金进一步追问网课教学内容时，对方表示自己"也不知道网课上课内容"。随后小金自嘲"那我拿到证还是什么都不懂"，"老师"直接回答"是这样的"。这样的对话让小金觉得"诚实得可怕"，她随即暂时打消了考证的念头。

然而就是这样容易到手的证书，在培训机构口中却成了高回报的"求职利器"。

警示：

(1) 要打破"唯证书论"的盲目崇拜，关注所应聘企业的招聘需求，针对性打造自身的就业核心胜任力。

(2) 与此同时，在注重专业能力之外，应更多寻求行业经验的积累和应用能力的提升。

（资料来源：https://mp.weixin.qq.com/s/EubFA2fjvpA4RiD8Qkm7gg，有删改）

大学生找工作的心情可以理解，但无论如何要多留些心眼。很多骗子千方百计地窃取求职者的个人资料，然后利用大学生求职心切、缺乏阅历的弱点行骗、抢劫。大学生遇到来历不明的单位面试邀请时，首先要查证单位的相关资料；其次，尽量不要去偏僻的地方面试，即使去也要叫上朋友陪同，以防不测。

大学生就业市场因其自身的局限性，不能对大学生就业权益进行有效的保护，仍存在不少求职陷阱和就业歧视现象，已引起政府有关部门的高度重视。在法治建设不断完善的同时，大学生自身也应努力增强自身素质，掌握识别求职陷阱的知识，加强自身防范意识，树立坚决反对就业歧视的观念，运用正当合法的渠道捍卫自己的就业权益。

毕业生走出象牙塔，在人才济济的市场中使出浑身解数，想方设法为自己谋取心仪的职位。然而，人才市场内外的种种陷阱对于刚刚走出校门，缺乏社会阅历和风险意识的大学生来说是个不小的考验，识别和防范各种陷阱，不上当受骗，至关重要。

从广义上来说，就业陷阱是指在毕业生就业过程中出现的致使毕业生遭受损失的形式多样的骗局。从狭义上来说，就业陷阱是指用人单位违背与毕业生之前的约定，违背毕业生的意愿，使其承担就业协议范围之外的工作，或者以诱惑、胁迫的方式要求毕业生从事违反法律或道德的工作。当前大学生就业陷阱主要表现出四个典型特征：

第一，欺骗性。欺骗性主要表现为招聘单位以故意夸大的虚假宣传、冠冕堂皇的不实承诺来取得大学生的信任，并在协议中提出苛刻条件，隐藏各种不法目的。

第二，诱惑性。诱惑性主要表现为招聘单位着力包装自己，夸大事实，并以各种虚假的招牌、荣誉、待遇和发展前景诱惑大学生。

第三，隐蔽性。违法用人单位的骗人伎俩都有十分华丽的诱人说辞，听起来入情入理、面面俱到，句句都令人心动，其实处处是陷阱。涉世不深的大学生往往容易成为受骗者。

第四，违法性。就业中的违法目的各有不同：一类是通过非法途径强行留住人才，如扣留大学生的户口、证件等使大学生欲走难行，迫使大学生签下"生死契""卖身契"，迫使大学生逐渐接受不公正待遇，等等。另一类就是坑蒙拐骗，使大学生掉进自己挖下的高薪陷阱、培训陷阱，甚至诱惑大学生入股、推销传销等，还有些用人单位给大学生设置了协议陷阱、合同陷阱或试用期陷阱，使大学生求助无门。

一、就业陷阱的种类

（一）招聘陷阱

招聘陷阱一般有两类：一是上述案例中所谓的先交费后培训，这一类往往比较显性，看起来似乎很有道理。二是要求缴纳各种大学生很少听说过的费用，如服装费、档案管理费、培训费等，这一类往往更具欺骗性。不法企业通常利用毕业生对相关法律了解不够，涉世不深，而又求职心切的心理来损害毕业生权益。实际上，服装费、档案管理费、培训费等应该是用人企业承担的成本。在这类不法企业中，求职者很少能通过后期的培训考核，即使通过了，不法企业也会用各种苛刻的工作环境和要求迫使求职者自己知难而退。《劳动合同法》第九条规定："用人单位招用劳动者，不得扣押劳动者的居民身份证和其他证件，不得要求劳动者提供担保或者以其他名义向劳动者收取财物。"

综合来看，招聘陷阱主要有四个特征：

首先，设置招聘陷阱的"用人单位"多为未经工商部门注册的非正规单位。面试前毕业生可调查了解对方的情况，如该单位是否具有一定的规模、主业是什么、地址在什么地方等。对于一些小单位，尤其是明显在租用的简陋房办公的应当做进一步了解，可向有关部门查询、核实该单位的真实情况，搜索该单位的网站，确定其规模和用人需求，再决定是否投递个人推荐材料。如果用人单位招聘时不明确单位的名称，不提供单位的具体地理位置，只提供 E-mail、电话号码，经营何种产品也不明确，稳妥起见，可以不予考虑。对重点关注的就业信息，即使其来源可靠，网站内容丰富，毕业生也要对信息的内容做进一步核实，防止信息中包含夸大、不实的成分，可以托人打听，也可以向老师或学长咨询。当然，最让毕业生放心的还是眼见为实，因此，可自己到用人单位去看一看。

其次，提供的"职位"条件过于宽松。每一个职位都有相应的用人条件，如果职位对专业、学历要求过于宽泛，甚至没有要求，通常不是"天赐良缘"，而是别有用心。

再次，提供的"职位"名称好听，职能含糊。某些职位名称响亮，动辄"经理""工程师""主管"，但对工作内容和职责没有具体的说明，解释起来也含糊其词，让人一头雾水，不明就里。

最后，提供不符合市场行情的高薪。以高薪为诱饵吸引毕业生是很多招聘陷阱设置者惯用的伎俩。人才也是一种"商品"，用人单位为同样的"商品"开出高于常理的价码，蒙蔽了毕业生的双眼，容易使其落入高薪诱惑陷阱。如果对方是高薪行业，对所有毕业生都给予优厚的待遇，则另当别论。

招聘陷阱的设置者也大多以面子为幌子，实施对求职者的欺骗。因此，面试环节毕业生需要特别小心谨慎。正常的面试一般会安排在白天，不应涉及费用，地点也大多在用人单位的公开场所，面试的时间、地点一经确定，没有特殊原因一般不会改变。

因此，面对种类繁多的就业信息、多种多样的就业渠道，毕业生一定要擦亮眼睛，仔细思考后再做选择，谨防上当受骗。凡是简单聊两句、草草应付面试后就录用的招聘企业，往往重视的是毕业生的"财"而不是"才"。应当记住，凡是正规的单位招聘员工，草草了事的招聘程序一定要引起重视，往往越是工作环境好、福利待遇好的单位，招聘的程序越复杂，成功的难度也越大。反之，招聘单位草草了事的招聘程序，即使对方不存在欺骗可能，至少也说明对方单位效益很一般，要么就是管理混乱。

(二) 试用期陷阱

试用期是指用人单位对新招收职工的思想品德、劳动态度、实际工作能力、身体情况等进行进一步考查的时间期限。所谓试用期陷阱指的是企业以廉价的试用期薪酬招收员工为企业工作，而在试用期即将结束、应该与员工签订正式劳动合同的时候借故将试用期的员工辞退，从而达到以低成本换取劳动的目的。对于受害的应聘者来说，试用期陷阱不但造成了工作付出与薪酬回报远远不成比例的悲惨后果，而且浪费了选择工作的机会成本。《劳动法》设立试用期的目的在于给予双方相互考查、相互了解的期限。毕业生在试用期内可以随时通知用人单位解除劳动合同，不需要理由，也无须承担违约责任；而用人单位只有证明毕业生在此期间不符合单位的录用条件，才可以解除劳动合同。

试用期陷阱有两种：一种是以各种理由告诉毕业生是不合格的，公司解聘也是无奈之举，从而再以很少的薪水继续招聘同样不会熬过试用期的新人，周而复始，降低成本。面对这样的招聘，毕业生千万不要轻信用人单位的口头承诺，任何试用期的要求和考核均应该以书面形式体现。另一种是非法延长试用期，常常是半年的合同，试用期就占了 3 个月。因此，毕业生在签订试用期合同之前最好能通过各种途径了解一下用人单位的情况，主要打探该用人单位在务工人员之中的口碑、其目前是不是很需要招人、历年的招聘规模以及裁员规模等，对那些人员入职和离职频率非常高的公司需要谨慎对待。

(三) 协议陷阱

就业协议是明确毕业生、用人单位和学校在毕业生就业择业过程中权利和义务的书面协议。就业协议一经签订，对三方都具有约束力。就业协议一般由教育部或各省、市、区就业主管部门统一制定。它是教育部制订就业计划的依据，是进行毕业生派遣的根据，是确认就业意向和劳动需求的凭证，也是进行劳动统计的重要依据。

就业协议对于学校管理毕业生就业工作，规范用人单位和毕业生在用人、择业过程中的行为，维护各方的合法权益发挥了一定的积极作用。但这一制度在实行中产生了许多问题，需要进一步改进和完善。签订就业协议本来是出于保护学生的目的，而且协议上明确规定了学生就业后就执行劳动合同，已签订的就业协议不再生效。但实际生活中，在签订就业协议后，不少单位在试用期就不再签订劳动合同，所以常常会出现学生在试用期跳槽的现象，按照《劳动法》，这不需要承担违约责任，因而单位以就业协议为依据向学生提出索赔要求。按照有关规定，就业协议不能代替劳动合同或聘用合同，但实际上就业协议在法律上属于民事预约，它甚至可以对劳动合同的期限进行约定。如果就业协议签订时的约定内容不能与随后签订的劳动合同或聘用合同内容吻合，毕业生和用人单位之间就容易产生纠纷。

(四) 合同陷阱

常常有一些用人单位使用预先拟定好的"格式合同"。用人单位在劳动合同的订立中居于主导地位，在劳动合同订立时使用的多是预先拟定好的合同文本，劳动者的话语权往往被剥夺，这类合同中通常不乏"霸王条款"。"格式合同"的不合理主要体现为：第一，用人单位回避提醒义务，使毕业生难以注意限制自身权利的条款。第二，用人单位免除自身责任，如提出"工伤责任自负"等条款。第三，用人单位注明劳动合同条款的最终解释权归自己所有，一旦发生争议，毕业生往往由于已经承认"格式条款"而处于不利地位。面对这样的合同，毕业生应该提高警惕，必要时应加以拒绝或询问是否能另外签订非格式合同。

根据《劳动合同法》第二十二条的规定："用人单位为劳动者提供专项培训费用，对其进行专业技术培训的，可以与该劳动者订立协议，约定服务期。劳动者违反服务期约定的，应当按照约定向用人单位支付违约金。违约金的数额不得超过用人单位提供的培训费用。用人单位要求劳动者支付的违约金不得超过服务期尚未履行部分所应分摊的培训费用。用人单位与劳动者约定服务期的，不影响按照正常的工资调整机制提高劳动者在服务期期间的劳动报酬。"作为大学毕业生，在进入企业以后，对于一些含有服务期限、违约责任以及违约金支付等条款的协议要谨慎对待，一旦发生争议不要采取置法律于不顾的处理方式，应该积极运用法律手段保护自己。具体来说，目前大学生服务期内解除劳动合同的争议是最多的，解除劳动合同会涉及违约金的支付、培训费的赔偿，因此建议大学毕业生在就业后不要违法签订各种保证书，更不要擅自解除劳动合同，造成违约在先。

(五) 传销陷阱

传销是指组织者或者经营者通过发展人员，对被发展人员以其直接或者间接发展的人员数量或者销售业绩为依据计算和给付报酬，或者要求被发展人员以缴纳一定费用为条件取得加入资格等方式牟取非法利益，扰乱经济秩序，影响社会稳定的行为。近年来，非法传销组织将触角伸向了大学校园，它们以招聘为名，欺骗社会经验缺乏、求职心切的大学生。

非法传销人员一般利用每年 3、4 月份考研成绩公布后，大批考研落榜生面临学业与就业的双重压力这一时机，通过打电话联络感情、假装介绍工作、谈理想抱负等手段迷惑人心，骗取毕业生的信任。毕业生到达指定地点后立即失去人身自由，并被迫"洗脑"。所以毕业生在择业过程中一定要认清传销的违法本质，不轻信任何可疑的就业信息，同时在投简历前必须向有意向的单位所在地主管人事部门或学校毕业生就业指导中心求证核实；对于用人单位提出的面试或实习要求，要征得学校的同意，离校之前必须留下尽可能多的联系方式；毕业生还要牢记学校、学院的毕业生就业联系方式，在求职过程中如果遇到麻烦，可随时与学校联系。

二、如何防范就业陷阱

诸如上述就业陷阱数不胜数，毕业生在求职的过程中应增强自我保护意识和辨别真假招聘的能力，通过正规渠道取得面试资格，切忌因一时求职心切而上当受骗，避免落入形形色色的招聘陷阱。面对就业陷阱，毕业生除了要勇敢地说"不"外，还要学会自我保护，了解就业权益和签约程序，规避风险。

(一) 求职过程中的权益保护

从目前大学生求职过程中遇到的实际情况来看，与用人单位"双选"、签订《就业协议书》、签订劳动合同及毕业生就业报到等环节对于保护大学生自身合法权益来说比较重要，具体可以归纳为以下几个方面。

1. 择业阶段

择业阶段指毕业生和用人单位还未形成合同关系和劳动关系的求职阶段。这一阶段的侵权行为主要有对毕业生平等权、知情权、隐私权、财产权的侵犯，主要问题有就业歧视、就业信息虚假及以录取为名乱收费等。

2. 签约阶段

签约阶段指毕业生与用人单位签订就业协议的阶段。这一阶段的问题主要是就业协议签订的主体资格，就业协议的效力以及内容不符合法律，程序不规范，就业协议与劳动合同对接不一致，等等。

3. 就业报到阶段

毕业生到用人单位报到后应该马上与单位签订劳动合同，使就业协议与劳动合同"无缝对接"。这一阶段侵犯就业权益主要表现为：不签订劳动合同或者推迟签订劳动合同，签订的合同与《就业协议书》的内容不一致，劳动合同不规范，具体表现为薪酬问题、保险问题、试用期问题。

4. 试用期内的纠纷

这一时期的纠纷主要表现为试用期过长、两次试用期、用试用期合同代替劳动合同、试用期的待遇过低、试用期辞退和补偿、违约金过高等问题。

5. 时效问题

解决劳动争议的时效是：自权利被侵害或者应当知道被侵害之日起 60 日内提起诉讼。如果在仲裁程序中被认定超过申诉时效就会被驳回诉讼请求。一旦发生纠纷，要及时到劳动仲裁委员会提出诉讼。

毕业生应了解目前国家关于毕业生就业的有关方针、政策和规范以及它们之间的关系，熟悉就业过程中的权利和义务。如果在就业过程中有用人单位因为所谓的公司规定和部门规定与国家政策法规有抵触，侵犯了自己的权益，则可以依据法规办事，维护自己的合法权益。

(二) 了解程序，规避风险

《就业协议书》是学校、学生、用人单位三方的协议书，应该是国家教育行政主管部门规定的统一格式的文本，属意向性协议。在签协议前，毕业生除了要了解和掌握国家就业政策与规定，明确就业单位的具体工作部门和工作岗位，全面了解用人单位外，还应该进一步明确双方的权利和义务，注意约定条款的合理性。一般来说，大学毕业生签订协议的过程中可能会面临下面几种风险。

1. 就业协议期限

就业协议约定的服务期限将成为双方的劳动合同期限，由于大学生是初次就业，缺乏明确的职业规划，不宜将第一次期限约定得非常长，否则会给以后的职业劳动带来不必要的麻烦。

2. 改派成本

就业协议强调的是三方签约，毕业生一旦违约就必须承担违约责任，在征得用人单位同意并缴纳违约金后才能重新签约。由于每个毕业生仅有一份就业协议，所以毕业生违约时，必须办理完与原签约单位的解约手续(有原签约单位的书面退函，缴纳过违约金)，然后在网上签约平台申请解约，并申请新的协议书。

3. 就业协议的违约金

违约金是对双方的一个保障，也是一把双刃剑，对毕业生个人和用人单位而言都是一种制约手段，所以，毕业生在签订就业协议时要慎重考虑、量力而行。对于那些违约金约定数额较大的企业，毕业生应该考量自己可能承受的风险及承受能力，不要"病急乱投医"。

4. 工作内容

大学生在实际工作中运用自己的学识是非常重要的，甚至超出了劳动报酬的重要性，因此对于日后的工作岗位以及工作内容等协议中要有明确的约定。

5. 劳动报酬

　　劳动报酬是劳动合同的必备条款，也是大学生毕业后作为劳动者最大的权益，因此对于劳动报酬应当约定明确。

　　由于就业法规、就业市场以及大学生自身素质等方面的不完善，大学毕业生遇到的困扰还不止上述这些情况。虽然求职者在权益受侵犯后可以通过申请劳动仲裁的方式保护自己，但是事后的补救难免有一定的弊端，不如防患于未然。

📖【资料链接7-3】

∽ 谨慎签订劳动合同 ∽

　　在大学毕业生就业的种种环节之中，劳动合同的签订无疑是最重要的一环，它不仅规定了用人单位的权利和义务，也是在产生劳动争议时毕业生维护自身权利的根据。一个完整的劳动合同应当包括四个方面：订立主体、合同内容、合同形式、法定程序。

　　签订合同时需要注意以下环节：

　　首先，必须查看用人单位是否具有用工资格。如果单位没有用工资格，毕业生和该单位之间的关系就不是劳动法律关系，毕业生的劳动权益将得不到法律的充分保护。

　　其次，看合同形式是否合法或者是否正常。劳动合同有口头形式和书面形式，问题往往出在口头合同上，口说无凭，特别是用人单位与毕业生仅仅口头约定试用期，不采取书面形式，这很可能是一种陷阱。

　　最后，看是否办理用工手续。单位用工是应当办理用工登记的。事实上，有些单位因为是非法用工而不依法办理用工手续，这样社会保险金就无法正常缴纳；解除劳动关系以后，毕业生也无法及时办理退工手续并享受相应的物质帮助。

　　劳动合同约定的事项在劳动合同生效以后产生法律效力，双方有义务按照合同约定履行。现实中，劳动合同内容的协商过程常常表现为用人单位向毕业生出具"格式合同"，将法律规定的内容表达在事先拟定的合同之中。毕业生接受就表示同意签订，这样用人单位便处于主动地位，故毕业生需要特别注意合同上劳动法规定的由毕业生和用人单位共同协商的或者法律规定必备的那部分内容，避免合同中有些条款存在陷阱，隐蔽地违背毕业生意愿，这需要毕业生仔细阅读劳动合同。

　　劳动合同条款分为必备条款和可备条款。必备条款是《劳动法》规定劳动合同必须具有的七个方面，即劳动合同期限、工作内容、保护和劳动条件、劳动报酬、劳动纪律、劳动合同终止条件、违反劳动合同的责任。可备条款是由毕业生和用人单位协商而定的其他权利义务关系内容条款。必备条款强调一个"齐"字，而可备条款强调一个"准"字。必备条款少了，则该合同无效，部分权利义务关系就处于不确定状态，对毕业生很不利。所以看必备条款的关键就看七个方面是否齐备，陷阱往往出在条款缺失上。可备条款是劳动合同最体现合同双方协商精神的地方，法律规定最少，弹性最大，最能表达毕业生权益所在，也是易出问题的地方。要做到"准"字，毕业生就需要做好"四查看"。

　　1. 查看试用期条款

　　试用期存在的常见陷阱可以概括为三种：第一种为仅有试用期而没有合同期的约定，这种情形常常以口头合同的形式出现。用人单位试用期付出的用工代价往往小于合同期，有的用人单位以此来规避法律，试用期满就将毕业生扫地出门，再换一批人，以此获得廉价劳动力，此时毕业生也只能无奈而去。第二种是一个试用期刚完另一个试用期又至，毕业生与用人单位的关系一直处于"临时状态"，用人单位随时可以让毕业生走人，毕业生应谨防上当。第三种是将试用期美化为转正期，名为转正期实为试用期，瞒天过海，将试用期一拖再拖。毕业生此时应当注意看实质而不要仅看名称。

2. 查看服务期条款

劳动合同一般不对服务期限做出约定，只有在法律规定的情形下，毕业生才有义务与单位订立服务期限条款，即出现单位出资招用、单位出资培训、单位提供其他特殊待遇这三种情形之一时，单位可以要求与毕业生订立服务期限条款。服务期限的约定是毕业生对单位给予的特殊待遇的补偿，它实际上是指一定期限内毕业生有专门为该用人单位服务的义务，限制毕业生选择其他工作单位工作的权利，而将合同期限的决定权交给用人单位。此时，用人单位处于权利人地位，它可以选择行使权利，也可以选择放弃权利，毕业生有义务满足用人单位的选择。用人单位行使该权利表现为：每一个合同期限终止后还想继续聘用该毕业生，那么它就可以援引服务期条款，继续要求保持与毕业生的劳动法律关系。所以，毕业生需要注意服务期限条款，以免陷入"难以自拔"的境地。当用人单位向毕业生许诺给予优惠待遇、约定较长服务期的时候，毕业生应该权衡好用人单位许诺的优惠待遇和服务期限的限制程度。

3. 查看商业秘密和竞业限制条款

商业秘密是指不为公众所悉、能为权利人带来经济利益，具有使用性并经权利人采取保密措施的技术信息和经营信息。商业秘密的特征表现在经济性、实用性、秘密性等方面。在市场经济活跃的时代，商业秘密是与企业的经济利益甚至生存紧密联系的，所以企业会依法对员工保守商业秘密做出严密的规定，这一规定不仅体现在员工在职期间，也体现在员工与企业结束劳动法律关系以后并反映在劳动合同上。依据相关法律，保守商业秘密的条款通常可以通过约定提前通知期或者竞业限制两种办法，但劳动合同只能选择其中一种方法，不能同时约定；商业秘密进入公开状态后，保密条款、保密协议的内容自行失效。《劳动合同法》第二十三条规定：用人单位与劳动者可以在劳动合同中约定保守用人单位的商业秘密和与知识产权相关的保密事项。对负有保密义务的劳动者，用人单位可以在劳动合同或者保密协议中与劳动者约定竞业限制条款，并约定在解除或者终止劳动合同后，在竞业限制期限内按月给予劳动者经济补偿。劳动者违反竞业限制约定的，应当按照约定向用人单位支付违约金。

根据《劳动合同法》第二十四条第二款的解释，竞业限制就是用人单位的高级管理人员、高级技术人员和其他负有保密义务的人员不得到与本单位生产或者经营同类产品、从事同类业务的有竞争关系的其他用人单位，或者自己开业生产或者经营同类产品、从事同类业务的限制。从对《劳动合同法》第二十三条与第二十四条的解释中不难看出，用人单位与劳动者约定竞业限制条款需具备以下几个条件：①前提条件，即存在可保护的商业秘密。②义务主体：商业秘密的知悉者，即用人单位的高级管理人员、高级技术人员和其他负有保密义务的人员，而不是所有劳动者。③竞业限制期限，根据《劳动合同法》第二十四条第二款规定最多不得超过2年。

值得一提的是，毕业生往往认为保守商业秘密是自己的当然义务，任由用人单位提出要求，不注意查看保密条款或者保密协议，忽视了自己严格保守用人单位商业秘密依法获取补偿的权利。

4. 查看违约金条款

根据《劳动合同法》，劳动者从单位辞职提前30天书面告知用人单位即可。劳动者要求解除或终止劳动合同，仅两种情况要交违约金：一是用人单位为劳动者提供专项培训费用，对其进行专业技术培训的。根据《劳动合同法》第二十二条的规定，劳动者违反服务期约定的，应当按照约定向用人单位支付违约金。违约金的数额不得超过用人单位提供的培训费用。如果劳动者已经服务一段时间，用人单位要求劳动者支付的违约金不得超过服务期尚未履行部分所应分摊的培训费用。二是对负有保密义务的劳动者，用人单位可以在劳动合同或者保密协议中与劳动者约定竞业限制条款，并约定在解除或终止劳动合同后，在竞业限制期限内按月给予劳动者经济补偿。劳动者违反竞业限制约定的，应当按照约定向用人单位支付违约金。

劳动合同不能就其他违约金做出约定，即使约定了也不受法律保护。此外，现实中，违约金条款可能存在的陷阱主要有：①用人单位和毕业生约定了服务期或者保守商业秘密条款，其中单位没有依法向毕业生承担任何额外的义务，却要求毕业生承担义务，这是空头约定，没有法律效力，毕业生无须执行。②用人单位和毕业生约定了服务期或者保守商业秘密条款，这其中单位承担的义务太少，毕业生承担的义务太多而享受的权利太少，这需要毕业生仔细权衡。常见的陷阱有：违约金太高，有些用人单位利用毕业生急于就业的心理，无故约定高额违约金；将服务期限条款与违约金条款结合起来，约定超长服务期限，使得毕业生不敢萌生跳槽的想法；将违约金与保守商业秘密条款结合起来，约定过高保密要求，一旦毕业生有所疏忽便会引来麻烦。

就业之中的法律问题应当引起每一位毕业生的关注。只有以法律武器为后盾，才能在应对就业陷阱、签订劳动合同等需要法律帮助的时候充分利用法律武器，维护自身权益。对高校而言，要加强对大学生的法律教育，提高大学生的自我保护意识。防止就业陷阱，不仅要创造安全、有序、公正、合理的外部环境，更重要的是大学生要知法、守法，利用法律武器维护自身权利。一些大学生法律知识缺乏，法律观念淡漠，维权意识不强，即使权利受到侵害也不知道，当然，也不乏息事宁人、忍气吞声的做法，很少依法维权、争取自己的合法权益。这种现象不仅使个别大学生利益、权利受到侵害，更严重的是助长了许多违法分子的气焰，造成许多不安全、不稳定的隐患，也使得刚进入社会的大学生受到不良影响，这可能给他们今后的发展带来不利影响。

(资料来源：作者根据相关资料整理)

问题思考

1. 试用期与实习期有何区别？
2. 什么情况下用人单位可以与劳动者约定违约金？
3. 如何防范传销？
4. 大学生择业时如何防止被骗？

信息园

中华人民共和国劳动法

目录
第一章 总　则
第二章 促进就业

第一章　总　则

第一条

为了保护劳动者的合法权益,调整劳动关系,建立和维护适应社会主义市场经济的劳动制度,促进经济发展和社会进步,根据宪法,制定本法。

第二条

在中华人民共和国境内的企业、个体经济组织(以下统称用人单位)和与之形成劳动关系的劳动者,适用本法。

国家机关、事业组织、社会团体和与之建立劳动合同关系的劳动者,依照本法执行。

第三条

劳动者享有平等就业和选择职业的权利、取得劳动报酬的权利、休息休假的权利、获得劳动安全卫生保护的权利、接受职业技能培训的权利、享受社会保险和福利的权利、提请劳动争议处理的权利以及法律规定的其他劳动权利。

劳动者应当完成劳动任务,提高职业技能,执行劳动安全卫生规程,遵守劳动纪律和职业道德。

第四条

用人单位应当依法建立和完善规章制度,保障劳动者享有劳动权利和履行劳动义务。

第五条

国家采取各种措施,促进劳动就业,发展职业教育,制定劳动标准,调节社会收入,完善社会保险,协调劳动关系,逐步提高劳动者的生活水平。

第六条

国家提倡劳动者参加社会义务劳动,开展劳动竞赛和合理化建议活动,鼓励和保护劳动者进行科学研究、技术革新和发明创造,表彰和奖励劳动模范和先进工作者。

第七条

劳动者有权依法参加和组织工会。

工会代表和维护劳动者的合法权益,依法独立自主地开展活动。

第八条

劳动者依照法律规定,通过职工大会、职工代表大会或者其他形式,参与民主管理或者就保护劳动者合法权益与用人单位进行平等协商。

第九条

国务院劳动行政部门主管全国劳动工作。

县级以上地方人民政府劳动行政部门主管本行政区域内的劳动工作。

第二章 促进就业

第十条

国家通过促进经济和社会发展，创造就业条件，扩大就业机会。

国家鼓励企业、事业组织、社会团体在法律、行政法规规定的范围内兴办产业或者拓展经营，增加就业。

国家支持劳动者自愿组织起来就业和从事个体经营实现就业。

第十一条

地方各级人民政府应当采取措施，发展多种类型的职业介绍机构，提供就业服务。

第十二条

劳动者就业，不因民族、种族、性别、宗教信仰不同而受歧视。

第十三条

妇女享有与男子平等的就业权利。在录用职工时，除国家规定的不适合妇女的工种或者岗位外，不得以性别为由拒绝录用妇女或者提高对妇女的录用标准。

第十四条

残疾人、少数民族人员、退出现役的军人的就业，法律、法规有特别规定的，从其规定。

第十五条

禁止用人单位招用未满十六周岁的未成年人。

文艺、体育和特种工艺单位招用未满十六周岁的未成年人，必须遵守国家有关规定，并保障其接受义务教育的权利。

第三章 劳动合同和集体合同

第十六条

劳动合同是劳动者与用人单位确立劳动关系、明确双方权利和义务的协议。

建立劳动关系应当订立劳动合同。

第十七条

订立和变更劳动合同，应当遵循平等自愿、协商一致的原则，不得违反法律、行政法规的规定。

劳动合同依法订立即具有法律约束力，当事人必须履行劳动合同规定的义务。

第十八条

下列劳动合同无效：

(一) 违反法律、行政法规的劳动合同；

(二) 采取欺诈、威胁等手段订立的劳动合同。

无效的劳动合同，从订立的时候起，就没有法律约束力。确认劳动合同部分无效的，如果不影响其余部分的效力，其余部分仍然有效。

劳动合同的无效，由劳动争议仲裁委员会或者人民法院确认。

第十九条

劳动合同应当以书面形式订立，并具备以下条款：

（一）劳动合同期限；

（二）工作内容；

（三）劳动保护和劳动条件；

（四）劳动报酬；

（五）劳动纪律；

（六）劳动合同终止的条件；

（七）违反劳动合同的责任。

劳动合同除前款规定的必备条款外，当事人可以协商约定其他内容。

第二十条

劳动合同的期限分为有固定期限、无固定期限和以完成一定的工作为期限。

劳动者在同一用人单位连续工作满十年以上，当事人双方同意延续劳动合同的，如果劳动者提出订立无固定期限的劳动合同，应当订立无固定期限的劳动合同。

第二十一条

劳动合同可以约定试用期。试用期最长不得超过六个月。

第二十二条

劳动合同当事人可以在劳动合同中约定保守用人单位商业秘密的有关事项。

第二十三条

劳动合同期满或者当事人约定的劳动合同终止条件出现，劳动合同即行终止。

第二十四条

经劳动合同当事人协商一致，劳动合同可以解除。

第二十五条

劳动者有下列情形之一的，用人单位可以解除劳动合同：

（一）在试用期间被证明不符合录用条件的；

（二）严重违反劳动纪律或者用人单位规章制度的；

（三）严重失职，营私舞弊，对用人单位利益造成重大损害的；

（四）被依法追究刑事责任的。

第二十六条

有下列情形之一的，用人单位可以解除劳动合同，但是应当提前三十日以书面形式通知劳动者本人：

（一）劳动者患病或者非因工负伤，医疗期满后，不能从事原工作也不能从事由用人单位另行安排的工作的；

（二）劳动者不能胜任工作，经过培训或者调整工作岗位，仍不能胜任工作的；

（三）劳动合同订立时所依据的客观情况发生重大变化，致使原劳动合同无法履行，经当事人协商不能就变更劳动合同达成协议的。

第二十七条

用人单位濒临破产进行法定整顿期间或者生产经营状况发生严重困难，确需裁减人员的，应当提前三十日向工会或者全体职工说明情况，听取工会或者职工的意见，经向劳动行政部门报告后，可以裁减人员。

用人单位依据本条规定裁减人员，在六个月内录用人员的，应当优先录用被裁减的人员。

第二十八条

用人单位依据本法第二十四条、第二十六条、第二十七条的规定解除劳动合同的，应当依照国家有关规定给予经济补偿。

第二十九条

劳动者有下列情形之一的，用人单位不得依据本法第二十六条、第二十七条的规定解除劳动合同：

(一) 患职业病或者因工负伤并被确认丧失或者部分丧失劳动能力的；

(二) 患病或者负伤，在规定的医疗期内的；

(三) 女职工在孕期、产假、哺乳期内的；

(四) 法律、行政法规规定的其他情形。

第三十条

用人单位解除劳动合同，工会认为不适当的，有权提出意见。如果用人单位违反法律、法规或者劳动合同，工会有权要求重新处理；劳动者申请仲裁或者提起诉讼的，工会应当依法给予支持和帮助。

第三十一条

劳动者解除劳动合同，应当提前三十日以书面形式通知用人单位。

第三十二条

有下列情形之一的，劳动者可以随时通知用人单位解除劳动合同：

(一) 在试用期内的；

(二) 用人单位以暴力、威胁或者非法限制人身自由的手段强迫劳动的；

(三) 用人单位未按照劳动合同约定支付劳动报酬或者提供劳动条件的。

第三十三条

企业职工一方与企业可以就劳动报酬、工作时间、休息休假、劳动安全卫生、保险福利等事项，签订集体合同。集体合同草案应当提交职工代表大会或者全体职工讨论通过。

集体合同由工会代表职工与企业签订；没有建立工会的企业，由职工推举的代表与企业签订。

第三十四条

集体合同签订后应当报送劳动行政部门；劳动行政部门自收到集体合同文本之日起十五日内未提出异议的，集体合同即行生效。

第三十五条

依法签订的集体合同对企业和企业全体职工具有约束力。职工个人与企业订立的劳动合同中劳动条件和劳动报酬等标准不得低于集体合同的规定。

第四章 工作时间和休息休假

第三十六条

国家实行劳动者每日工作时间不超过八小时、平均每周工作时间不超过四十四小时的工时制度。

第三十七条

对实行计件工作的劳动者，用人单位应当根据本法第三十六条规定的工时制度合理确定其劳动定额和计件报酬标准。

第三十八条

用人单位应当保证劳动者每周至少休息一日。

第三十九条

企业因生产特点不能实行本法第三十六条、第三十八条规定的，经劳动行政部门批准，可以实行其他工作和休息办法。

第四十条

用人单位在下列节日期间应当依法安排劳动者休假：

(一) 元旦；

(二) 春节；

(三) 国际劳动节；

(四) 国庆节；

(五) 法律、法规规定的其他休假节日。

第四十一条

用人单位由于生产经营需要，经与工会和劳动者协商后可以延长工作时间，一般每日不得超过一小时；因特殊原因需要延长工作时间的，在保障劳动者身体健康的条件下延长工作时间每日不得超过三小时，但是每月不得超过三十六小时。

第四十二条

有下列情形之一的，延长工作时间不受本法第四十一条规定的限制：

(一) 发生自然灾害、事故或者因其他原因，威胁劳动者生命健康和财产安全，需要紧急处理的；

(二) 生产设备、交通运输线路、公共设施发生故障，影响生产和公众利益，必须及时抢修的；

(三) 法律、行政法规规定的其他情形。

第四十三条

用人单位不得违反本法规定延长劳动者的工作时间。

第四十四条

有下列情形之一的，用人单位应当按照下列标准支付高于劳动者正常工作时间工资的工资报酬：

(一) 安排劳动者延长工作时间的，支付不低于工资的百分之一百五十的工资报酬；

(二) 休息日安排劳动者工作又不能安排补休的，支付不低于工资的百分之二百的工资报酬；

(三) 法定休假日安排劳动者工作的，支付不低于工资的百分之三百的工资报酬。

第四十五条

国家实行带薪年休假制度。

劳动者连续工作一年以上的，享受带薪年休假。具体办法由国务院规定。

第五章　工　资

第四十六条

工资分配应当遵循按劳分配原则，实行同工同酬。

工资水平在经济发展的基础上逐步提高。国家对工资总量实行宏观调控。

第四十七条

用人单位根据本单位的生产经营特点和经济效益，依法自主确定本单位的工资分配方式和工资水平。

第四十八条

国家实行最低工资保障制度。最低工资的具体标准由省、自治区、直辖市人民政府规定，报国务院备案。

用人单位支付劳动者的工资不得低于当地最低工资标准。

第四十九条

确定和调整最低工资标准应当综合参考下列因素：

（一）劳动者本人及平均赡养人口的最低生活费用；

（二）社会平均工资水平；

（三）劳动生产率；

（四）就业状况；

（五）地区之间经济发展水平的差异。

第五十条

工资应当以货币形式按月支付给劳动者本人。不得克扣或者无故拖欠劳动者的工资。

第五十一条

劳动者在法定休假日和婚丧假期间以及依法参加社会活动期间，用人单位应当依法支付工资。

第六章 劳动安全卫生

第五十二条

用人单位必须建立、健全劳动安全卫生制度，严格执行国家劳动安全卫生规程和标准，对劳动者进行劳动安全卫生教育，防止劳动过程中的事故，减少职业危害。

第五十三条

劳动安全卫生设施必须符合国家规定的标准。

新建、改建、扩建工程的劳动安全卫生设施必须与主体工程同时设计、同时施工、同时投入生产和使用。

第五十四条

用人单位必须为劳动者提供符合国家规定的劳动安全卫生条件和必要的劳动防护用品，对从事有职业危害作业的劳动者应当定期进行健康检查。

第五十五条

从事特种作业的劳动者必须经过专门培训并取得特种作业资格。

第五十六条

劳动者在劳动过程中必须严格遵守安全操作规程。

劳动者对用人单位管理人员违章指挥、强令冒险作业，有权拒绝执行；对危害生命安全和身体健康的行为，有权提出批评、检举和控告。

第五十七条

国家建立伤亡事故和职业病统计报告和处理制度。县级以上各级人民政府劳动行政部门、有关部门和用人单位应当依法对劳动者在劳动过程中发生的伤亡事故和劳动者的职业病状况，进行统计、报告和处理。

第七章　女职工和未成年工特殊保护

第五十八条

国家对女职工和未成年工实行特殊劳动保护。

未成年工是指年满十六周岁未满十八周岁的劳动者。

第五十九条

禁止安排女职工从事矿山井下、国家规定的第四级体力劳动强度的劳动和其他禁忌从事的劳动。

第六十条

不得安排女职工在经期从事高处、低温、冷水作业和国家规定的第三级体力劳动强度的劳动。

第六十一条

不得安排女职工在怀孕期间从事国家规定的第三级体力劳动强度的劳动和孕期禁忌从事的活动。对怀孕七个月以上的女职工，不得安排其延长工作时间和夜班劳动。

第六十二条

女职工生育享受不少于九十天的产假。

第六十三条

不得安排女职工在哺乳未满一周岁的婴儿期间从事国家规定的第三级体力劳动强度的劳动和哺乳期禁忌从事的其他劳动，不得安排其延长工作时间和夜班劳动。

第六十四条

不得安排未成年工从事矿山井下、有毒有害、国家规定的第四级体力劳动强度的劳动和其他禁忌从事的劳动。

第六十五条

用人单位应当对未成年工定期进行健康检查。

第八章　职业培训

第六十六条

国家通过各种途径，采取各种措施，发展职业培训事业，开发劳动者的职业技能，提高劳动者素质，增强劳动者的就业能力和工作能力。

第六十七条

各级人民政府应当把发展职业培训纳入社会经济发展的规划，鼓励和支持有条件的企业、事业组织、社会团体和个人进行各种形式的职业培训。

第六十八条

用人单位应当建立职业培训制度，按照国家规定提取和使用职业培训经费，根据本单位实际，有计划地对劳动者进行职业培训。

从事技术工种的劳动者，上岗前必须经过培训。

第六十九条

国家确定职业分类，对规定的职业制定职业技能标准，实行职业资格证书制度，由经备案的考核鉴定机构负责对劳动者实施职业技能考核鉴定。

第九章　社会保险和福利

第七十条

国家发展社会保险事业，建立社会保险制度，设立社会保险基金，使劳动者在年老、患病、工伤、失业、生育等情况下获得帮助和补偿。

第七十一条

社会保险水平应当与社会经济发展水平和社会承受能力相适应。

第七十二条

社会保险基金按照保险类型确定资金来源，逐步实行社会统筹。用人单位和劳动者必须依法参加社会保险，缴纳社会保险费。

第七十三条

劳动者在下列情形下，依法享受社会保险待遇：

(一) 退休；

(二) 患病、负伤；

(三) 因工伤残或者患职业病；

(四) 失业；

(五) 生育。

劳动者死亡后，其遗属依法享受遗属津贴。

劳动者享受社会保险待遇的条件和标准由法律、法规规定。

劳动者享受的社会保险金必须按时足额支付。

第七十四条

社会保险基金经办机构依照法律规定收支、管理和运营社会保险基金，并负有使社会保险基金保值增值的责任。

社会保险基金监督机构依照法律规定，对社会保险基金的收支、管理和运营实施监督。

社会保险基金经办机构和社会保险基金监督机构的设立和职能由法律规定。

任何组织和个人不得挪用社会保险基金。

第七十五条

国家鼓励用人单位根据本单位实际情况为劳动者建立补充保险。

国家提倡劳动者个人进行储蓄性保险。

第七十六条

国家发展社会福利事业，兴建公共福利设施，为劳动者休息、休养和疗养提供条件。

用人单位应当创造条件，改善集体福利，提高劳动者的福利待遇。

第十章　劳动争议

第七十七条

用人单位与劳动者发生劳动争议，当事人可以依法申请调解、仲裁、提起诉讼，也可以协商解决。

调解原则适用于仲裁和诉讼程序。

第七十八条

解决劳动争议，应当根据合法、公正、及时处理的原则，依法维护劳动争议当事人的合法权益。

第七十九条

劳动争议发生后，当事人可以向本单位劳动争议调解委员会申请调解；调解不成，当事人一方要求仲裁的，可以向劳动争议仲裁委员会申请仲裁。当事人一方也可以直接向劳动争议仲裁委员会申请仲裁。对仲裁裁决不服的，可以向人民法院提起诉讼。

第八十条

在用人单位内，可以设立劳动争议调解委员会。劳动争议调解委员会由职工代表、用人单位代表和工会代表组成。劳动争议调解委员会主任由工会代表担任。

劳动争议经调解达成协议的，当事人应当履行。

第八十一条

劳动争议仲裁委员会由劳动行政部门代表、同级工会代表、用人单位方面的代表组成。劳动争议仲裁委员会主任由劳动行政部门代表担任。

第八十二条

提出仲裁要求的一方应当自劳动争议发生之日起六十日内向劳动争议仲裁委员会提出书面申请。仲裁裁决一般应在收到仲裁申请的六十日内作出。对仲裁裁决无异议的，当事人必须履行。

第八十三条

劳动争议当事人对仲裁裁决不服的，可以自收到仲裁裁决书之日起十五日内向人民法院提起诉讼。一方当事人在法定期限内不起诉又不履行仲裁裁决的，另一方当事人可以申请人民法院强制执行。

第八十四条

因签订集体合同发生争议，当事人协商解决不成的，当地人民政府劳动行政部门可以组织有关各方协调处理。

因履行集体合同发生争议，当事人协商解决不成的，可以向劳动争议仲裁委员会申请仲裁；对仲裁裁决不服的，可以自收到仲裁裁决书之日起十五日内向人民法院提起诉讼。

第十一章　监督检查

第八十五条

县级以上各级人民政府劳动行政部门依法对用人单位遵守劳动法律、法规的情况进行监督检查，对违反劳动法律、法规的行为有权制止，并责令改正。

第八十六条

县级以上各级人民政府劳动行政部门监督检查人员执行公务，有权进入用人单位了解执行劳动法律、法规的情况，查阅必要的资料，并对劳动场所进行检查。

县级以上各级人民政府劳动行政部门监督检查人员执行公务，必须出示证件，秉公执法并遵守有关规定。

第八十七条

县级以上各级人民政府有关部门在各自职责范围内，对用人单位遵守劳动法律、法规的情况进行监督。

第八十八条

各级工会依法维护劳动者的合法权益，对用人单位遵守劳动法律、法规的情况进行监督。

任何组织和个人对于违反劳动法律、法规的行为有权检举和控告。

第十二章　法律责任

第八十九条

用人单位制定的劳动规章制度违反法律、法规规定的，由劳动行政部门给予警告，责令改正；对劳动者造成损害的，应当承担赔偿责任。

第九十条

用人单位违反本法规定，延长劳动者工作时间的，由劳动行政部门给予警告，责令改正，并可以处以罚款。

第九十一条

用人单位有下列侵害劳动者合法权益情形之一的，由劳动行政部门责令支付劳动者的工资报酬、经济补偿，并可以责令支付赔偿金：

(一) 克扣或者无故拖欠劳动者工资的；

(二) 拒不支付劳动者延长工作时间工资报酬的；

(三) 低于当地最低工资标准支付劳动者工资的；

(四) 解除劳动合同后，未依照本法规定给予劳动者经济补偿的。

第九十二条

用人单位的劳动安全设施和劳动卫生条件不符合国家规定或者未向劳动者提供必要的劳动防护用品和劳动保护设施的，由劳动行政部门或者有关部门责令改正，可以处以罚款；情节严重的，提请县级以上人民政府决定责令停产整顿；对事故隐患不采取措施，致使发生重大事故，造成劳动者生命和财产损失的，对责任人员依照刑法有关规定追究刑事责任。

第九十三条

用人单位强令劳动者违章冒险作业，发生重大伤亡事故，造成严重后果的，对责任人员依法追究刑事责任。

第九十四条

用人单位非法招用未满十六周岁的未成年人的，由劳动行政部门责令改正，处以罚款；情节严重的，由市场监督管理部门吊销营业执照。

第九十五条

用人单位违反本法对女职工和未成年工的保护规定，侵害其合法权益的，由劳动行政部门责令改正，处以罚款；对女职工或者未成年工造成损害的，应当承担赔偿责任。

第九十六条

用人单位有下列行为之一，由公安机关对责任人员处以十五日以下拘留、罚款或者警告；构成犯罪的，对责任人员依法追究刑事责任：

(一) 以暴力、威胁或者非法限制人身自由的手段强迫劳动的；

(二) 侮辱、体罚、殴打、非法搜查和拘禁劳动者的。

第九十七条

由于用人单位的原因订立的无效合同，对劳动者造成损害的，应当承担赔偿责任。

第九十八条

用人单位违反本法规定的条件解除劳动合同或者故意拖延不订立劳动合同的，由劳动行政部门责令改正；对劳动者造成损害的，应当承担赔偿责任。

第九十九条

用人单位招用尚未解除劳动合同的劳动者，对原用人单位造成经济损失的，该用人单位应当依法承担连带赔偿责任。

第一百条

用人单位无故不缴纳社会保险费的，由劳动行政部门责令其限期缴纳；逾期不缴的，可以加收滞纳金。

第一百零一条

用人单位无理阻挠劳动行政部门、有关部门及其工作人员行使监督检查权，打击报复举报人员的，由劳动行政部门或者有关部门处以罚款；构成犯罪的，对责任人员依法追究刑事责任。

第一百零二条

劳动者违反本法规定的条件解除劳动合同或者违反劳动合同中约定的保密事项，对用人单位造成经济损失的，应当依法承担赔偿责任。

第一百零三条

劳动行政部门或者有关部门的工作人员滥用职权、玩忽职守、徇私舞弊，构成犯罪的，依法追究刑事责任；不构成犯罪的，给予行政处分。

第一百零四条

国家工作人员和社会保险基金经办机构的工作人员挪用社会保险基金，构成犯罪的，依法追究刑事责任。

第一百零五条

违反本法规定侵害劳动者合法权益，其他法律、行政法规已规定处罚的，依照该法律、行政法规的规定处罚。

第十三章　附则

第一百零六条

省、自治区、直辖市人民政府根据本法和本地区的实际情况，规定劳动合同制度的实施步骤，报国务院备案。

第一百零七条　本法自 1995 年 1 月 1 日起施行。

2018 年 12 月 29 日，第十三届全国人民代表大会常务委员会第七次会议通过的《全国人民代表大会常务委员会关于修改<中华人民共和国劳动法>等七部法律的决定》之一：对《中华人民共和国劳动法》作出修改。

(一) 将第十五条第二款中的"必须依照国家有关规定，履行审批手续"修改为"必须遵守国家有关规定"。

(二) 将第六十九条中的"由经过政府批准的考核鉴定机构"修改为"由经备案的考核鉴定机构"。

(三) 将第九十四条中的"工商行政管理部门"修改为"市场监督管理部门"。

第八章

创业实务

青年人是全社会最富有活力、最具有创造性的群体，也是推动创科发展的生力军。要为青年铺路搭桥，提供更大发展空间，支持青年在创新创业的奋斗人生中出彩圆梦。

——2022年6月30日，习近平考察香港科学园时的讲话

📖【案例8-1】

❧ 朱蓓琪的创业故事 ❧

志愿经历，播下种子

她，是宁波华遇网络科技有限责任公司的创始人朱蓓祺，2018年毕业于浙江工业大学之江学院汉语国际教育专业。从初识汉语国际教育，她便坚定信念成为一名汉语志愿者。

从2015年开始，她便利用一切时间赴海外做汉语志愿者，她的学生遍布世界各地。她去过马尔代夫最偏远的小岛，也走进过美国国际学校的课堂，她感受过最极端的天气，也体会过最艰苦的条件，但是这一切都没有打消她成为一名汉语教师的梦想，反而让她越发了解中文教学所需和所缺的部分。国外的中文学习路程远，耗时长，折腾孩子也折腾家长；中文教师一旦回国就面临着难以发挥自己专业特长的困境。

记得有一次回国前，一位家长对朱倍琪说："老师，我的孩子真的很喜欢听您上课，如果您可以一直教他就好了。"禁不住家长真心实意的拜托，她便答应了这件事情。回到中国后，她一边学习，准备考研究生，一边给学生上课。可是要在网络上教一个孩子学中文哪有那么容易，她每天需要花很多的时间来备课和准备教学内容，这多多少少地影响到了她的学习。妈妈几次给她打电话，一遍一遍地和她说如果她真的想好好考研，就应该把所有的时间都用在学习上，而不是分心去做别的事情，等考上了研究生，再来给学生上课。她想，也许真的是她当时想得太过简单了，等教完这个学期，她就和家长说不能再继续上课了。

有一天，这个孩子的家长在不是上课的时间，突然给她打了一个电话："朱老师，我真的太高兴了，你知道吗，我们家小宝刚才和外公外婆打电话，用中文和外公外婆聊了好长时间，他的外公外婆特别激动，让我一定要打电话谢谢他的中文老师。我真的真的太感谢你了。"家长和她说，以前每次给家里的老人打电话，老人总想和外孙多说几句话，可是孩子因为语言不通，总是没说几句就跑掉了。她的父母虽然从没说过什么，可是她的内心深感愧疚，父母就她一个孩子，就这么一个外孙，她觉得是自己没有让孩子学好中文才会每次都让父母难过。可是

她今天真的很开心,好像真的就是孩子多说的那么几句话,解开了她多年以来对父母愧疚的心结。

家长的话,让朱蓓祺深受触动,她从来没有想过,原来自己做的事情这么有价值。原来教一个孩子说好中文,不仅是对孩子自己,对于他的家人,对于他的亲人都有这么重要的意义。这样一份职业,她怎么能够在此刻放弃呢?在这一刻,她真正坚定了一定要做一名汉语老师,一定要教孩子们学好中文的信念,只为让更多的家庭因为孩子学好了中文而变得更加幸福。

正是这次线上中文教学的尝试,为了让更多的孩子能够学习中文,为了让回国的汉语志愿者也无须放弃教孩子学中文,她走上了创业之路。

以"诺"为名,在线启航

2018年7月,宁波华遇网络科技有限责任公司正式成立,同期,他们的网站诺米中文在线正式上线。诺米中文在线是一个以汉语学习为中心,致力于打造服务各个年龄阶层的汉语学习者、汉语教学者的综合性平台,着眼于对汉语学习中的教学平台、教学内容、阅读材料、教学用具、文化衍生等环节进行深入打造,旨在实现市场的全覆盖。

2018年10月,他们的网站用户数量已经达到了300,他们也吸收了近10位汉语教师和志愿者。2018年,公司的年产值为5万元。到了2019年的夏天,他们已经在澳大利亚、加拿大温哥华地区和美国纽约地区建立了代理点。2019年11月,他们配合技术团队,重新升级了网站系统,以此来为承接更多的学员和教师做准备。在这几年里他们还先后获得了第九届在绍高校大学生创业创新大赛二等奖,"建行杯"第五届浙江省"互联网+"大学生创新创业大赛银奖,宁波市中帼云创客大赛二等奖。

至2020年底,他们的用户数量已经突破50000,学生数量突破了10000,教师人数近300,其中90%以上为女性,有很多待业在家的妈妈也成为他们的在线教师,网站为她们的职业生涯提供了新的选择。他们自行研制的教研内容已经超过了20000件,授课时长超过40000个小时,年产值近150万元。他们目前正在尝试将自主研发的教学内容申请知识产权。目前团队中有4名成员在国内开展工作,3名成员在英国、澳大利亚、美国地区开展工作。

家长们常和她说,他们之所以让孩子来学习中文,是因为他们看到了中国的发展,他们相信终有一天汉语会传遍世界的每一个角落。他们也相信终有一天,中文会成为真正的世界语言,为了这个目标,他们必将坚守本心,披荆斩棘,砥砺前行,为传播中文奉献出自己的青春和热血。

(资料来源:作者根据学院学生创业案例改编)

📖【课前思考】

1. 朱蓓祺的创业为什么会成功?
2. 大学生创业需要考虑哪些因素?

第一节 创业精神及其培养

📖【案例8-2】

～ 小王创业记 ～

某校机械专业毕业的小王,毕业后盲目创业,学着别人倒菜、倒水果、倒服装,几经波折,没有一件事干成功。正当小王垂头丧气时，社区组织个体经营者进行自我创业资源分析。经过分析，小王发现自己最大的长处还是所学的专业。在这之后，小王开了一家汽车修理店，他感到一下子有了广阔的空间。小王的专业是机械，修理汽车是他的专长，在认识到自己的长处后，小王及时调整方向，最终获得了成功。

创业并不是一件容易的事，除了付出艰辛和努力外，还需要对自己的优势和不足有一个正确的评价，只有这样，才能走向成功。

📖【案例8-3】

∽ 没钱也可以开店 ∾

张大勇(化名)性格开朗，待人热情，头脑灵活，善于社交，有一定的管理能力。他既酷爱电脑又做着电脑的生意，兜里也有一些积蓄，而且身边结识了众多电脑爱好者。由于当今网络已成为年轻人生活的一部分，张大勇就瞄准了一个挣钱的机会——开一家网吧。但是，他的积蓄又不够。经过仔细分析和市场调研后，在一个交通便利又比较热闹的地段，张大勇和几个朋友一起开了一家规模较大的网吧。一年后，张大勇不仅收回了本钱，而且开了一家分店。

张大勇的成功归功于他对自己有清醒的认识，对市场需求有充分的了解，同时借助和朋友合作，既解决了资金问题，又壮大了个人的实力，将自己的优势有效地与外部条件结合起来，成为一个成功的创业者。

对于每一个创业者而言，永远要面对的困难就是资源的匮乏，但是，成功的创业者总是能够利用自己仅有的资源，巧妙地与其他资源整合，张大勇不仅有"勇"，还有"谋"——资源整合的意识。

📖【案例8-4】

∽ "敢"创业比"能"创业更重要 ∾

小张曾患有小儿麻痹症，技校毕业后，家人都担心她今后的路该如何走。经过深思熟虑，要强的小张决定自己当老板。

她发现学校没有供学生打字复印的设备，而附近也只有一家打字复印社，于是就在学校门口开了一家打字复印社。

身患残疾的小张选择了自己创业这条路，将自己的劳动贡献给社会，既给许多人带来了方便，也给自己带来了富足和快乐。

在许多情况下，敢于创业是创业者的一个基本素质。

📖【案例8-5】

∽ 小高的烘焙梦 ∾

小高同学大学毕业因找不到合适的工作而决定自主创业，她起初到蛋糕店当学徒，每天学习制作蛋糕，还要帮老板打扫店里卫生，扫地、拖地、抹桌椅、搬鸡蛋、扛面粉……一天下来精疲力尽，但她始终咬牙坚持，她的小本子上密密麻麻地写满了制作秘籍和失败经验。在蛋糕店学习了一年后，小高开起了自己的网店，起初通过网络销售，以优质的用料、不错的口味赢得了顾客的喜爱，挣得了第一桶金。网店生意红火后，小高开了实体蛋糕店，名为"美好烘焙"DIY蛋糕店，以DIY为主要经营模式、以推广家庭烘焙文化为基点，提供场地和材料及一定的技术指导，让顾客亲手制作蛋糕和甜点。

大学生创业拥有无限的活力与激情，但是创业道路也是曲折艰难的，经验不足、资金短缺和思想不成熟等都会制约着大学生创业的真正实现。创业者如果下定决心，就要想方设法克服困难。

一、创业的定义

早在二三百年前，经济学文献中就已出现了"创业"一词，但是时至今日，学术界对其含义仍未达成共识。在中国传统文化背景下的创业行为更应该具备正确的价值观。创业不仅是为了实现利益追求，也要塑造爱国的企业文化，坚持立德树人的根本任务。

荣斯戴特(Ronstadt)曾这样定义创业："创业是一个创造增长的财富的动态过程。财富是由这样一些人创造的，他们承担资产价值、时间承诺或提供产品或服务的风险。他们的产品或服务未必是新的或唯一的，但其价值是由企业家通过获得必要的技能与资源并进行配置来注入的。"

斯蒂文森(Stevenson)强调了创业的过程："创业是一个人——不管是独立的还是在一个组织内部——追踪和捕获机会的过程，这一过程与其当时控制的资源无关。"斯蒂文森进一步指出：有三个方面对创业是特别重要的，即察觉机会、追逐机会的意愿及获得成功的信心和可能性。

也有学者认为：创业包括创造价值、创建并经营一家新的营利性企业的过程，是通过个人或一个群体投资组建公司来提供新的产品或服务，以及有意识地创造价值的过程。

《创业学》一书对创业是这样定义的："创业是一个发现和捕获机会并由此创造出新颖的产品、服务或实现其潜在价值的过程。"创业必须贡献出时间和付出努力(心理与生理)，承担相应的财务的、精神的和社会的风险，并获得金钱的回报、个人的满足和独立自主。该创业定义主要强调了作为一个创业者的四个基本方面，而与所处的领域无关。

(1) 创业是创造的过程。创业创造出某种有价值的新事物。这种新事物必须是有价值的，不仅对创业家本身，而且对其开发的某些目标对象也是有价值的。这里所说的目标对象因行业或所创造事物的不同而不同。

(2) 创业需要贡献出必要的时间，付出极大的努力。要完成整个创业过程，要创造新的有价值的事物，就需要大量的时间，而要获得成功，没有极大的努力是不可能的。

(3) 承担必然存在的风险。创业的风险可能有多种形式，取决于创业的领域，但是通常的风险不外乎财务风险、精神方面的风险和社会领域及家庭方面的风险等。

(4) 给创业者以创业报酬。作为一个创业家，最重要的回报可能是其由此获得的独立自主及随之而来的个人满足。对于追求利润的创业家来说，金钱的回报无疑是最重要的；对很多的创业者乃至旁观者来说，金钱的回报是判断成功与否的一种尺度。

对于一个真正的创业者，创业的过程不但充满了激动、艰辛、痛苦、忧虑、郁闷、痛苦和徘徊，而且需要付出坚定、坚持不懈的努力，当然，渐进的成功也将带来无穷的欢乐与分享不尽的幸福。

二、创业精神

(一) 创业精神的概念

对于创业精神的准确定义，目前还没有统一的界定，学者们各执一词。人们用不同的词语描绘创业精神(或企业家精神)：创新精神、合作精神、冒险精神、敬业精神、自强不息、百折不挠等。在新时代，又加进了时代精神，社会责任感、奉献、事业荣誉感、二次(三次)创业的勇气、艰苦奋斗的作风、至诚至信、开放的心态、宽容的胸怀等。

谭劲松(Tan Justin)博士认为目前对企业家精神的定义千差万别，有的从狭义的小企业管理角度来定义，有的定义则包罗万象。把企业家精神定义得最广义、最全面的是管理创新。谭劲松博士提出基于过程分析的企业家精神理论依赖于 4P 结构(表 8-1)，即企业家精神的四大主要组成部分为远见(pioneer)、观念(perspective)、实践(practice)和成就(performance)。远见指企业家应具有创新精神，或者至少也是创新的拥护者；观念指创业的思维倾向；实践指相应的创业活动；而成就则是创业活动或行为的结果。他认为，企业家精神是一种特殊的思维倾向、一种独特的世界观、一种积极的冒险精神以及自我实现和完善的终极手段。企业家精神的深处隐藏着进取和创造的欲望、对自主与独立的向往以及通过永不疲倦的努力工作、大胆而谨慎的冒险、永无止境的创新和坚韧不拔的毅力使企业家实现梦想。那些拥有梦想，并把自己的热情、灵魂和整个身心投入到为实现这些梦想的工作中去的人就当之无愧地被称为企业家。

表8-1 企业家精神的4P结构

4P结构	精神	描述
观念	观念	独特的创造和创新的思维：这里一定有更好的办法
	使命感	清晰的使命和愿景：每个人都有存在于这个世界的理由
	政策	成功之道：答案不就在那套战略里吗
远见	远见	孜孜不倦的对创新的支持：我们与众不同
	激情	对成功、创新和开辟事业的强烈愿望：品尝你的梦想吧
	坚忍	意志坚定：永不言败
实践	实践	行动最重要：放手去干
	说服	让他人接受企业家自己的愿景的能力：推销术是企业家精神的要素之一
	追求	吸引他人注意，努力争取社会资源
成就	成就	绩效导向：我行我素
	人本	创新能够提高和改善人们的生活质量：创新改变生活
	利润	创新的回报：创造经济价值是企业家的社会责任

刘常勇认为，创业精神的本质是一种创新活动的行为过程，而非指企业家的人格特质。创业精神的主要含义为创新，也就是创业者通过创新的手段，将资源更有效地利用，为市场创造出新的价值。虽然创业常常是以开创新公司的方式产生的，但创业精神不一定只存在于新事业中。一些成熟的组织，只要创新活动仍然旺盛，该组织就依然具备创业精神。创业精神类似于一种能够持续创新成长的生命力，区分为个体的创业精神(independent entrepreneurship)及组织的创业精神(corporate entrepreneurship)。个体的创业精神是以个人力量，在个人愿景引导下，从

事创新活动，进而创造新事业；而组织的创业精神则指在一个组织内部，以群众力量，追求共同愿景，从事组织创新活动。

刘常勇对创业精神的解释强调了两点：一是创业精神在精神层面是一种思维方式，这种思维方式的基础是创新。谭劲松博士也认为，企业家精神首先而且主要是一种对事物的观念，一种持续和一致的看待世界的方法，一种特殊的思维倾向，这种思维倾向鼓励创新和改革、改变游戏规则，并且标新立异。简单地说，这种思维方式就是不满足于现状，改变旧有的条件，寻求处理问题的新途径。由于个人的条件和环境不同，不可能人人创办公司、做生意，不可能人人从事创建新企业的活动。但创业思维不可没有，无论做什么事情，每个人都要以创业思维与企业家精神去思考，并将其作为思维模式和行为准则。二是创业精神的实质在于发现和把握机会，并且创造价值。创业精神，并不能只停留在精神层面，创业观念和思维必须付诸行动。也就是说，创业精神必须将创业观念和思维与实践结合起来，这样才会产生结果、绩效和价值。

长期以来，人们对创业精神的理解存在诸多误区，如创业精神是个人的特质、创业精神不可学等。因此，本章侧重通过精神层面而非创业活动对创业精神进行阐述。在精神层面，无论是个体创业还是公司创业，其本质都是相同的。

(二) 塑造创业精神的途径与方式

分析创业精神的运行规律和特点的目的在于找出塑造和传播创业精神的方式和方法。塑造创业精神可通过以下途径实现。

1. 企业家要保持创业的精神状态和思维方式

创业的成功有时会影响企业家变革的意愿，尤其是当企业家自我感觉良好且满足于现状时，他就更不会想要变革。事实上，有些企业家将会在公司内部营造出一种官僚环境，在这样的环境里，命令由高层到底层发布，高层根本不接受来自底层的创意。其结果是企业中没有人愿意(或受激励)成为变革者或促进者，因为企业创办者遏制了这样的行为。

因此，企业家要保持创业精神的良好状态：

(1) 要提高素质和水平。一个企业是否能在激烈竞争的环境中获得长期生存与发展，关键在于这个企业制定的战略目标对环境变量的适应性和企业的组织结构对战略目标的适应性。当三者发生重大不协调时，企业就需要变革，这正是创业精神的体现。企业家是企业变革的源泉，企业家的素质和水平决定了企业变革的方向和取得成效的水平。因此，企业家个体要具备和提高自身的素质和能力。企业家要有战略家的智慧和眼光，具有创新精神和逆向思维能力，具备高超的领导艺术。企业家应该具有思想的超前性和创造性、强烈的事业心、坚定的改革意识和群众观点等。

(2) 提高对机会的洞察力。企业家要通过明确企业各个层次完成的任务和目标，使企业各层次人员清楚自己在企业的生产和服务中所扮演的角色；协调和整合各职能部门也可以增强对机会的洞察能力，因为这样可以使不同职能部门的下属作为一个有机的整体而行动。

(3) 将变革作为企业目标予以制度化。企业家要形成变革和创新的偏好，而不是安于现状。

(4) 向员工灌输变革和创新的愿望。这就要实行鼓励变革的薪酬机制，创造允许失败的创业环境和创业文化，实行有弹性的操作和管理等方法。

2. 从个人创业精神到全体员工创业精神的传递

创业精神不只是企业家个人的精神，创业精神需要管理层及业务骨干，以及全体员工保持创业热情。在我国，出色的企业家在今天显得尤为重要，领导者仅仅能够做出正确的重大决策和发号施令还远远不够；企业领导应该懂得如何培养员工的创业精神，又必须密切关注企业的生存和发展。要做到这一点，关键是必须大力鼓励具备创业精神的员工，而不是依赖某位 CEO。过去，中国许多企业的创业精神往往与 CEO 和一群技术骨干的关系最为密切，而企业中其他员工的创业精神并不突出，但现在必须更加强调所有员工都能够放开手脚以革新精神来从事他们的工作。

埃森哲公司发现，创业精神对于企业的成功至关重要。如何保持创业精神并将其传播到全体员工心中，则是全球企业界需要协力破解的难题。北京新华信企业管理咨询有限公司董事长赵民认为，在中国推广创业精神，首先要把个人的创业精神变为全体员工的精神。在中国，企业领导人创业精神一般都非常强，但这种精神在企业逐层减弱。因此，需要把企业一把手的创业精神传递到全体员工心中。

创业精神的传递首先要靠企业为员工创设良好的环境。例如，沃尔玛把员工当作"合伙人"、春兰把员工当作"靠山"、松下吧把员工当作"同辈"甚至"总裁"等，无论在空间上还是心理上都拉近了企业家与一般员工的距离，有利于最大限度地发挥员工的积极性、主动性、创造性，激发员工的创业和创新动力。

其次要定期进行创业精神的培训。赵民认为，应在企业内部开设培训班或者管理学院，每个季度进行轮训，不停地把创业者的精神和理念通过培训的方式传输给基层管理者或者未来潜在的基层管理者。一两年后，大家会慢慢形成一个习惯的心态和思维，在心理上就会认可并学习企业家的创业精神。这样有利于将企业精神传播到全体员工中，实现企业创业精神的持续及企业的持续发展。

最后要不断调整企业组织结构。适当和适时地调整企业组织结构，有利于员工积极性的发挥，激发个体和群体学习积极性及各种潜在优势，保持企业的创新和创业活力。

3. 培养大公司的创业精神

根据企业的发展规律，当企业成长到一定阶段时，组织就会产生一些阻碍创业精神发挥的因素。如何培养大公司的创业精神？

通用电气公司原 CEO 杰克·韦尔奇认为，要不断给管理层施加压力，让他们去激励整个团队进行创新。

作为 CEO，要不断地告诉身边的经理，表扬一些好的典型，表扬一些好的团队，把他们成功的经历在整个公司加以宣传，所以重要的一点是作为 CEO，要奠定一个基调，然后让其他人来完成自己交付的工作。大公司不是由一个人说了算的，也不是由一个人来奠定基调的，如果公司当中所有的人都不能去执行这样的想法，什么结果都不会发生。相信一个人就能够带来所有变化，这几乎是一个愚蠢的想法。CEO 只能奠定基调，每一个人都要执行。

4. 提高创造力，持续学习和不断创新

创新是企业的生命，是创业精神保持的重要内容，而持续创新，需要保持旺盛的创造热情和创造能力。集合方法是提高人们创造力的重要方法之一。

集合方法，即创造力产生于几种基本来源的集合的方法，该方法有利于促进人们开展创新和创造活动。集合方法来源于以下几个方面。

(1) 智力能力：从新的角度看问题的能力，识别有价值想法的能力，同时要有说服技巧——能够让人们相信这些新想法的价值(成功智能和社交智能的结合)。

(2) 广博的知识基础：记忆中存储了大量的相关信息。没有这些知识，就会缺乏创造性思维的认知基础。

(3) 适当的思维方式：喜欢从新奇的角度进行思考，有识大局的能力——既能从局部考虑又能从整体考虑，即一种摆脱思维定式的倾向。

(4) 个性特征：如愿意冒险并能容忍不确定性的特性，这些特征能帮助人们思考其他人忽略的想法和解决方案。

(5) 内在的、以任务为中心的动机：具有创造性的人通常喜欢他们所从事的工作，并能从工作中获得内在回报。

(6) 支持创新思想的环境：一个不强迫取得一致想法并鼓励变革的环境。

集合方法认为，当这些因素达到一定程度时，创造性思维就能产生。反过来，人们可以使用多种技能来提高自身的创造力，同时提高产生新创意的可能性，而这些新创意可能就是新企业获得成功的基础。

(1) 新创意来源于人们以新的方式整合、扩展或看待现有信息，这就要求人们掌握大量信息。获得广博的知识基础有很多方法，但从做一位创业者的角度看，最有用的知识基础是：① 有丰富的工作经历；②在很多地方居住过；③有广阔的社交网络。这些因素增加了人们掌握的信息量，使他们更富创造性。

(2) 要形成有助于突破思维定式的思考类型。这样可以确保与自己共处的人不是非常相似。如果自己的朋友是有不同职业背景的人，在大多数问题上都持相反观点，可以帮自己形成灵活开放的思维方式，会提高自己的创造力。

(3) 尽可能在鼓励创造力而不是抵制它的环境下工作。许多人选择创业的一个原因就是在公司中感到压抑，没有想象和创新的空间。相对而言，最好的公司是能容忍甚至鼓励员工创新的公司。这些公司倾向于更开放地向员工传播信息。在这样的工作环境中工作，能扩大人的知识基础，同时鼓励进行创造性思考。

总之，可以采取许多措施来提高创造性思维的倾向。只要使它们成为日常生活的一部分，就会变得更有创造力，并能提高想出使新创企业成功的创意的能力。创造力一旦被合适的人掌握，就会改变整个世界。创造力的产生因素并不神秘，在很大程度上，人们能控制这些因素。

📖 【资料链接8-1】

☞ 大学生创业环境分析 ☜

2016年12月起，某理工学院5名大学生在校内成立"Oh Me休闲进口零食铺"，该零食铺主推各类个性新颖的休闲进口食品，并提供送货上门服务，客户主要是大学生。

国庆长假期间，该创业团队在某景区摆摊零售，他们的商品包括进口糖果、薯片、巧克力、蛋卷等。从10月1日到3日，每天只在下午6时到晚上10时营业，某景区夜间人头攒动，不少人在他们的零食铺前驻足。零食铺主要采用线上销售模式，消费者在微信公众号上下单，他们再送货上门。仅3天就创下了高达1万元的销售额纪录。

团队成员通过摆摊检验商品是否符合消费者口味，同时趁着假期景区客流量大，提高营业额，掀起零食校园购的新潮流。

(资料来源：作者根据相关资料整理)

创业环境是指特殊环境，是一般环境的特定层面和组成部分。创业环境大约表现为以下几种形式：

(1) 社会环境与自然环境。社会环境主要指国情，而自然环境是指创业者面对的地理、资源、气候等自然状况。它们作为开创活动的宏观背景，对创业活动具有巨大的不可抗拒的影响。创业者只能利用它们，却无法改变它们。

(2) 内部环境和外部环境。内部环境是指创业组织内部各种创业要素和资源的总和，它是创业者的家园，是创业活动的根基。外部环境是指创业组织外部的各种创业条件的总和，对创业组织的发展具有广泛的影响力，是创业组织发展的保证。创业组织要适应的正是这种环境。

(3) 融资环境与投资环境。融资环境是创业者为了满足增强创业实力的需要聚集资金的社会条件。投资环境特指创业者资金投向的项目、行业及地区的情况。

(4) 生产环境与消费环境。生产环境是指创业者将资金转化为产品所需要的各种要素。消费环境是指创业者将商品转化为货币所需要的各种要素。

第二节　创业环境分析

"橘生淮南则为橘，生于淮北则为枳。"人的行为是自身素质基于外界环境的综合反映，每个人或多或少都会受环境影响，创业活动也不例外。创业者在争取资源、参与市场竞争、构建创业团队等环节都离不开其所处的环境。环境作为一个多因素、多层次的复杂综合体，其发展变化既可能给创业者带来新的市场机会，也可能给创业者带来威胁。对创业环境进行剖析和研究，能够帮助创业者辨识对自身有重大影响的环境因素，加深对自身条件的认识，进而制定适当的战略，利用有利环境发掘潜力；规避不利环境，减少风险，最终提高创业成功率。

创业环境综合而言是指所有与创业相关联的因素的集合，根据这些因素的影响范围又可以分为宏观环境和微观环境两大类。

一、创业宏观环境分析

宏观环境又称总体环境，是指影响整个创业活动的广泛性因素，包括政治法律、经济发展、社会文化、科学技术等方面。对于创业者来说，这些力量是不可控制的，他只能通过对这些力量的调查、分析和预测，以发现机会与风险，并做出与环境相适应的相应反馈。

(一) 政治法律环境

任何市场都是受国家或政府管理及制约的，国家的意志会通过政策、法律等在市场得以体现，并对市场活动参与者的活动做出限制。换言之，市场是随一定的政治法律环境变化而变化的，我国 1949 年以来经济变迁的历程就是其中一个典型例子。

中华人民共和国成立初期，经过社会主义市场经济体制改造，逐渐形成了以计划为主体的经济格局，在很长的一段时间内，因受国家控制，创业活动几乎绝迹。直至 1988 年 4 月，宪法修正案明确提出"国家允许私营经济在法律规定的范围内存在和发展"，民众的创业热情得到释放，掀起了我国改革开放后的第一个创业高潮。1992 年邓小平南方谈话，提出了"三个有利于"标准,进一步解放思想,掀起了第二个高潮。1999年,宪法又一次修订,明确提出要提高非公有制经济的地位;2002年党章调整,允许私营企业主加入中国共产党,解除了许多人的后顾之忧,创业活动成为许多区域经济发展的重要支撑。

2022年,习近平在党的二十大报告中指出,"加快实施创新驱动发展战略""加快实现高水平科技自立自强""营造有利于科技型中小微企业成长的良好环境,推动创新链产业链资金链人才链深度融合"。新时代的伟大成就离不开科技、人才与创新。科技是第一生产力,人才是第一资源,创新是第一动力。企业家只有增强自主创新能力,掌握核心技术,才能真正意义上具备企业核心竞争力。

政治法律环境分析主要从以下四个方面进行。

1. 政局

政局即政治局面或政治局势,体现了一个国家或地区的政治稳定情况,包括战争、执政党更迭、政府更迭、要员更迭、政策巨变、社会治安恶化、罢工、暴乱、大规模游行示威、民族矛盾、社会动乱等情况。政局会对创业企业产生重大影响。如果政局稳定,人民安居乐业,部分生活改善型产品如奢侈品、电子产品的销量就有较大的上升空间;反之,如果社会矛盾尖锐、秩序混乱,生活必需品如粮食、净水就有较大的市场潜力。当然,一般而言,创业者在政局稳定的环境中创业会比在动乱条件下成功率高。值得一提的是,前面所述的重要事件,如战争、执政党更迭等,能够对政局产生重要影响,迅速改变创业环境,这是创业者在评估环境时尤其需要注意的,要有一定的预见性。

2. 政策

政策是执政党或是政府为实现一定时期的路线和任务而制定的行动准则,是国家意志的载体,合理利用政策往往能够产生事半功倍的效果。政策分析的内容一般包括三个方面:一是政策构成分析。企业首先了解国家的基本方针和总政策,再分析与自己相关的政策,如产业政策、财政政策、货币政策、投资政策等。二是政策倾向分析。各国政府对于市场都有一定的干预,或鼓励、支持,或限制、打击。对于创业者来说,鼓励政策是一种机会,如我国现在提出支持战略性新兴产业发展,对相关产业的创业活动有税收减免、创新资助等多项优惠;限制政策则是一种风险,意味着创业者要在应对政府管理方面支出更高的成本。三是政策持续性分析。任何政策都是一定条件下的产物,创业者必须对其稳定性做出合理的预期,分析外界条件发生变化,政策发生变动,甚至推倒重来的可能。

3. 政体

政体是国家政权构成的形式,包括政府的机构设置、管理形式、政治态度等。对此进行充分了解能够帮助创业者更好地研判政府的政策走向、活动趋势。例如,我国的政体是人民代表大会制度,其主要特征是议行合一,因此人民代表大会的报告、决议是分析政府工作思路及工作重点的重要依据及参考。

4. 法律

任何企业在任何时段都会受到法律的引导和制约,创业者必须对法律(法规)有深入的了解和掌握,这不仅包括熟悉相关的经济法规、条例,还包括明确与法律制定与执行有关的监督、管理、服务部门的职能与任务。这将有助于创业者在合法的前提下规划自身行动,也有助于创业者通过法律途径保护自身合法权益。具体地,法律环境主要包含内外有别的两个层次:一个是外显的表层结构，即法律规范、法律制度、法律组织机构及法律设施；另一个是内化的里层结构，即法律意识形态。法律规范、制度等，包括宪法、基本法律、行政法规、地方性法规等，是企业法律环境的物化基础；法律设施、组织机构包括各级执法及其监督机构，包括法院、检察院、公安机关、税务机关、工商管理机关等，是企业法律环境健康发展的保障；法律意识是指法律观、法律思想等社会对法律制度认识和评价的总称，是创业者参与和感受法律环境的重要媒介。

(二) 经济发展环境

市场是创业企业实现利润目标的关键途径，而其与宏观经济之间势必存在较强的相关性。因此，在一定程度上，经济环境决定了创业企业的市场规模与发展潜力，如经济增长或萧条就可能会给企业带来机遇或者压力。所以创业者必须密切注意经济环境的现状，对趋势做出判断，并制定相应的策略。一般而言，经济发展环境分析可以从以下几个方面进行。

1. 经济发展阶段

从大多数国家的发展历程可以发现，同一地区在不同经济发展阶段可能拥有差别鲜明的消费特征。以消费品市场为例，经济发达的地区，对于商品除了要求满足基本功能外，对于款式、特色也有较高的需求；而欠发达地区则更侧重于产品的实用性，对于价格也比较敏感。经济发展阶段可以从国内生产总值(GDP)中得到一定的反应，根据较为普遍的观点，年人均 GDP 在10000 美元(按照名义利率计算)就可以称为发达地区，此时该地区的居民消费习惯将产生较为明显的变化。

2. 经济结构

经济结构是指国民经济的构成要素及这些要素的构成方式、关联方式和比例关系，根据研究目的的不同，可以有多种分类形式，如生产资料与生活资料两大类的构成，农业、轻工业、重工业的构成，工农业各部门内部的构成，工农业和交通运输业的构成，以及第一产业、第二产业和第三产业之间的构成等。对经济结构进行分析，能够帮助创业者更为深入地了解国家或地区的经济增长方式和发展趋势，发掘新兴产业，从而把握创业机会。

3. 经济周期

经济发展并非都是直线上升的，繁荣、衰退、萧条、复苏构成的周期性波动不可避免。在这一周期中，几乎所有的经济部门都会受到波动的影响，造成投资、产量、就业、物价、利率等因素的变动。对于创业者来说，同样的创业概念在不同的经济波段中会产生截然不同的后果，所以创业者要针对经济发展状况对于经济所处的阶段做出判断，从而根据实际情况对创业活动做出调整。一般而言，经济处于萧条、衰退阶段时市场相对萎缩，对创业活动较为不利；而经济处于复苏、繁荣阶段时，由于居民信心恢复、就业率上升，市场逐渐改善，创业活动相对容易开展。

4. 国民收入

国民收入是指国民经济运行的各生产要素的收入之和，其水平的高低直接决定了某一国家或地区的居民购买能力，从而对企业的市场产生关键的影响。因此，创业者有必要通过对其进行分析来为项目收益的预估提供依据。从个人收入中扣除直接支付税款及非税性负担后所剩的收入称为个人可支配收入，表示的是个人可用于消费或储蓄的部分。某地区的个人可支配收入的总额可以用来衡量该地区的市场规模，平均可支配收入可以用来反映市场购买力。个人可支配收入除去必要的生活支出(如食物、水电、按揭等)即为可任意支配收入，是消费结构的晴雨表，反映了市场的消费层次。除此之外，恩格尔系数也是衡量某一地区生活水平状况及收入层次的重要指标，其计算公式如下：

$$恩格尔系数(\%) = \frac{食物支出金额}{家庭或个人消费支出} \times 100\%$$

根据联合国粮食及农业组织提出的标准，恩格尔系数在 59%以上为贫困水平，50%~59%为温饱水平，40%~49%为小康水平，30%~39%为富裕水平，低于 30%为富足。

5. 资本市场

资本市场是现代经济中用来调节和引导资金，优化投资结构的重要手段。成熟的资本市场能够有效缓解创业者创业初期的资金紧张局面，帮助其快速克服资本障碍，从而实现跨越式发展。因此，资本市场的状态也应是创业者的重要考量因素，它在一定程度上决定了企业的发展速度和发展质量。

(三) 社会文化环境

人不可能孤立存在，其在与社会互动的过程中，会受周边环境的影响进而形成一定的价值观念、风俗习惯、宗教信仰、生活方式等，这些因素会对其消费习惯、消费心理、购买行为产生深刻的影响，主要从如下几方面进行分析：①教育状况分析。受教育程度的高低影响消费者对商品功能、款式、包装和服务要求的差异性。例如，文化教育水平高的国家或地区的消费者要求商品包装典雅华贵，对附加功能也有一定的要求。②宗教信仰分析。宗教是构成社会文化的重要因素，宗教对人们消费需求和购买行为的影响很大。不同的宗教有自己独特的对节日礼仪、商品使用的要求和禁忌。某些宗教组织甚至在教徒购买决策中有决定性的影响。③价值观念分析。不同文化背景下，人们的价值观念往往有着很大的差异，消费者对商品的色彩、标志、式样以及促销方式都有自己褒贬不同的意见和态度。④消费习俗分析。不同的消费习俗，具有不同的商品要求。研究消费习俗，不但有利于组织好消费用品的生产与销售，而且有利于正确、主动地引导消费者健康地消费。了解目标市场消费者的禁忌、习惯、避讳等是创业者选择目标市场的重要前提。另外，社会文化环境同样会对创业行为本身产生重要的影响。

(四) 科学技术环境

科学技术是社会生产力水平的决定性力量，甚至技术的微小突破都能够导致全新产业部门的出现。随着以信息、生物为代表的技术革命的进一步蔓延，虽然大多数技术的发展仍遵循着 S 形的动力学规律，但科学技术发展速度越来越快，其生命周期也在迅速缩短。这将直接导致只是依据现状采取行动的创业者很有可能会因技术变动而失败。因此，创业者在进行决策时必须充分考虑科技变革的影响，对科技成果的商品化速度和技术的淘汰速度进行必要的掌控，对于技术的变革趋势有一定的预见性，尤其对于国家的科技开发及重点扶持行业要有所了解，学会利用新兴技术开拓新兴行业，赚取超额利润。

二、创业微观环境分析

与宏观环境相对，微观环境是指那些能够对创业项目产生直接制约和影响的力量及因素，包括中介机构、所处行业、竞争对手、消费者等。创业者只有借助这些因素才能顺利实现利润目标。在创业前期进行充分的分析将有助于通过改变创业者自身行为来更好地协调创业企业与这些因素之间的关系，从而提升创业活动的效率。

(一) 行业分析

不同的行业具有不同的经济特性和行业特征，并受其发展阶段、进入壁垒、行业结构等多因素的影响，且会发生多种变化。创业者在进入某一行业之前，必须通过行业分析对行业的基本情况及潜在机会进行充分了解，以便于作出正确的投资决策，避免投资失误和资源浪费。

1. 发展阶段

行业总是依托于一定的技术而存在的，因此同样会经历由孕育、成长、成熟、衰退四个阶段构成的生命周期(图 8-1)。在技术初步产生而不为人们所知的时候，行业的发展也较为缓慢，从事企业数量有限，产品销量较少，行业处于孕育阶段；经过一定时间的积累，技术逐渐为人们所接受，新产品的性能得到了消费者的认可，市场需求加速增加，新厂商开始涌入行业，行业进入成长阶段；随着厂商数量增多，市场达到饱和，厂商之间开始依靠质量、成本等进行竞争，抢夺市场，并最终形成相对稳定的局面，行业处于成熟阶段；最后，随着又一轮新技术的产生，性能更好、价格更低的替代品开始出现，原产品的市场需求开始逐渐减少，销售量开始下降，厂商开始向其他更有利可图的行业转移资金，导致厂商数目减少、利润下降，行业步入衰退阶段。

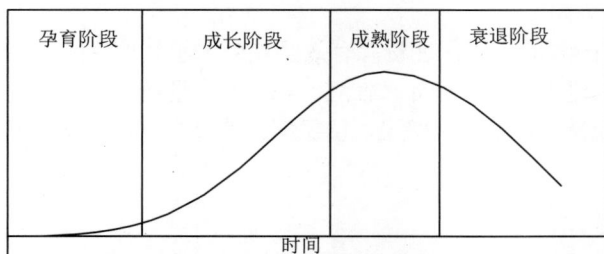

图8-1 行业的生命周期

显而易见，在行业发展的不同阶段，创业者所要关注的重点是有明显差别的。

(1) 孕育阶段。在此阶段，由于技术仍不成熟甚至需要后续研发，而新产品由于大众缺乏必要了解，销售收入有限，会使创业公司面临较大的风险。但如果产品能够被市场接受而使行业进入成长阶段，先进入者便会拥有先发优势，甚至可以参与制定技术标准，从而带来高额的回报。因此，此阶段适合投机者。

(2) 成长阶段。在此阶段，虽然行业增长速度不能完全确定，但技术的发展及消费需求的上升能够抵消大部分不确定因素所产生的影响，其发展趋势具有一定的可测性，行业的波动也十分有限。此时，创业者因经营失败而导致投资损失的可能性将大幅下降。因此，这是创业者所需要重点关注的阶段。

(3) 成熟阶段。此阶段往往由取得竞争胜利的少部分企业所把持，因此虽市场稳定，利润因为垄断而较为丰厚，但因为市场已被大企业瓜分，新进企业生存空间十分有限，往往会由于产品的销路不畅导致创业投资无法很快得到补偿、资金周转困难而倒闭或转产。因此，在此阶段创业者的机会十分有限。

(4) 衰退阶段。此阶段由于产品需求持续下跌，厂商或转产或倒闭，整个行业逐渐解体，创业者应尽量回避。

2. 进入壁垒

创业者在进入某一行业时，势必受到行业本身及行业内已有企业的影响，这些影响中不利的部分便可称为进入壁垒，它对行业已有企业有保护作用，也是创业者成为市场分享者时必须首先克服的困难。它主要体现在如下方面：

(1) 规模经济。根据微观经济理论，在一定的产量区间及技术水平下，长期平均生产成本会随着产量的增加而减少，即企业在取得一定市场份额前，不能以最低成本生产。这对于作为市场新进者的创业企业来说，在不考虑管理水平、制造工艺等因素的情况下与现有企业存在成本差距。特别是对于部分单位产品成本最低时的最小最佳规模(单位生产成本最低时的最小产量)占市场规模(产业需求量)比重很大的产业，往往集中度很高，也是垄断程度较高的产业。新企业进入不仅需要大量的投资和较大的起始规模，而且难以站稳脚跟。

(2) 投资壁垒。进入任何产业都需要一定的最低投资量，必要资本量越大，筹措越困难，壁垒就越高。这除了由行业经济规模决定之外，还与行业的技术复杂程度有较大的关系。

(3) 品牌壁垒。消费者由于收入、教育、文化等方面的差异，对于同类产品也会产生不同的需求，而品牌则是这种差别化的一种具象的标贴形式。如果某一类消费者对于某一品牌所营造的产品特性(包括外形、包装、定位等)高度认同，就很难再接受新品牌甚至拒绝尝试新品牌。如何引导消费者放弃原先的观点并显示出现产品性能优异、与众不同，对于新创企业是一种巨大的挑战。

(4) 法律壁垒。有时政府为了保证资源有效配置或出于其他目的，会采取行政手段指导或干预企业对某一行业的进入行为。例如，在煤、电、水、烟草等行业实行许可制，减少甚至排除其他企业进入的可能性。对于此类壁垒，仅靠创业者提升管理水平、降低生产成本是难以消除的。

3. 行业结构

行业结构主要是指行业内各种要素的发展态势，能够反映行业竞争的大致情况。创业者可以借助迈克尔·波特在其经典著作《竞争战略》中提出的 "五力模型"，从供应商的议价能力、购买者的议价能力、潜在竞争者的能力、替代品的替代能力、现有竞争者的能力五方面去分析行业竞争状态和市场前景。

(1) 供应商的议价能力。供应商主要依靠改变投入要素价格与降低单位价值质量的能力对于行业现有企业的盈利能力和竞争力施加影响。如果供应商数量较少，或者供应数量有限，产品替代性差，或者产品是买方生产的重要原材料，供应方的议价能力将得到加强；甚至在一定情况下，供应商可以实施前向联合或者一体化来向买方施加影响。

(2) 购买者的议价能力。购买者主要通过其压价与要求提供较高的产品或服务质量的能力，来影响行业中现有企业的盈利能力。例如，购买方数量较少、产品购买量较大，或卖方由大量相对规模较小的企业组成，或购买的产品具有较大的替代性，都会造成买方拥有较强的议价能力，从而压低价格，对产品的质量或服务提出更多要求，降低卖方的利润。

(3) 潜在竞争者的能力。潜在竞争者进入行业的最终目的是从已被现有企业瓜分完毕的市场中赢得一席之地，这势必会导致与现有企业发生原材料与市场份额的竞争，在一定程度上会导致行业现有企业盈利水平降低。但如果行业进入壁垒较高，如规模较大、政府限制、现有企业优势不可替代(如拥有商业机密、垄断自然资源等)，潜在竞争者就难以对市场产生重大影响。

(4) 替代品的替代能力。替代品是指能够提供与现有产品相同或者类似功效的其他产品。如果消费者对产品的价格敏感性较高，现有产品个性特征不明显(如缺乏品牌效应)，替代品对行业现有企业的威胁就会比较明显。

(5) 现有竞争者的能力。因为市场的有限性，行业内现有企业之间必然存在竞争关系。特别是对于进入障碍较低、参与商家数量较多、不同厂家产品同质化程度较高的市场，往往会产生价格战、广告战等较为激烈的竞争行为。而如果市场内企业较少，反而容易引起厂家之间合作，共同谋取高额利润。

(二) 竞争对手分析

所谓竞争对手是指与自己规模相似、技术水平相近，生产相同或者类似的产品，能够与自己相抗衡的企业。换言之，规模或技术水平与自身存在较大差异的市场参与者并不是创业者首要考虑的目标，而现在没有进入市场的潜在竞争者也并非可以忽略。对于创业者来说，其面临的竞争对手就是那些能够采取行动影响甚至阻止企业进入市场的行业现有企业以及有可能出现的与自身产品定位相同、起始资金量相近的潜在竞争者。在辨识明确竞争对手之后，分析一般可以从以下几方面进行。

1. 市场占有率分析

市场占有率分析能够帮助创业者了解竞争对手在市场上所处的位置，包括总体市场占有率分析和细分市场占有率分析两部分。总体市场占有率分析有利于明确竞争对手在行业中的地位，如是领导者、跟随者还是参与者；细分市场占有率分析有利于分析竞争对手的优势及弱势所在，从而制定有效的竞争策略。

对于潜在的竞争者，则需要重点分析其市场策略，预测其市场行为及可能带来的影响。

2. 财务状况分析

财务状况分析指通过利润率、产销量增长率、利润增长率、资产负债率等财务指标来判断竞争对手的盈利能力和成长质量。因为同级别的企业往往存在较多的相似点，竞争对手财务数据甚至在一定程度上对于创业企业发展轨迹的设计有较强的参考价值。例如，竞争对手的财务数据呈现季节性的波动，创业企业在制订营销计划时就可以考虑产品的需求是否也存在季节性。对于潜在竞争者，则可以通过估计其计划产量测算其对自身的影响。

3. 创新能力分析

企业生存在一个不断变化的环境中，能够迅速调整自身适应环境的企业往往拥有较强的竞争力。创业者可以通过竞争对手新产品的推出速度、研发投入、制度设计等对其创新程度做出一定的判断。对于潜在竞争者，则主要分析其有可能推出的主导产品是否具有特殊的、能够引起市场结构变化的性能。

4. 领导者分析

领导者的风格往往决定了一个企业的企业文化和价值观，是企业成功的关键因素之一。对竞争对手领导者的年龄、性别、性格特征、教育背景、主要经历、培训过程、过去业绩等的分析可以帮助创业者了解其个人素质，并对其行为和决策做出判断。当然，这里的领导者并非仅限于企业负责人，对于高管团队甚至企业中层的个人情况及相互关系也有必要了解。

(三) 中介机构分析

中介机构是指协助企业推广、销售、运输产品给最终消费者的相关单位，包括中间商、营销服务机构、物流机构、金融机构等。

1. 中间商

中间商是指在制造商与消费者之间"专门媒介商品交换"的经济组织或个人，根据是否拥有商品所有权，可将其划分为经销商和代理商。产品是分销还是代理？是地区独家经营还是成立连锁结构？创业者在解决这些销售渠道问题时，都必须基于对产品中间商的深入分析和了解。所以创业者在进行环境分析时，必须对潜在的、可能的中间商的经营状况、个人素质、发展规划等做出必要的了解，从而帮助自己做出正确的决策。

2. 营销服务机构

营销服务机构是指协助创业者定位目标市场并向其推销产品的广告公司、市场调研公司、咨询公司等。因为创业者个人能力无法面面俱到，适当求助于经验相对丰富的专业机构在一定程度上能够有效提升资金、人力等资源的利用效率。创业者在进入市场之前应对现存的营销服务机构的经营状况、以往业绩、擅长领域等有一定的了解，以便于制定合适的营销战略。

3. 物流机构

物流机构主要是指帮助创业者运输原材料及商品到达既定地点的相关机构。在区域市场边界逐渐淡化的趋势下，准时、有效地保证原材料及产成品到达目的地往往是一个企业得以稳定成长的重要条件。创业者必须在综合考虑成本、速度、安全性、交货方便性等因素的情况下选择合适的物流形式，设计最优物流路线，而这必须基于对物流机构的深入了解。

4. 金融机构

金融机构是指银行、保险、信托、基金等能够为创业企业提供融资和保险服务的各类单位。资金是创业企业在创业初期所面临的关键问题之一，与金融机构保持良好的关系对于创业企业尽快走上正轨，进入快速成长期有重要意义。创业者必须在创业活动筹备阶段与金融机构保持一定的接触，初步确定合作意向，以免创业活动因为资金问题而耽搁，导致丧失最佳时机。

(四) 消费者分析

消费者是产品流通的终点，也是创业者利润的最终来源。消费者的消费特征及消费动机是创业者设计发展战略、规划产品布局的重要依据。一般情况下，可以使用 6W2H 分析法(表 8-2)了解消费者购买行为的规律性及变化趋势。

表8-2 6W2H分析法分析要点

who	what	which
谁构成该市场？	购买什么产品或服务？	购买哪种产品？
谁购买？	顾客需要什么？	在多个厂家中购买哪个厂家的产品？
谁参与购买？	顾客的需求和欲望是什么？	在多个品牌中购买哪个品牌的产品？
谁决定购买？	对顾客最有价值的产品是什么？	购买著名品牌还是非著名品牌的产品？
谁使用所购产品？	满足顾客购买愿望的效用是什么？	在有多种替代品的产品中决定购买哪种？
谁是购买的发起者？	顾客追求的核心利益是什么？	
谁影响购买？		

why	when	where
为何购买？(购买目的是什么？)	何时购买？什么季节购买？	何地购买？
为何喜欢？为何讨厌？	何时需要？何时使用？	在城市购买还是在农村购买？
为何不购买或不愿意购买？	曾经何时购买过？何时重复购买？何时换代购买？	在超市购买还是在农贸市场购买？
为何买这不买那？		在大商场购买还是在小商店购买？
为何选择本企业产品，而不选择竞争者产品？	何时产生需求？何时需求发生变化？	
为何选择竞争者产品，而不选择本企业产品？		

如何购买？	购买数量是多少？
如何决定购买行为？	一定时期的购买次数是多少？
以什么方式购买？(现场选购、邮购、网上购买、电视购物等)	一定时期的购买频率是多少？
按什么程序购买？	人均购买量多少？市场总购买量多少
消费者对产品及其广告等如何反应？	

📖【资料链接8-2】

❧ 大学生创业如何扬长避短 ❧

如今，大学毕业生越来越多，工作也越来越不好找，就业不容易，自主创业更难。年轻、文化程度高、对新生事物敏感，这是大学生自主创业的优势，但心态浮躁、急功近利、缺乏市场经验等致命的弱点也制约着大学生的自主创业。大学生要自主创业，一定要明白:创业是一个漫长的过程，脚踏实地才能成功。

短暂创业路

"我希望年轻的大学毕业生在即将飞翔的青春岁月里，不要像我一样留下永远的伤痛。"大学毕业生自主创业受创的张××，讲述自己的创业遭遇时，显得有些沉重。

2005年，大学毕业的张××和几个同学决定自主创业。经过市场分析，他们认为××的家政服务行业利润空间大，就开公司代理上海某环保科技有限公司销售的"木质油精"，用于家具、石材、皮革和汽车的保养。他们接受了上海方面的建议，做起了上海公司的"二级代理"。

但是，上海公司并没有兑现当初的承诺，广告、人力支持、员工培训等都不到位。张××还发现，他们用现金进的10万元的产品，足够整个郑州市地板保养使用两年。随后，他还发现自己拥有的"授权期限"仅有5个月。他和伙伴们想尽办法却收效甚微。

合作伙伴看不到光明，先后离去。内忧外患中，张××的创业梦破灭了。

创业为何这样难

选择创业的项目越来越少，门槛越来越高。以前创业的机会很多，主要原因是传统的创业方式，如实体创业、做商品流通买卖等。但目前传统行业的盈利难度较大，风险也越来越大，多数创业企业都出现了亏损的经营状态。另一种形式的创业就是互联网创业。随着互联网时代的发展，越来越多的人投入互联网行业，但进入此类创业项目需要一定的专业技能，难度相对较大。

"大学生创业难在资金少，对市场把握不准。"某大学的应届大学生林××这样说。

国内第一本大学生创业专著《大学生创业》的主编认为：当前，对大学生进行的系统创业教育不够，即使开设创业教育，也不全面、不系统。

相对于欧美比较成熟的市场环境，中国的创业者肩上的负荷更重。整个社会处于转型期，创业所需要的各种服务还不完善，律师事务所在转型改造，会计事务所在进行制度性的建设，融资和金融环境处在调整阶段，让一个20多岁的年轻人面对这么复杂的社会问题，很不现实。

创业要有充分准备

"眼高手低，纸上谈兵，是一些大学生创业者的典型特点。由于经验、管理能力不足，缺乏从职业角度整合资源的能力，大学生在创业中屡屡碰壁。"某轻工业学院学生处处长胡某认为，好高骛远、资金渠道不畅通、缺乏财务税法和市场经济等相关知识及经验是大学生创业的"软肋"。

要想提高大学生自主创业的成功率，就应该让学生了解创业的基本程序。高校应该开设创业课，对大学生进行创业培训，加强创业训练。例如，要对个人的创业条件进行分析，准确定位，是"给别人打工"，还是"给自己打工"。同时看自己是否具备未来老板的气质和心理素质，如承担风险的能力、创新的能力、决策的能力和领导能力。还要做好市场调查和分析，准确掌握市场信息，做好市场预测，建立经营思路，设计市场进入策略，对经营项目的投资、筹资、成本、收益等做出可信的测算，学会常用的财务管理知识。

一般来说，大学一年级时，年轻人就应接受职业价值观方面的教育，开始了解自己的兴趣、特长和专业背景，为今后选择创业、确定职业目标奠定基础。大二、大三的学生应通过参加社会实践和实习活动，对专业的社会需求和发展前景进行深入了解，根据实践中自我适应程度的反馈信息，反思和调整自己的职业取向，初步确定与自己能力相吻合的职业选择。如果选择的职业需要更高一级的学位，那么就应当确定读研。大四的时候就要确定自己的就业或创业目标，做出职业生涯规划，并开始付诸实施。

(资料来源：作者根据相关资料整理)

第三节 创业的基本程序

创业想要成功，还是需要按部就班，按照一定的步骤稳扎稳打。

一、创业的基本步骤

创业的基本程序大致可划分为五个步骤，即选定创业项目、拟订创业计划、筹集创业资金、办理相关法律手续、实施与管理创业计划。

(一) 选定创业项目

选定一个好的创业项目是创业成功的前提和基础。创业者需要在考察创业环境、发现创业机会并对其进行分析的基础上，选定一个较好的创业项目。选择创业项目，不仅要根据自身的兴趣、特长、实力，而且要对拟选行业的熟悉程度、能够承受风险的程度、国家相关政策与法律进行全面客观的分析，尤其要善于发现市场机会，充分利用市场机会，把握行业未来发展趋势。

(二) 拟订创业计划

选定创业项目只是确定了创业"干什么"项目，紧接着就要决定创业"怎么干"。创业要不要拟订计划，确实是一件见仁见智的事。但许多成功创业者的经验证明，只有科学、周密地拟订创业计划，才能少走弯路、减少损失，提高创业成功率。因为创业活动毕竟属于一种高风险行为，能在事前进行详细的比较分析，并对创业过程有全盘的规划与了解，必然有助于降低创业的风险，增强创业者的行动决心。将创业过程视为黑箱的黑手创业时代已经过去，知识经济时代的创业者，应该以理性与科学的态度来看待创业活动，而拟订创业计划显然就是创业过程中不容忽视的重要步骤。

(三) 筹集创业资金

正所谓"巧妇难为无米之炊"，创业必须有一定的资金，否则，创业活动就无法开展。然而，残酷的现实却是创业者往往缺乏资金，因此，筹集创业启动资金就成为创业者必须解决的一个极其重要的问题。

(四) 办理相关法律手续

创业者设立企业从事经营活动必须按照有关法律法规要求办理有关手续，主要是办理工商登记注册手续、税务登记手续及银行开户手续等。与此同时，企业还需要了解《中华人民共和国税法》《劳动法》《合同法》《中华人民共和国担保法》《中华人民共和国票据法》《中华人民共和国市场主体登记管理条例》《中华人民共和国公司登记管理条例》以及涉及社会保险问题、知识产权问题等的一些法规、规章。

(五) 实施与管理创业计划

在完成了前四个步骤的工作后，创业者就可按照拟订的创业计划组织调配人、财、物等资源，实施创业计划并加强管理，进入新创业经营管理及成长阶段。如果说前四个步骤是创业活动的准备阶段，那么这一步骤就是创业活动的实施阶段。它既是创业活动的重点，又是创业活动的难点。这一阶段的工作仅有吃苦耐劳、不屈不挠的精神是不够的，更要求创业者讲究工作方法，运用正确的经营管理策略，这样才有可能实现创业目标。这方面主要包括创业经营基本策略、创业管理基本策略、企业成长管理等。

二、某个具体公司创建的详细步骤

创业的基本程序大致就按以上五个基本步骤划分。至于具体到一个公司的创建，还会涉及许多细节的东西，可参考以下详细步骤进行。

(一) 组建创业团队

企业的成功需要三方面优秀的人才，即优秀的管理者、优秀的技术者和优秀的营销者。创业者在创业初始(将注册公司时)就应组织起优秀的创业团队，使拟建企业从一开始就走规范化管理道路，在组建时，不但要考虑团队成员的能力，还要考虑各自的志向、志趣与品德。

(二) 筹措创业资本

创业资本中最主要的是创业启动资金的筹集。创业资金并非要一次性募足，当有了一定的启动资金后，就可以开始运作创建公司了。待启动后，再逐渐吸收资金。

(三) 市场开拓与营销策划

要有"先开市场，再开工厂"的现代营销理念。在开业前，就要进行一定的市场开拓与营销策划，这样产品一生产出来，便可顺利地走向市场。当然，如在开业之前就已经签署了销售合同或销售协议就更好了。

(四) 设计技术工艺与选购设备

拟建企业需要根据市场需要的产品指标要求，再结合自己的实际创业财力设计适宜的工艺路线，以期能够用相对简化或能够买得起的设备进行创业起步。有些使用频率较低的设备，也可采用租用的方式，一些生产环节也可以采用外包——委托加工的方式。

(五) 选择经营场所

生产厂址的选择，除需考虑通信、交通、水电、三废治理等外，还应考虑人力资源、主要原材料的成本问题。一般而言，拟建项目厂址应尽量选择接近原料、燃料产地和产品的消费区，以及运输方便、公用基础设施良好、生产运输成本低的地方，并尽可能与邻近单位密切合作，实行专业化协作，以便节约投资。另外，还应注意保护环境和生态平衡，注意节约用地，勿占用农田。

(六) 确立组织结构与管理制度

为了有条不紊地开展工作，企业在未开业之前就须考虑确立组织结构，在创业初期，组织结构越简单越好。同时，建立严格的人力资源管理制度、财务管理制度、生产与质量管理制度等。当然，严格的同时还需一定的灵活性。

(七) 注册公司

企业法人登记注册事项主要有名称、住所、经营场所、法定代表人、经济性质、经营范围、经营方式、注册资金、从业人数、经营期限、分支机构等。企业名称，需要进行预先核准，应当提交下列文件(以有限责任公司为例，如图 8-2 所示)。

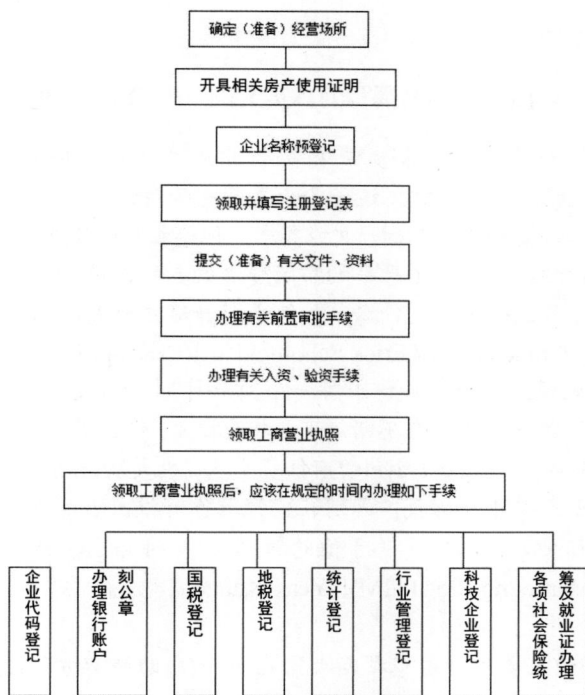

图8-2 企业注册的一般程序

(1) 有限责任公司全体股东或者股份有限公司全体发起人签署的公司名称预先核准申请书。

(2) 股东或者发起人的法人资格证明或者自然人的身份证明、职业情况证明(异地的投资者还须提交经营所在地暂住证)。

(3) 全体股东指定代表或者共同委托代理人证明。

(4) 公司登记机关要求提交的其他文件。预先核准的公司名称保留期为 6 个月。具体如有限责任公司、股份公司、个人独资公司等不同类型的公司登记详见有关法律条款。

(八) 员工招聘与培训

在公司开业前，需要招募第一批员工，并对员工进行必要的培训。

(九) 设备安装与调试

在确定开业日期后，在正式投产前，应该对设备进行调试与试生产，这样可以检查设备运行状态，验证工艺，以便调整。当设备与工艺经试车且没有问题后，进行生产车间工人的培训。

(十) 开业典礼

创业团队对开业典礼应进行很好的策划，如有必要，可邀请有关人士如政府官员、用户、新闻媒体人士出席。公司投产开业日，对于企业是非常重要的日子，需要认真准备；要求在开业之日一次试车成功，生产出合格产品，工艺与设备都运行正常，这样能够给创业者以极大的信心，同时，使新创企业有一个非常好的开端。

📖 【资料链接8-3】

❧ 商业计划书撰写的真实案例——CEO 访谈 ❧

【编译者注】这是一篇全球酒店管理/旅游行业战略分析师Jens Thraenhart对硅谷startup Kango.com CEO Yen Lee的一篇采访。这是两个老朋友的对话，也是两个行业专家的对话，更是一次关于商业模式和计划的深入探讨。文章很长，但是细细读下来，可以清晰地看到Yen Lee是如何剖析他的创业计划，如何思考产品的对消费者的创新价值，如何在"拥挤的"竞争激烈的行业中确立定位的，其核心技术是什么，如何吸引并建立一支团队。他甚至坦然谈到自己的盈利模式。例如，TechCrunch的主编Erick Schonfeld指出，Kango的发展前景目前还是一个未知数，但是这样的对话无疑是一个"如何准备一个商业计划"的最好的参考。

现在一些旅游业的新兴产业正在不断涌现、发展壮大，使旅游业充满生机。当我的朋友Yen Lee(来自我的家乡温哥华)，Yahoo Travel的前任负责人，也是Worldres的前任执行副总裁，将他数月前就开始的一次创业举措告诉我，而现在已经准备好推出Beta测试版的时候，我尤其感兴趣。于是我打了电话给他，同时问了关于他的新生儿——Kango.com的一些问题。

Tourism Internet Marketing Blog (TIM)：Yen，Kango究竟是什么？它能够为顾客提供什么样的价值？

Yen：创建Kango的主要目标是想帮助大家在个人/自助旅游方面做出更好的决策。Kango可以说是对目前一些旅游预定网站(如Expedia，Anircanada.ca，Delta Hotels.com)的一个衍生补充，使用户能够根据自己所想要的经历和生活方式找到最佳选择(如Kango正在努力告诉用户哪里可以找到一个他们想要的温暖沙滩之旅，或者如果全家要去Calgary，有什么好玩的活动可以做)，找到以后，用户只需要点击一下就可以直接进入预定网站做下一步选择。

Kango是个性化的旅游搜索引擎，它收集了互联网上游客对旅游景点的意见和评价，然后告诉用户所期望的旅游经历的一些包括去哪里、可以做些什么、住哪里之类的结果。比如，用户想去温哥华度过一个浪漫之旅，Kango就会推荐给用户一系列的酒店以及活动；但是如果用户又想去温哥华度过欢快的家族之旅，那么Kango会给出不同于前者的推荐。就像搜索引擎一样(如Google)，Kango返回的推荐并不受广告影响。

TIM：你为什么把公司的名字从"Searchspark"改成了"Kango"？

Yen：Searchspark是在我的车库建立起来的公司，是用来"存放"东西的地方。当时我告诉工程师说，他们可以任意起他们想要的名字，他们选择了"Searchspark"，因为他们希望我们个性化的搜索引擎能够如"火花"一样产生更好的旅游经历。

我们一直想找一个能凸显旅游的核心以及我们服务的名字,而"Kango"这个词语拥有令人鼓舞的力量,同时表达了旅游的乐趣,所以就决定用它了。对我们而言,Kango是有隐含意义的:用户可以找到他想要的,然后就出发 —— 预定并享受美妙的旅行。其实说真的,作为一个加拿大人,我曾试图说服他们用"Cango",但投票中我输给了我的美国同事(我也输给了我们的工程师,而他们想要用"Searchspark"这个名字)。

TIM: 像Kayak, Mobissimo, Bezurk, Farechase(Yahoo), Farecast, Triphub, Yapta, Sidestep 这样的旅游相关的元搜索引擎(Meta Search Engine)已经数不胜数,而你现在却要挤进来,你打算如何同他们竞争并将顾客吸引过来?(更不要说像Expedia, Travelocity或者Orbitz之类的网站了。)

Yen: 没错,在线旅游市场已经非常"拥挤"。这个现象一点也不令人感到意外(这块饼实在太大了),根据Forrester的数据,2007年网上旅游预订成交额达到870亿美元,而2006年,仅美国的消费者就在旅游上花了6790亿美元(旅游行业协会数据)。现在的确已经有很多成熟的预定网站和新近的元搜索引擎来帮助消费者找到最低价格的旅游产品,但是它们是只适用于那些已经决定了"去哪儿"的消费者。

但是Kango将帮助用户解决一个完全不同的挑战——那就是帮助用户决定去哪里。若是用户已经准备逃离加拿大的冰冷冬天,那么用户到哪里去寻求帮助,来决定自己的温暖沙滩之旅究竟在哪里?当用户要去蒙特利尔过一个家庭假期的时候,谁又能给用户提供满足他的家庭旅行需求的合适的住处呢?如果用户想去蒙特利尔过一个浪漫之旅,谁又能提供合适的建议呢?

所以,我们并不是要同现在已存在的网站竞争,我们只是要帮助大家找到最合适最好的度假选择,然后引领大家去他们喜爱的订购网站。目前大多数人是通过搜索引擎来做旅游准备工作的,所以要找到Kango并不困难,因为我们提供的是最相关的旅游结果,我们的网站将显示在Google以及Yahoo的自然搜索结果中。

TIM: 是不是说你们的产品将填补整个旅游搜索市场的一个空白?

Yen: 没错!搜索旅游信息现在确实是有点令人头疼的经历。大多是消费者通过Google搜查,然后不得不从一些零碎的网页中拼拼凑凑来决定计划。消费者还要考虑哪些网站是可信的,或者哪些观点(如评论、评分、博客等)是可以参考的。

我们所做的就是要简化这些过程。我们是市场上第一个搜集、分析和组织这些零碎网站和各式各样的观点的,并且为用户返回相关的个性化的信息和结论。我们也是首个从"旅程风格"做搜索的公司。为了达到这个目标,我们已经从超过1000个网站中搜集到了相关信息,如酒店、旅游胜地等,同时收集了超过1800万条游客个人观点/评论。和一个主流的搜索引擎类似,Kango所提供的是个性化推荐内容——评论和描述的摘要。若用户想要了解这些摘要的详细内容,那么我们把用户转到原文的网站。

现在我用"Geek"的口吻来解释一下我们如何提供个性化搜索结果。我们对所有1800万用户的观点做出了语义分析,得出了不同权重的标签,用过直接和模糊逻辑(fizzy logic)来"match"用户的搜索偏好。也就是说,我们有一群有才智的科学家,他们已经将曾经去过某一地方的用户对该旅游产品(酒店或景点)的评论总结出来,然后分析该用户的类型(如陪同孩子游行的父母,和女伴出行的女生等),分析他们喜欢什么(如我的孩子喜欢游泳池和滑梯),他们评价多高(如"我喜爱这个SPA"或者"这个SPA还不错"),我们就能够根据用户的需要提供"量身定做"的内容。老实说,我并不是很清楚他们具体是怎么做的,但结果真的很不错。至少,参加我们的beta版本测试的用户说他们非常喜欢这些结果。

TIM： 你们的商业模式是什么？你估计什么时候可以开始盈利？你们的主要合作伙伴是谁？有哪些风险？

Yen： 有些模式并不是我们的首创。我们的模式的三个突出方面与我在Yahoo Travel时所开发的模式非常相似：针对性的Lead Generation，引导用户到预定网站；一般的文字广告(如Ad Sense)和可以展示旅游风格、体验的横幅广告、多媒体广告。我们对最后一种模式最为看好。

如今的许多网站都开始把图像广告作为卖点，但针对的对象都是那些对价格比较敏感的用户群。我们产品将会面对那些对旅游体验更为重视的用户(如家庭海沙滩假期，男人专属的滑雪假期)，这些都可以给予旅游公司更好的打响自己品牌的机会。

TIM： 您吸引了一支了不起的团队(恭喜你！)，您是怎么做到的？

Yen： 我曾经有参与Citysearch和Worldres创业的经历，这使我意识到在新公司成立的初期，我唯一能控制的是我的团队和所营造的文化。我们不仅需要那些以结果为导向(results-oriented)的、有竞争力的、是特定领域的专家的人才，更需要那些可以相互协作，具有团队精神，相信我们能够一起成功或失败的人。

有趣的是，虽然Google和Yahoo的搜索引擎竞争激烈，但仍旧有不少非常有天赋的搜索引擎专家在寻找加入能够"改变世界"的小公司的机会。我们的语义搜索引擎只集中处理旅游这个非常专门的领域(不同于电子商务千门百类)。而我们建立团队的方法也吸引了很多工程师。我们也就是这样找到Huanjin (Ebay的搜索架构师)，Tong(Simply Hired)和Boris (Loglogic)的。

我们始终相信：如果第一次不成功，就再尝试一次。在Yahoo的时候，我就曾试邀请Elliott(Netcentives以及Loyalty Matrix的创始人和营销副总裁)和Gene(BlueDot的创始人和产品开发部高管以及Acxiom Digital的产品高管)加盟。虽然他们当时都认为这样一个共事的机会很吸引人，但他们都选择暂时回避大公司，而选择加入这个创业公司。他们丰富的阅历、先前成功的经验对我们今天的进展很有帮助。

TIM： 你们的投资人是谁？你们需要多少资金才能够维持这样一个庞大的智能工程？

Yen： 我们暂时不便透露投资方。但我们可以说，SandHill Road下的顶级的firm和一些有旅游行业经验的天使投资人已经投资了Kango。

撰写创业计划书，首先需要6C的规范。第一是concept(概念)，就是让别人知道自己要卖的是什么。第二是customers(顾客)，顾客的范围要很明确。认为所有的女人都是顾客，那50岁以上、5岁以下的女性也是自己的客户吗。第三是competitors(竞争者)。需要问"你的东西有人卖过吗？""是否有替代品？""竞争者跟你的关系是直接还是间接"等？第四是capabilities(能力)。要卖的东西自己懂不懂？譬如说开餐馆，如果师傅不做了找不到人，自己会不会炒菜？如果没有这个能力，至少合伙人要会做，再不然也要有鉴赏的能力，不然最好是不要做。第五是capital(资本)。资本可以是现金，也可以是有形或无形资产。要很清楚资本在哪里、有多少，自有的部分有多少，可以借贷的有多少。第六是continuation(持续经营)。当事业做得不错时，将来的计划是什么。

(资料来源：作者根据相关资料整理)

一般来说，创业计划书有三大部分：第一就是事业本体的部分，是事业的主要内容。第二是财务数据，如营业额、成本、利润如何，未来还需要多少的资金周转，等等。第三是补充文件，如有没有专利证明、专业的执照或证书，或者是意向书、推荐函。

第四节 创业计划书

创业计划书是新创企业创业过程中的一个重头戏，也是实践创业活动的第一次演练和第一张答卷。创业计划书是新创企业业务的书面概括，它为创业活动的发展提供了路线图，并成为衡量事业进展情况的指引。

一、创业计划书的特征与功能

创业计划书就是广大创业者心灵震颤的一种表达。因此，在创业计划书中，不仅应该以明确而清晰的思路和战略的眼光，讲明项目的背景和未来，论述市场的态势和竞争的优势，而且应该讲清运用的策略、发展的脉络，还应该阐明公司的组织架构、创业团队的人员结构、生产的安排设想、资金的来源以及相应的公关战略等。

综观整个创业计划书，既要有战略的思索又要有战术的组织，既要有团队的建设又要有资金的安排，既要有市场的开拓又要有生产的调度，既要有竞争的严酷又要有公关的潇洒。

应该说，一份考虑详尽的创业计划书是创业者心灵的呼唤、价值的体现、能力的表达和经营管理才能的合成演练。

(一) 创业计划书的基本特征

创业计划书是创业活动的纲领性文件，其基本特征如下。

1. 创新性

创业计划书最鲜明的特点是具有创新性。一般而言，它不仅要求创业者提出的是新项目、新技术、新材料、新的营销模式，更重要的是要把创业者的创意通过一种创新的商业模式变成现实。这种新项目、新内容、新的营销思路和运营思路的整合，才是创业计划书创新性最本质的特征，也是创业计划书不同于一般项目建议书的根本之处。

2. 客观性

客观性是创业计划书又一个十分重要的特点，它表现在创业者提出的创业设想和创业模式是建立在充分的市场调研和客观分析的基础之上的，而不是拍脑门拍出来的。这种来自实践的大量信息和素材是创业计划书生命力的体现，是其具有实战性和可行性的基础。

3. 哲理性

创业计划书的哲理性是其不同于一般商业文件的一个十分显著的特点。这种哲理性要求创业者把严密的逻辑思维融会在客观事实中体现和表达出来。通过项目的市场调研、市场分析、市场开发与组织运营以及全程的过程管理把创业者预设的商业模式付诸实施，把预期效益变成商业利润。因此，创业计划书的每一个部分都是为这个目标服务的。

4. 实战性

创业计划书的实战性是指创业计划书具有可行性。因为只有在实际运营中,创业者的创业设想才能实现,创业者才能把预测价值变成现实价值。美国一位著名的风险投资家曾说过:"风险企业邀人投资或加盟,就像向离过婚的女人求婚,而不像和女孩子初恋。双方各有打算,仅靠空许诺是无济于事的。"

这种实战性创业计划书尽管没有设计出每一个细节,但是项目运营的整体思路和战略设想应该是清晰的。实战的过程中尽管可能做出若干调整,但项目的鲜明商业特点和可行性是不会变化的。

5. 增值性

增值性主要体现在创业活动的高风险与高回报上,最主要的有三点:

其一,创业计划书的创新性必须能找到创收点。只有找到明确的创收点,才能体现出创业项目的高回报,没有明确创收点的创业计划书是没有商业价值的。

其二,创业计划书具有鲜明的实证数据,不是仅仅由概念和推理的逻辑思维组成的。好的创业计划书应该能够从理论和实践的结合上说明创意。

其三,创业计划书体现的是明显的商业价值观,有投资分析、市场分析、盈利分析等,使投资人能明晰其投资回报率。

(二) 创业计划书的主要功能

创业计划书是一种符合国际惯例的商业文件,具有公认的商业价值。这种商业价值是从多方面表现出来的。寻求风险投资只是其中的一个方面,除此之外它还有如下作用。

1. 创业指导作用

创业计划书是创业过程的指导性文件,是创业实践的战略设计和实现指导。因此,创业计划书对于创业实践具有非常重要的指导作用。那种没有真正的战略思考和可行性的创业文件并没有明显的效果。

2. 聚财作用

创业计划书的聚财作用主要表现在以下几个方面:

(1) 吸引创业人才进入。

(2) 吸引新股东加盟。

(3) 吸引风险投资。

(4) 吸引政府支持等。

3. 资源整合作用

创业计划书的资源整合作用是其最重要的作用。在创业的过程中,各种资源要素是分散的,各种工作是互不衔接的。编写创业计划书可梳理思路,完善创意,找到各种程序之间的衔接点,最终把各种资源有序地整合起来——围绕创造和形成商业利润,进行最佳资源要素的组合。通过资源整合,才能把各种分散的资源聚拢起来,获得明显的经济效益。

4. 争取风险资金支持

资金是创业活动的血液,是新创业企业能够成功的前提。新创业企业获得风险投资支持就是从创业计划书开始的。因此，写好创业计划书是获得风险投资支持的前提。

二、创业计划书的组成结构

(一) 核心内容

(1) 产品(或服务)的独特性。
(2) 详尽的市场分析和竞争分析。
(3) 现实的财务预测。
(4) 明确的投资回收方式。
(5) 核心的管理团队。

(二) 计划框架

1. 封面与目录

(1) 封面。每份创业计划书的封面都应该包括以下信息：

① 公司名称、地址、电话和传真号码，如果有的话还应该包括电子邮件地址。阅读者与创业者联系越方便，联系的可能性就越大。

② 联系人的姓名与住址，联系人应该是企业的高层主管。个人一旦被任命为联系人，就应该时刻准备回答与创业计划相关的问题。

③ 企业创建的时间(如简单的"成立于 2005 年")以及本版创业计划书的制定时间(如"2002年 2 月")。

④ 寻求资金支持的组织名称。

⑤ 公司的标志(Logo)。每个企业都应当有自己的标志。标志指的是选择用于代表公司的设计、图案或者表意的符号。公司名称与图示设计结合在一起能给阅读者(最终是客户)两种记住公司和其产品的方式。

(2) 目录。封面后紧跟着的是目录。目录应当遵循创业计划书中各个部分内容的格式。每一主要部分都应当编号并细分为次一级内容，这可以通过两种常用的编号方式来实现：第一种是哈佛纲要法(Harvard outline method)。这种方法中主标题采用罗马数字，主要部分用大写字母，次一级内容用阿拉伯数字，更下一级的内容用 { 数字，字母 } 方式。第二种方法是 10 进制法(decimal format)。每一个主标题都被编号，从{1.0}开始，紧跟的下一级编号为{1.10}，{1.11}，…，{2.0},{2.10}。

如果创业计划书内有大量表格、图示、图片和专栏，还可以单独准备一张图表目录，用于列示这些图表的名称和页码，排列方式只要连贯一致即可。不过，由于列出表目录和图目录旨在让阅读者易于从创业计划书中获取相关信息，因此应该避免复杂或者晦涩的编排。

2. 执行总结

执行总结一般包括以下内容：①公司介绍；②主要产品和业务范围；③市场概况；④营销策略；⑤销售计划；⑥生产运营计划；⑦管理者及其组织；⑧财务计划；⑨资金需求状况等。

执行总结是浓缩了的商业计划，应列在创业计划书的最前面。执行总结涵盖了计划的要点，以求一目了然，便于读者在最短的时间内评审计划并做出判断。

3. 主体部分

(1) 背景与现状。在介绍企业时，首先要说明创建企业的思路、企业的目标和发展战略。其次，要交代企业现状、过去的背景和企业经营范围。在这一部分中，要对企业以往的情况做客观的评述，不回避失误。中肯的分析往往更能赢得信任，从而使人容易认同企业的商业计划。最后，还要介绍一下企业家自己的背景、经历、经验和特长等。企业家的素质对企业的成绩往往起关键性的作用。在这里，企业家要尽量突出自己的优点并表现自己强烈的进取精神，以给投资者留下一个好的印象。

(2) 产品或服务。通常，产品介绍应该包括以下内容：①产品概况；②产品的市场竞争力；③产品的研究和开发过程；④发展新产品的计划和成本分析；⑤产品的市场前景预测；⑥产品的品牌和专利。

在进行投资项目评估时，投资人最关心的问题就是新创企业的产品、技术或服务能否解决现实生活中的问题，或者新创企业的产品或服务能否帮助顾客节约开支、增加收入。因此，产品或服务介绍是创业计划书中必不可少的一项内容。在产品或服务介绍部分，企业家要对产品或服务做出详细的说明。说明要准确，也要通俗易懂，使不是专业人员的投资者也能明白。通常，产品介绍都要附上产品原型、照片或者其他介绍。

(3) 目标市场。市场这一部分计划应包括以下内容：①市场状况、变化趋势及潜力；②竞争厂商概览；③本企业产品或服务的市场地位；④市场细分和特征；⑤目标顾客和产品定位等。

当企业要开发一种新产品或服务，或向新的市场扩展时，首先就要进行市场预测。如果预测的结果并不乐观，或者预测的可信度让人怀疑，那么投资者就要承担更大的风险，这对多数风险投资家来说都不是可接受的。

市场预测首先要对需求进行预测：市场是否存在对这种产品的需求，需求程度是否可以给企业带来所期望的利益，新的市场规模有多大，需求发展的未来趋向及其状态如何，影响需求的都有哪些因素。其次，市场预测还包括对市场竞争的情况——企业所面对的竞争格局进行分析：市场中主要的竞争者有哪些，是否存在有利于本企业产品的细分市场，本企业预测的市场占有率是多少，本企业进入市场会引起竞争者怎样的反应、对企业会有什么影响，等等。

(4) 竞争分析。这一部分内容有：①现有和潜在的竞争者及替代产品分析；②供应商分析；③进入市场的障碍；④竞争优势和战胜对手的方法。

在创业计划书中，创业者应细致分析竞争对手的情况。例如，竞争对手都是谁，他们的产品如何，竞争对手的产品与本企业的产品相比，有哪些相同点和不同点？竞争对手所采用的营销策略是什么？要明确每个竞争者的销售额、毛利润、收入及市场份额，然后讨论本企业相对于每个竞争者所具有的竞争优势，要向投资者展示顾客偏爱本企业的原因。创业计划书要使它的读者相信，本企业不仅是行业中的有力竞争者，将来还会是确定行业标准的领先者。在创业计划书中，创业者还应阐明竞争者给本企业带来的风险以及本企业所采取的对策。

(5) 营销组合。营销组合策略应包括以下内容：①新产品开发；②营销渠道的选择；③销售团队和管理；④促销和广告策略；⑤价格决策。

营销是新创企业最富挑战性的环节，对新创企业而言，由于企业或品牌的知名度低，开拓销售渠道的难度很大。

(6) 生产运营。生产运营部分应包括以下内容：①产品制造和技术设备现状；②原材料、工艺、人力资源等安排；③新产品投产计划；④技术提升和设备更新的要求；⑤质量控制和质量改进计划。

在寻求资金的过程中，为了提高企业在投资前的评估价值，创业者应尽量使生产运营计划更加详细、可靠。一般地，生产运营计划应回答以下问题：生产制造所需的厂房、设备情况如何，怎样保证新产品在进入规模生产时的稳定性和可靠性，设备的引进和安装情况，谁是供应商，生产线的设计与产品组装是怎样的，生产周期标准的制定以及生产作业计划的编制，物料需求计划及其保证措施，质量控制的方法是怎样的，以及其他相关问题。

(7) 高层管理团队。这部分计划应包括：对高层管理人员加以说明，介绍他们所具有的能力，他们在本企业中的服务内容和责任，他们过去的职业经历及背景。同时，对公司结构做一简要介绍，包括公司的组织机构图；各部门的功能与责任；各部门的负责人及主要成员；公司的报酬体系；公司的股东名单，包括认股权、比例和特权；公司的董事会成员；各位董事的背景资料。

高素质的管理人员和良好的组织结构是管理好企业的重要保证。因此，风险投资家会特别注重对高层管理团队的评估。高层管理人员应该是互补型的，要有团队合作精神，其中应当有负责产品设计与开发、市场营销、生产运营管理、企业理财等各方面的专门人才。

(8) 财务计划。财务计划一般包括以下内容：①财务计划的条件假设；②预计的资产负债表；③预计的损益表；④现金流分析；⑤资金的来源和使用。

一份好的财务规划对评估新创企业所需的资金数量、提高其取得资金的可能性是十分关键的。如果财务规划准备得不充分，会降低新创企业的评估价值，也会增加企业的经营风险。

(9) 总结。

(10) 附录：支持上述信息的材料。

三、创业计划书的写作技巧

(一) 执行总结要写出特色

创业计划书中的执行总结十分重要。它是创业计划书的浓缩和精华，涵盖了创业计划的要点和核心内容。执行总结将是创业者所写的最后一部分内容，却是出资者首先要看的内容，它将从计划中摘录出与筹集资金最相关的细节，包括公司的资源与能力以及局限性、公司的市场地位与竞争对手、营销和财务战略、高层管理团队等情况。执行总结的写作要求是：

(1) 简明而生动地勾画出项目的全貌，突出项目的重点。

(2) 讲清项目的先进性和可行性，以及项目的商业价值和高回报率。

(3) 既有清晰的逻辑思路，又有切实的证据加以印证。

(4) 能看清项目发展的前景及项目实施团队的能力和作用。

(5) 能看到项目已具备的相关优势，并明确需要的帮助和支持的方向。

(二) 从潜在投资者的角度构思商业计划

要从潜在投资者的角度构思商业计划，就是说要进行错位思考。事实上，一份好的创业计划书可以帮助投资者发现具有投资价值和发展潜力的创业项目，可以在投资者和创业者之间搭建起沟通的桥梁。这对于新创企业获得风险投资是非常重要的。

从潜在投资者的角度构思商业计划，有三个非常重要的问题：表明行动方针，展示管理团队，点燃未来的曙光。

1. 表明行动方针

在创业计划书中，不能仅讲清企业如何设计生产线、如何组装产品，需要哪些原料。作为风险投资商，最想听的是：怎样组织和指挥团队实现既定方针和目标。

2. 展示管理团队

把一个创业设想转化为一个成功的创业企业，最关键的是要使投资者感受到："这是一支能一直杀入世界杯的球队！"因此，在创业计划书中，应明确指出创业者这支团队的人才结构特点、优势、潜能以及在特殊条件下的实战能力。

3. 点燃未来的曙光

点燃未来的曙光就是要展示新创企业未来的前景。这里要抓住三个重点展示"曙光"：其一，在竞争环境下展示产品或技术的特点；其二，创业者应细致分析竞争对手的情况；其三，采取什么战略战胜竞争对手。

(三) 阐明在创业孵化器中的特有优势

创业活动的支持体系是一个新创企业能否快速崛起的重要外部条件。创业孵化器是帮助和培育创新企业的一种组织模式。当前，我国的创业孵化器发展很快。在这些创业孵化器中，创业者将学到创业的技能和知识，学到先进的管理经验。孵化器具有最佳的创业环境，这将成为新创企业的一大优势，应在创业计划书中充分表现出来。

(四) 进行认真的检查和修改

检查和修改是编制创业计划书的一个重要步骤和重要阶段。检查和修改的过程是对创业计划书进行提升和提炼的过程，是进一步理清创业思路的过程，也是一个进一步夯实创业准备工作的过程。

创业计划书写完之后，通常可以从以下几方面对创业计划书加以检查和修改。

1. 进行格式上的检查

创业计划书的主题格式尽管并不是固定的，但是其主要内容、主要纲目却是必需的，是不可或缺的，甚至对创业计划书主封面的要求也是非常规范和严格的。主封面除了应该写明项目名称和项目编制人(或单位)之外，特别应该标明版本及保密级别。版本表示计划书的修改情况，保密情况反映创业项目安排、战略策划和整体设想的保密情况。相当一批跨国风险投资商是不希望创业者的创业计划书成为公众性计划书的。

2. 进行文学上的检查

创业计划书应该是创业者真实的、完整的、准确的意思表示。因此，计划书中的用词、用字和标点及相关的数字计算都要十分准确。应尽量用简单而准确的词语来描述每件事、每件商品及其属性的定义。段落要清晰。阐述问题的逻辑层次要清楚，该用图表说明的地方尽量用图表说明。创业计划书如较长还应该有目录。

3. 进行内容上的检查

内容是检查的重点，是修改的基础。内容的检查分两个层次：一个是通盘检查，也叫整体检查；另一个是重点检查。正确的做法是：在整体检查的基础上进行重点检查；在重点检查并进行重点修改后，再进行通盘检查并定稿。

内容检查主要应检查什么呢？

(1) 应检查该创业计划书是否能准确地阐明创业者的创业思路，清楚地回答创业者对该商业模式的运作想法和开拓市场的方法。

(2) 应检查创业者的创业计划书是否显示出创业者具有管理公司的才能。如果创业者自己缺乏管理能力，那么创业计划应体现其是否聘请了有经验的管理精英或取得了具有相应管理能力的团队骨干的支持。

(3) 创业者的创业计划书是否显示了自己具有迎战风险、偿还借款的能力，是否能够给预期的投资者提供一份完整的、实在的和恰当的分析。

(4) 创业者的创业计划书是否能展示出自己已进行了或进行过认真的市场分析。要让投资者或加盟者能够感受到创业者在计划书中阐明的市场需求不仅是确实的，而且是有潜力的。

(5) 创业者的创业计划书是否有执行总结，并把它放在最前面。执行总结应写得既简明扼要又重点突出，具有说服力和吸引力。

如果创业者的创业研发工作已经取得了一定的进展，创业者还可以准备一件模型或照片。但这种实物资料只是用来进一步说明创业者的创业计划书的可行性。应该注意的是，在这些实物和照片资料中不要暴露自己的核心商业秘密。

四、创业计划书的评估

一份好的创业计划书是所有投资人共同追求的目标。好的商业计划应该包括正确的市场机会和强大的管理团队。国内外任何投资机构在进行风险投资前，都必须对创业计划书进行非常科学的、严谨的审查评估。因此，创业计划书的内容与格式顺利通过评估，是获得投资的关键所在。

(一) 充裕的创业资源

创业的资源既有物质的也有精神的，既有有形的也有无形的，好的创业计划书应考虑以下资源：

(1) 经营管理资源。创业者是否具有经营企业的能力，包括组织协调能力、市场开拓能力、环境适应能力和应变能力等。

(2) 人力资源。人是创业活动的主体，创业者一般不是孤立的个体，要有合作伙伴。创业团队在业务上要互补，在性格上要相异。除了创业团队外，还要有合适的员工，包括技术人员、销售人员以及生产人员等。

(3) 财务资源。财务资源即能否筹集到足够的启动资金。资金是创业者创业的必要条件之一，其来源可以是个人积蓄、亲友借贷，也可以是银行贷款，或者是风险投资。

(4) 客户资源。客户资源主要是指经营模式，如有的创业者从产品做起，然后推销、回收资金、创建品牌；有的创业者则反着做，先有顾客，再做产品，在创建了自己的品牌后再建生产基地；还有的创业者只是做品牌，产品生产和物流则交给其他企业去做。方式不同，赚取的利润也明显不一样。先有顾客、有品牌，再做产品，会比先做产品再推销更易赚钱。例如，海尔集团就一直坚持用"先有市场，再建工厂"的思路和理念拓展国际市场，并取得了巨大的成功。

(5) 行业经验资源。行业经验资源即对准备进入的行业的了解程度，主要是对该行业的信息与知识的了解程度。

(6) 技术资源。技术资源即是否有足够的技术支持来保证产品的生产和服务的提供。

上述资源并不都处于同等重要的地位，对于新创企业来说更是如此。在创业启动阶段，如果过分强调物质资源，尤其是资金资源，会给创业造成无形的阻碍。资金固然不可缺少，但不是最重要的。相比之下，行业经验、经营能力、社会资本(如客户关系)、创业模式等无形资源比土地、原材料、资金等所起的作用更大。这一方面是因为初创业者由于缺乏自信、经验和实力，一般难以获取充足的资金、现成的厂房、强大的开发队伍等物质资源；另一方面，在创业社会，人们对创业所需资源的态度正在转变，"在乎其所用，而不在乎其所有"。能够"所用"的关键在于创业者的个人经营能力，在于创业者整合这些资源的能力。整合资源能力来源于创业者及其团队的经验，来源于创业者对机会的捕捉和把握，来源于创业者持续地学习和提高，所以一份好的创业计划书要体现出创业者良好的资源整合能力。

(二) 良好的预计收益

潜在投资人关心的问题之一是创业计划书中的预计收益是否合理。经验丰富的投资者通常可以很快做出判断。他们特别关注以下分析。

1. 经营利润

投资者把经营利润(毛利润和税前利润)、研究开发与营销成本以及管理费用按销售收入的一定比例进行计算，并把这些比例与同行业其他公司相比较。如果创业者预测的毛利率是 50%，而其他公司为 30%，投资者会对创业者的假设和计算基础提出疑问。如果创业者认为数据是正确的，就应该提供相关数据，据理力争。

2. 资产管理

资产管理是一个很多高层管理人员忽视的领域。创业者预测的资产负债表应表明自己懂得如何管理现金、应收账款和存货。这些证据对于潜在投资者和银行家都是非常重要的。创业者的预测和比率应与同行业公司具有可比性。关于这些比对，有各种行业指导和研究可以参照。

3. 对公司的评估

投资者通过了解公司某一时期(通常是 3~5 年)期末的预计收益，并用收益乘以一个与此行业相关的系数来大致评估一个公司。在这方面没有通用的标准。如果创业者的公司属于发展中的行业，投资者可能使用 15 或 25 的系数；而对于面向客户的行业，则使用 5~10 的系数。这一系数帮助投资者评估公司的未来价值。投资者可能会利用风险调整收益率将未来价值折现，估算公司的现值。

例如，如果创业者处于发展中的新兴行业，预计在 5 年之后年销售收入达到 4000 万元，税后利润率为 10%，投资者会以预测利润(400 万元)乘以 15，得到总价值 6000 万元。如果公司公开上市或转让给第三方，这个数字就可以看作该公司的价值。出于以下两个原因，投资者必须了解这一数据：第一，他们关心公司是否会成为一个使其投资物有所值的大公司；第二，通过这一数字，他们可以决定在向公司提供了所需资金之后，应该在公司中拥有多大比例的所有权。

(三) 退出方式

风险投资家看重的不是企业或技术的本身，也不是项目能否通过分红实现投资回报，而是被投资企业整体价值的增值，在达到预定的资本收益率之后，就会退出寻求新的项目，进入下一轮的投资。投资者通过这种滚动投资以四两拨千斤的杠杆作用实现自身资本的迅速增值。因此，从风险投资的这种阶段性投资特点可以看出，风险投资最后能否从其成功的投资中顺利退出，在整个风险投资运作中占据着关键的位置。

对于国内创业市场而言，使用国内风险投资 IPO 退出空间相对有限，显然无法满足所有股权投资项目的退出需求。而对于广大处于创业阶段的中小企业而言,寻求海外上市的方式也是不切实际的,针对这种情况，下面介绍几种符合客观实际的退出方式。

1. 股权协议转让

该种方式，交易双方一般都对创业企业较为熟悉，省去了双方不必要的猜疑。另外，这种股权安排方式也容易被创业企业接受，同时可以帮助创业企业找到理想的大股东，帮助创业企业在业务、管理等方面更上一层楼。股权协议转让方式可以通过自有渠道完成，也可以借助专业机构如投资银行促成。

目前，越来越多的国际战略投资人和上市公司愿意收购国内企业，尤其是产权清晰、有完整盈利模式的民营高科技企业。内资收购最好采取现金方式，外资收购可以采用现金与股票组合的方式。

2. 股份回购

根据签订的投资协议设定，投资期满后，创业公司在无法上市或股权无法转售给其他公司的情况下，以自有资金回购风投公司的股权。这种退出方式尤其对广大科技型民营中小企业具有较强的吸引力，它满足了创业者的对公司控股权的要求。

3. 产权交易所挂牌上市

目前，国内各大城市如北京、深圳、上海、成都等地都已经建立了健全的产权交易机构和体系，担负着促进高科技产业发展、构架技术与资本间的桥梁、完善风险投资退出机制等职能。产权持有者通过产权交易所挂牌上市，可以很快找到交易对手；同时，通过交易所的集中竞价交易，可以最大限度地提高卖价。

4. 管理层回购

管理层回购(MBO)是时下讨论非常热烈的退出方式之一，主要是指创业公司发展到一定规模之后，公司的管理层包括核心技术人员利用信托等融资方式购买风险投资公司所持的股份，并通过这种重组方式改变创业公司的控制权结构、资产结构、所有者结构，以期激发管理层的创业激情，提高企业效益的一种并购方式。这种退出方式能够最大限度地保护老股东的利益，它也是一种激励机制的创新。但其也存在问题，主要有：一是定价，二是杠杆融资。

5. 清盘

这种退出方式主要是在被投资的创业企业遭遇经营不善，或管理团队发生重大变动，或受到市场和环境的重大不利影响等情况下，风险投资机构只能选择清盘方式来减少投资损失。

创业者在撰写创业计划时，必须说明可供投资商选择的投资进入与资金撤出机制。可行的投资进入机制(合作方式等)是项目方和资金方取得合作谈判成功的首要条件，而可行的退出机制则是风险投资合作最终取得成功的关键。作为风险投资公司，其合伙人要在合伙契约中承诺在一定时间内以一定的方式结束对创业企业的投资与管理，收回现金或流动性的证券，给有限合伙人即投资者带来一定的利润。

因此，申请投资合作的创业者必须构思一个清晰的投资进入与退出路线，以使投资商的资金顺利进入(合作末期)，完成整个风险投资预期计划。风险投资的成功与否最后落实在退出的成功与否上。

问题思考

1. 企业家精神的 4P 结构包含哪些内容？
2. 创业环境分析的主要内容是什么？
3. 创业的一般程序如何？
4. 请绘制注册企业的一般程序图。
5. 创业计划书的主要内容有哪些？

信息园

1. 想创业的大学生需要具备的 20 种精神
(1) 创业激情，满腔热情地投身到创业事业中去。
(2) 强烈的创业意识，将创业目标作为人生的奋斗目标。
(3) 健康的情感，情感是人对客观事物的一种态度。
(4) 坚强的意志，有迎难而上、追求成功、达到目的的意志。
(5) 创新精神，永远不满足于现状。
(6) 自信、自强、自主、自立的创业精神，对自己的事业充满信心。
(7) 亲和力，能调动员工的积极性，让员工对自己信服。
(8) 高瞻远瞩的战略目光，对创业的过程心中有数。
(9) 艰苦创业、顽强拼搏的精神，艰苦创业就能节约成本。
(10) 实事求是的作风，敢想敢做，求真务实。
(11) 做事雷厉风行，永不言败的工作作风。
(12) 团结拼搏、顾全大局、无私奉献的精神。
(13) 良好的心理素质，能承受工作和精神的压力。
(14) 创业的知识，包括创业的专业知识、管理知识、财务知识和综合性知识等。
(15) 竞争意识，敢于竞争、善于竞争，用竞争争取生存的权利。
(16) 敏感的市场嗅觉，从普通的市场信息中挖掘对自己有用的信息。
(17) 创业经验，可以是亲身体会也可以是从别人的创业经验中去体会。
(18) 健康的体魄、旺盛的精力，有股使不完的劲。
(19) 良好的人际关系和沟通表达能力。

(20) 无私奉献的精神，不要斤斤计较。

2. 浙江省常态化企业开办流程图(图8-3)

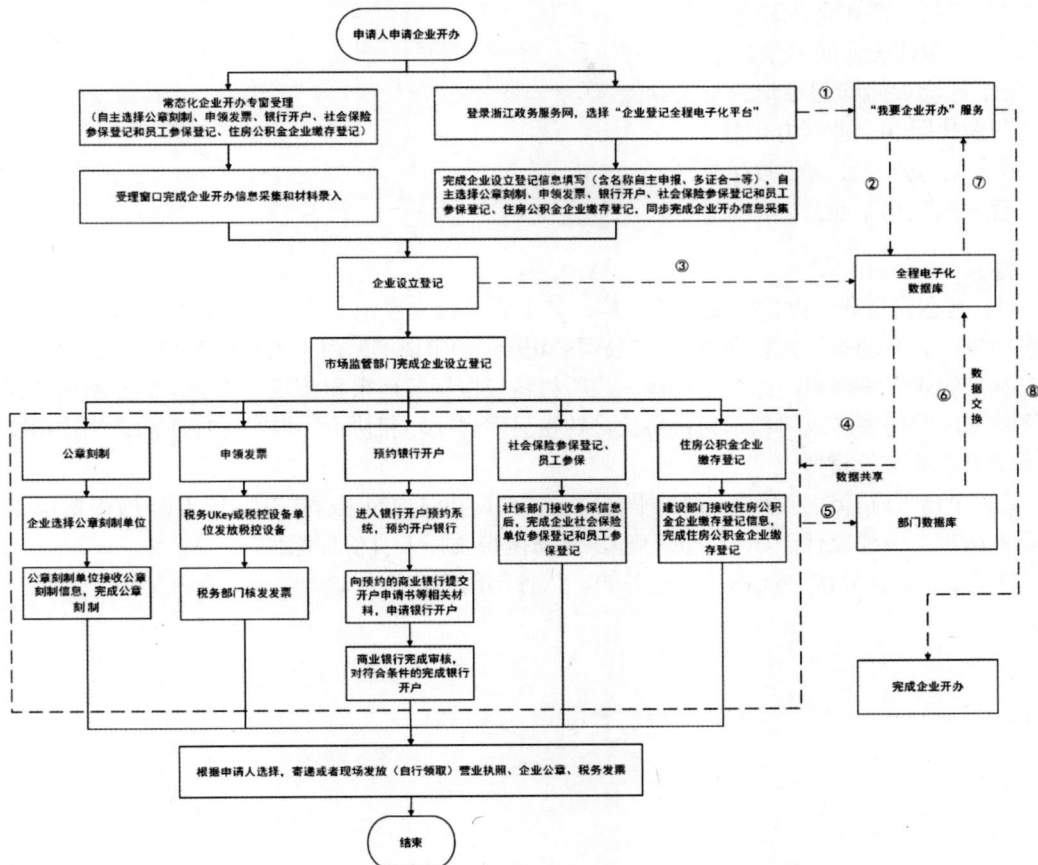

图8-3 浙江省常态化企业开办流程图

3. 浙江省常态化企业开办材料清单

(1) 企业设立登记。

① 《公司登记(备案)申请书》(含"企业开办信息采集表"等附表)。

② 公司章程。

③ 董事(执行董事)、监事、经理、法定代表人任职文件。

④ 股东主体资格证明和自然人身份证复印件(包括股东、董事、监事、经理、法定代表人、经办人、联络员等自然人身份证明)。

⑤ 住所材料。

(2) 公章刻制。

① 营业执照和企业开办信息。

② 法定代表人和委托代理人身份信息(电子影像)。

(3) 银行开户。

① 开户申请书。

② 营业执照和企业开办信息。

③ 法定代表人和委托代理人身份信息(电子影像)。

(4) 申领发票。

① 营业执照和企业开办信息。

② 法定代表人实名信息采集。

(5) 社会保险参保登记、员工参保。

营业执照和企业开办信息。

(6) 住房公积金企业缴存登记。

营业执照和企业开办信息。

注:

(1) 常态化企业开办需提交 6 份材料,其中企业设立登记 5 份,银行开户 1 份,部门共享和窗口复印获取的不计入材料件数。《公司登记(备案)申请书》由主表和附表组成,含"企业开办信息采集表"等附表,计 1 份材料。住所材料应根据各地市相关规定提交,如住所租赁需提交不动产证等房屋产权材料、租赁协议,转租另需提交转租协议,如实行住所承诺制需提交住所承诺书,计 1 份材料。

(2) 申请人选择银行开户,通过平台网上预约,并向预约银行提交开户申请书(盖章),法定代表人携带身份证原件,如委托人办理,还需携带委托人身份证原件。

(3) 企业选择分次办理各环节业务的,按各部门规定执行。

参考文献

[1] 《党的二十大报告学习辅导百问》编写组. 党的二十大报告学习辅导百问[M]. 北京：党建读物出版社，2022.

[2] 古典. 拆掉思维里的墙[M]. 北京：中信出版社，2021.

[3] 陈飞. 新时代大学生就业指导(课程思政版)[M]. 厦门：厦门大学出版社，2020.

[4] 何霞，方慧.职业生涯规划实战体验手册[M]. 北京：机械工业出版社，2021.

[5] 李靖. 面试官不会告诉你的那些面试技巧[M]. 天津：天津人民出版社，2018.

[6] 麦可思研究院. 就业蓝皮书：2022 年中国本科生就业报告[M]. 北京：社会科学文献出版社，2022.

[7] 张福仁，孟延军，杨彬. 大学生就业指导(微课版)[M]. 4 版. 北京：人民邮电出版社，2021.

[8] 通识教育规划教材编写组. 大学生就业指导(慕课版)[M]. 北京：人民邮电出版社，2018.

[9] 廖美玲. 职业生涯与发展规划[M]. 厦门：厦门大学出版社，2015.

[10] 潘竞贤. "职"手可得[M]. 杭州：浙江人民出版社，2011.

[11] 王丽娟. 中国大学生就业权益的法律保护[M]. 南京：南京大学出版社，2011.

[12] 辛保平，程欣乔，宗春霞. 创业 7 关定成败[M]. 南京：凤凰出版社，2010.

[13] 辛保平，程欣乔，宗春霞. 老板是怎样炼成的[M]. 南京：凤凰出版社，2010.

[14] 陆庆生. 大学生就业择业指导[M]. 北京：北京大学出版社，2011.

[15] GCDF 中国培训中心. 全球职业规划师 GCDF 资格培训教程[M]. 北京：中国财政经济出版社，2006.

[16] LOCK R D. 把握你的职业发展方向[M]. 钟谷兰，曾垂凯，时勘，等译. 5 版. 北京：中国轻工业出版社，2006.